KB143829

부의 수레바퀴

부의 **수레바퀴**

지 은 이 | 낯선 곳에서의 아침

펴 낸 날 | 2019년 7월 15일 초판 2쇄

책임편집 | 김준균
펴 낸 이 | 차보현
펴 낸 곳 | ㈜연필
등   록 | 2017년 8월 31일 제2017-000009호
전   화 | 070-7566-7406
팩   스 | 0303-3444-7406
이 메 일 | bookhb@bookhb.com

ⓒ 낯선 곳에서의 아침, 2019
ISBN 979-11-6276-385-8 03320

부의 수레바퀴

: 부자들이 말해주지 않는 부자가 되는 방법

낯선 곳에서의 아침 지음

연필

꿈에 그리던 킬리만자로를 바라보며

2004년 11월 6일 탄자니아. 킬리만자로의 눈 덮인 봉우리를 처음 봤을 때의 감동은 지금도 잊을 수 없다. 젊었을 적 나는, 조용필의 노래 '킬리만자로의 표범'을 정말 좋아했다. 하이에나가 아니라 표범처럼 살아왔던 내 삶과 닮았던 그 노래의 강렬함이 기어코 나를 아프리카에 서게 했다.

내겐 또 하나의 꿈이 있었다.

세상을 조금씩 이해하게 되며 써 왔던 세세한 기록들을 책으로 엮는 것이다.

알파벳만 겨우 쓸 수 있던 무식한 정비공이었던 나는, 수십 가지 직업들을 경험해 가며 치열하게 한 걸음 한 걸음 나아간 결과, 현재 적잖은 월세를 받는 건물주가 되고 회사의 중역으로 성장하게 되었다. 인터넷에 남겼던 그런 내 경험의 기록들을 보고 조언을 구하던 동생들이 내게 책을 내야 한다는 책임감을 주었다.

그리고 오늘, 모아 왔던 글들을 이렇게 책으로 담는다. 학력, 학벌, 돈 많은 부모 등. 어느 하나 가진 것 없이 오늘도 힘겨운 하루를 살고 있을 이 땅의 동생들에게 이 책을 바친다.

오늘의 내가 있기까지 헌신한 존경하는 아내와 1.15kg 조산으로 태어나 죽을 고비를 씩씩하게 넘기고 멋지게 자라고 있는 딸에게 사랑을 전하며……

글을 쓰게 된 이유

내가 50만 원을 받으며 엔진오일을 갈던 20대 청년이었을 때, 나는 내 미래가 두려웠다. 더 많은 것을 원했지만 그것이 무엇인지, 어떻게 도달하는지 알려 줄 책이나 멘토를 그때의 나는 찾지 못했다.

그래서 부딪쳤다. 알파벳만 겨우 쓸 줄 알던 25살 무식한 정비공이 영어공부를 시작한 것이다. 1년이 지난 후 나는 사람들이 재미교포라고 착각할 정도의 수준이 되었다. 이후 13개의 자격증을 따고, 야간대학을 다니고, 발명특허/실용신안 4개를 획득했으며 안정적인 직장에 스카우트되었다. 10여 개 국가를 여행했고, 아프리카에 자원봉사를 다녀왔으며, 캐나다에 이민 가서 카우보이도 생활도 했다. 해 봤던 직업을 세어 본 적이 있는데 많아서 스스로 놀란 적도 있었다.

이 글은 이 땅의 좌절하는 젊은이들을 위해서 썼다. 아래에 해당하지 않는 사람들에게는 글이 불편할 수 있음을 밝힌다.

고졸

삼류대졸

비정규직/파견직 근로자

88만 원 세대

나는 위 조건의 젊은이들도 노력하면 신분 상승이 가능한 것을 본인을 예로 들어 설명코자 한다. 학원 수업 없이 서울대나 하버드에 합격했다는 달나라 이야기는 없다. 너희나 나나 천재는 아니잖아? 나는 위의 조건이었고 지금도 대단한 성공을 이룬 사람은 아니다. 그러니 나 정도는 너희도 가능하다.

동생들아! 너희에게 더 나은 세상으로 바꿔 줄 능력이 내게 없음이 미안하다. 해 줄 수 있는 것이라곤 내 치열했던 삶을 들려주는 것뿐. 그 지나온 내 삶의 편린 속에서 너희가 얻을 것이 있다면 된 거다.

2019년 이른 봄의 어느 날
저자 낯선 곳에서의 아침

INDEX

1장

최고의 재테크는
자기계발이다

새로운 시도, 벽돌 쌓기

한국에 사는 캐나다 친구의 차를 고쳐 주러 갔다. 친구가 나를 영어 교사로 일하는 집주인 딸에게 소개하며 차를 고쳐 줄 것이라고 하자 그녀가 물었다.

"제 남동생이 카센터에서 일하는데 불러 드릴까요?"

"아뇨, 저도 할 수 있습니다."

내가 기름 묻은 정비복으로 갈아입고 공구를 들고 일하려 하자 그녀가 다시 물었다.

"제가 의사소통을 도와드릴까요?"

"아뇨, 저도 영어 할 줄 압니다."

그리고 나는 유창한 발음으로 친구와 한참을 이야기했다. 내 영어 문법이나 어휘력은 그 여자보다 못할지언정 실전 영어는 한 수 위였다.

정비공이 영어를? 그 여자는 민망해하며 곧 자리를 떴다.

25살이 되기 전의 나는 영어를 단 한 마디도 하지 못하는 사람이었다. 알파벳만 겨우 쓸 수 있던 형편없는 실력의 내가 영어공부를 시작한 것이 25살이었고 그것은 무리한 도전처럼 보였다. 하지만 나는 가능성에 대해서 곰곰이 생각했다. 그때 떠오른 생각은 이랬다. '미국인들은 죄다 영어를 잘하잖아? 대학을 안 나와도!' 난 깨달았다. 불가능한 게 아니라고. 그들이 영어를 잘하는 건 똑똑해서가 아니라 영어만 쓰는 환경에 노출되어 있기 때문이라는 것을. 그리고 그때의 결심은 훗날 나에게 유창한 영어 실력을 갖추고 좋은 조건의 직장을 구하는 데 결정적인 도움이 되었다.

내가 영어 공부했던 요령(오로지 실전 영어)을 포함해 고졸자가 어떻게 자기계발을 했으며 그렇게 보유한 자격증이나 기술들을 어떻게 효과적으로 이용해 다음 기술을 습득하게 되는지를 나의 '벽돌 쌓기' 이론으로 설명하고자 한다.

최고의 재테크, 자기계발

가난을 탈출하기 위해서는 종잣돈을 만들고, 시스템을 구축하여 캐시 플로(Cash Flow)를 얻는 방법이 있을 것이다. 그런데 고졸이고 비정규직인 당신이 버는 돈으로는 도저히 무엇도 할 수 없다면? 대졸에 정규직이지만, 회사가 위태롭거나 같은 직종을 찾아 이직하기도 쉽지 않다면 어떻게 할 것인가? 그러니까 월급이 쥐꼬리만 하거나, 잘리고 나면 갈 곳 없는 당신들은 먼저 생존하는 법, 자기 가치를 높이는 법부터 배워야 한다는 말이다.

당신은 5억의 자산이 있다. 그걸 잘 굴려서 6% 소득을 얻으면 1년에 3천만, 한 달 250만 원이다. 당신이 열심히 일하고 월급으로 250만 원을 받으나 5억 투자하는 대신 놀고먹으나 결국 같은 금액이 된다. 즉 이 말은 당신 몸뚱이가 5억짜리란 말이다. 그런데 정확히 따지면 그보다 더 많다. 5억의 소득을 다 써 버리면 원금은 계속 5억이지만 몇 년 후 물가가 오르고 나면 소득은 같아도 가치는 떨어진다. 그러니까 물가 상승률을 4%로 잡으면 6% 소득 중에서 2%만 써야지 원금 손실이 없다는 이야기고, 곧 당신 몸뚱이는 15억의 가치가 있다는 이야기가 된다. 이는 곧 연봉을 두 배로 높이면 당신 몸뚱이도 30억짜리가 된단 말이므로 쥐뿔도 없는 젊은 당신은 재테크한다고 깝죽대지 말고 자기계발부터 하는 것이 현명하다는 것을 알아야 한다.

정리하면, 자신의 가치를 높여 높은 급여를 받고, 근검절약으로 종잣돈을 모아, 시스템을 구축하여 캐시 플로를 얻는 것이 이상적인 재테크 순서이고 그 첫 번째가 바로 '자신의 가치 증대'이다. 내가 버는 돈이 적은데 무슨 재테크고 나발이냔 말이다.

삶의 정답이 한 가지는 아니지만 목표로 하는 것이 같으면 그 방식은 결국 비슷해진다. 대표적인 자기계발 방법인 영어공부를 예를 들어 보자. 당신이 영어회화를 잘하고자 한다면 어떤 방법이 제일 빠르겠는가? 그건 아마도 미국인과 사는 것? 바로 그거다. 영어를 할 수밖에 없는 환경에 당신을 최대한 노출시키는 것이다. 만날 기회가 없다고? 최선이 없으면 차선을 생각하라. 그리고 공부는 영어만이 다가 아니며 세상을 살면서 배울 것은 한두 가지가 아니다. 나는 그 방법 중 하나를 터득했고 그것을 '벽돌 쌓기'라고 명명했다.

변명하지 마라. 방법은 언제나 몇 가지가 더 있다

내가 운전 면허증을 딴 건 1988년 12월이다. 1종 보통의 연령 제한은 만 18세. 당시 고3인 내가 생일이 지나면 면허증을 딸 수 있다는 이야기다. 생일 다음 날 학원 등록해서 한 번에 땄는데 1주일 먼저 등록한 누나는 네 번 만에 땄다. 내가 어떻게 먼저 딸 수 있었을까? 집에 차도 없고 학원비도 근근이 준비한(대학을 보낼 형편이 안 되니 운전 기술이라도 배우라는 차원에서 어머니가 겨우 마련해 준 돈이었다.) 가난한 내가 차를 빌려서 개인 연습을 할 수도 없는 노릇인데 말이다.

그때 난 버스 타고 등하교하는 길에 버스 기사가 잘 보이는 곳에 자리를 잡았고 기사가 하는 동작을 그대로 따라 했다. 대포(대학 포기) 학생이라 일찍 하교하여 학원을 다녀오면 집 앞의 밭에 심어 놓은 수숫대를 기어 삼아 동작을 연습하기도 했다. 꿈에서도 운전을 했던 것 같다 (지금 생각해 보면 그 노력이면 장학금 받고 대학을 다녔지 싶기도 하다.). 그리고 본 시험을 한 번에 합격했고 나중에 딴 다른 면허증들도 모두 한 번

벽돌 쌓기1						
		1종 특수(렉카)	지게차 실기시험	굴삭기 실기시험		
	1종 특수(추레라)		1종 대형		중장비 이론시험	
2종 소형		1종 보통			군대정비 경력	카센타 경력

나의 벽돌 쌓기 1

에 따게 됐다. 그때 나는 하나에 대해 요령이 생기면 나중 것은 점점 쉬워진다는 것을 깨달았다. 이것이 바로 '벽돌 쌓기'이다.

살아가는 데 필요한 생존 기술들을 배울 때 한 가지 기술을 터득하면 그와 유사한 기술을 습득하는 데 시간이 훨씬 짧아진다. 이건 마치 하나의 벽돌 위에 다른 벽돌을 올려놓는 것과 같다.

위 표를 보면 알겠지만 1종 대형이나 추레라(트레일러)는, 1종 보통을 딴 사람이면 상대적으로 쉽다. 차가 커진 것뿐이지 기본적인 메커니즘은 같으니. 진하게 표시한 선은 시멘트 몰탈(기존 기술로부터 받는 혜택)에 해당하는데 1종 보통이라는 벽돌 위에 몰탈을 바르고 1종 특수나 1종 대형이라는 다른 벽돌 하나를 올려놓는 것으로 이해하면 된다. 그리고 렉카도 몰탈을 사용하기는 마찬가지다. 다만 2종 소형은 다른 면허와 크게 관계가 없어서 1종 보통 벽돌의 위에 위치하는 것이 아니라 수평에 위치한다. 즉, 유사한 기술은 아래 기술의 도움을 받았으니 위쪽에, 관련이 없으면 옆쪽에 배치한다는 말이다. 그리고 위쪽과 관련이 없으니 몰탈, 그러니까 굵은 선을 긋지 않는다는 것이다. 그리고 색깔이 있는 것은 자격증을 땄거나 자격증이 없어도 충분히 인정받을 만한 기술들이고 흰 색깔은 미완성인 기술이거나 현재 공부 중인 것을 말한다.

벽돌 쌓기는 지름길을 제공한다

면허증이 5개가 된 이후, 카센터에서 정비일을 하고 있던 어느 날, 아버지의 권유로 1994년 2월에 중장비 학원에 등록했다. 정비일이 한가한 오전에 학원을 다닌 것이다. 학원은 매월 1일에 개강을 했고 매월

50명 정도가 모여서 한 기수를 이루었는데 나는 2월 8일에 등록했지만 2월 1일 시작한 기수와 한 반이 됐다. 그러니까 나보다 1주일이 빠른 사람들과 함께 이론 공부를 시작했는데 운 좋게도 모의고사에서 항상 1등을 했다. 그리고 그것은 태어나서 처음으로 해 본 1등이었다. 나는 월반을 하여 1월 2일에 시작한 기수들이 수업 들을 때 같이 공부를 했고 그들과의 모의고사에서 3등을 했다. 그리고 1월 기수들과 같이 이론 시험을 봐서 합격했다.

그런데 머리가 나쁜 내가 어떻게 1등을 했을까? 나는 운전병 출신이고 군대에서는 차량의 사소한 문제들은 스스로 정비하므로 기초적인 개념이 있었다. 그 후 현직으로 카센터에서 일하면서 엔진 등 자동차의 기본원리를 잘 이해하게 되었다. 그런데 중장비 이론의 상당 부분이 엔진에 관한 것이었으니 당연히 쉬울 수밖에 없었다. 2월 기수들이 아직 이론 공부를 하고 있을 때, 나는 '벽돌 쌓기' 효과 덕분에 1월 기수들과 함께 치른 이론 시험에 합격했고 실습을 시작하게 되었다.

굴삭기, 지게차 실습의 경우도 마찬가지다. 지게차는 일반 차량을 후진으로 운전하는 것과 같은 원리고, 군대에서 대형 버스 경력이 있던 나에겐 식은 죽 먹기였다. 5분 안에 코스를 돌아야 하는데 강사가 3분 반, 내가 1분 반 만에 코스를 돌았다. 당시 합격률이 각 10% 수준인 실기 시험에서 나는 굴삭기, 지게차 면허 시험을 한 번에 합격했다. '벽돌 쌓기'가 빛을 발한 것이다.

카센터에 처음 들어갔을 때 내 월급은 50만 원이었다. 하지만 사모님은 다른 사람 모르게 내게 10만 원을 더 챙겨 주셨다. 아마도 내가 '쫄병정신'으로 무장했었기 때문이었다. '쫄병정신'이란, 자신이 조직에서 가장 신참이면 일을 가장 열심히 하는 것이 당연하다고 생각하는 태도이다. 사모님은 내가 워낙 열심히 일하니 친여동생까지 소개해 주었는데 자신의 남편이 어떻게 생각할지 몰라 처음에는 비밀로 하였다. 그런데 나중에 사장님도 알게 되었고 다들 무슨 말씀을 하실까 긴장해 있는데, 첫 마디가 "그 친구 정도면 처제 줄 수도 있지." 였다.

좋은 여건이었지만 그녀와는 결국 맺어지지 않았다. 그때가 내 인생 첫 데이트였고 난 가진 게 너무 없어서 자신 있게 프로포즈할 수 없었다. 그때 TV에서는 서울의 오렌지족 이야기가 나왔다. 직장인의 3대 조건으로 운전면허, 컴퓨터, 외국어를 말하곤 했지만 내가 가진 것이라고는 운전면허밖에 없었다. 가장이 되기에는 너무 무능력했던 것이다. 그리고 나는 자가용 승용차 뒤편 손잡이에 양복 윗옷을 걸고 멋지게 출근하는 것을 꿈꾸기 시작했다. 그냥 사무직으로 일하는 아주 평범한 일이 그때의 내게는 불가능할 것만 같은 꿈처럼 보였다.

불광불급(不狂不及) - 미쳐야 미친다. 25살, 영어공부에 미치다

1994년 9월, 나는 모 대기업이 운영하는 6개월 코스의 직업 훈련원에 들어갔다. 첫날 원장은 3개월마다 영어 시험을 보겠다고 했다. 그것도 회화(Oral)로! 집안이 너무 가난해 그 흔한 정철 영어 테이프 하나 살 형편이 안 되었던 우리 집에서 나같이 특별히 똑똑하지도 않은 애가 영어 과목에서 좋은 성적을 내기는 어려운 일이었다. 중학교와 고등학교 영어 시험 때 나는 언제나 연필을 굴려서 나오는 숫자를 답으로 적어 냈다. 대학 갈 형편이 안 된다고 공부를 더 열심히 안 한 자신이 후회스러웠지만 그 후회가 그때의 내게 도움 될 것은 아무것도 없었다. 미쳐야 미친다! 그래 한번 미쳐 보는 거야!

그날 오리엔테이션을 마치자마자 나는 영어 학원에 등록하고 수업을 받았다. 난 미인회화를 신청했다. "I'm Tom."도 제대로 이해하지 못하는 내가 첫 수업부터 외국인을 택한 것이다. 수업이 끝나고 밖에 나온 나는 제일 먼저 보이는 외국인에게 말을 걸었다. 아니 손짓 발짓을 했다고 하는 것이 맞을 것이다. 보디랭귀지로 나는 그를 원하는 곳까지 데려다줄 수 있었다. 까막눈인 내가 영어공부를 시작한 것이다. '내 나이 25살. 이 나이에 시작해서 중, 고, 대학 10년을 배운 사람들과 경쟁할 수 있을까?'

초기에는 무엇을 어떻게 해야 할지 몰랐다. 영어공부를 해 본 적이 없었으니……. 그래서 학원을 며칠 다니면서 실질적으로 가장 많이 공부할 수 있는 방법을 연구해서 실천했다.

- 아침에 일어나서 밥 먹으며 영어 테이프 듣기(15분)
- 훈련원 가는 차 안에서 영어 테이프 듣기(30분)
- 점심 먹고 영어 테이프 듣기(30분)
- 쉬는 시간 영어 테이프 듣기(total 30분)
- 집에 가는 차 안에서 영어 테이프 듣기(30분)
- 집에서 예습하기(1시간)
- 저녁 먹으면서 영어 테이프 듣기(15분)
- 영어 학원 가는 차 안에서 영어 테이프 듣기(15분)
- 수업하기 전에 예습(10분)
- 수업(50분)
- 집에 가는 차 안에서 영어 테이프 듣기(15분)

- 헬스클럽에서 운동하며 영어 테이프 듣기(30분)
- 복습(1시간)
- 잠자리에 들어서 영어 테이프 듣기(30분)
- 아직 잠이 안 들었으면 다시 듣기

하루에 최소한 7시간은 공부할 수 있다는 계산이 나왔고 그렇게 했다. 누나가 사서 1개만 듣고 처박아 놓았던 《English Alive》라는 영국제 영어 교재를 매일 몇 시간씩 들었다. 가장 쉬운 첫 테이프를 무려 두 달이나 들었다. 정말 쉬웠음에도 처음엔 무슨 소린지 몰랐다. 하지만 두 달째 들으니 무슨 뜻인지는 몰라도, 귀에 딱지가 앉도록 들으니 입에서 줄줄 나오려고 했다. 그래서 두 달 후 책을 보고 뜻을 이해했다. 최소한 그 테이프 앞뒤 1시간의 내용은 모두 이해했고 말할 수 있을 정도가 되었다. 두 번째 테이프는 한 달 만에 끝냈고 세 번째는 2주가 걸렸고 그 후론 1주일 정도 들으면 모두 이해가 되었다.

일요일엔 거리에 나가 외국인을 찾았다. 어떻게 시작할지 몰라 아는 말을 아무거나 꺼내며 말을 붙였다. 처음엔 얼굴이 화끈거렸다. 그들은 대개 귀찮아했지만 간혹 적극적으로 도와주는 사람도 있었다.

당시 거리에서 외국인을 찾는다는 것이 그리 만만한 일은 아니었기에 시간 낭비가 많았다. 그래서 좀 더 경제적인 방법이 필요해서 생각한 것이 미군 부대. 내가 사는 곳에는 미 고문단이 있어 미군을 자주 볼 수 있었다. 그래서 어느 날 이어폰으로 영어 테이프를 들으며 미군 부대 앞에서 그들을 기다렸다. 날씨가 매서운 겨울이라 나오는 사람이 거의 없었지만 10명을 채우고 집에 돌아가려고 오돌오돌 떨며 그렇게 몇 시간을 서 있었다. 가끔 나오는 미군에게 영어로 "It's nice today! (오늘

날씨가 좋지!)" 하고 말을 걸었다. 황당한 말이었지만 난 초면인 그 사람에게 뭐라고 말해야 할지 몰랐다. 그렇게 몇 명에게 겨우 몇 초씩을 말하던 중 한 사람이 나더러 자기를 따라오라고 하였다. 그는 나를 미군이 자주 가는 바(Bar)에 데려갔다. 아니! 이런 곳이?

그 후 미군 부대 앞에서 떨 일은 없었다. 그 바에는 항상 외국인들이 있었고 난 영어 사전을 옆에 차고 칵테일을 홀짝거리며 옆에 앉은 외국인에게 이것저것 물어보며 공부 삼매경에 빠지게 되었다.

나는 매일 1시간씩 미리 학원 수업 내용을 예습했는데 모르는 것은 노트에 적어 두었다. 수업 시간에 떠오른 질문은 수업 시간에 물었고 수업이 끝나고 다른 학생들이 모두 돌아간 후에 선생을 붙잡아 두고 노트에 적어 놓은 질문을 했다. 내 질문은 하루에 10개가 넘었다. 6~7명이었던 한 반 학생 모두가 하루에 질문하는 수보다 더 많았다. 내 질문은 정말 형편없이 쉬운 것들이었는데, 다른 사람들은 그런 수준 낮은 것들은 질문하지 않았다. 하지만 다른 이들도 그것들을 잘 이해하지 못한다는 것을 나중에 알게 되었다. 그들은 부끄러운 것이었다. 3개월이 지나자 춥다, 덥다, 배고프다 등 간단한 수준의 대화는 별 무리가 없게 되었다.

훈련원 입학 3개월 후, 나는 영어 '중등반'에 들어갈 수 있었다. 마지막 6개월 후엔 시험이 없었는데 있었다면 아마도 '상위반'에 들어갈 수 있었을 것이다. 훈련원을 수료하고 얼마 후 서류를 찾을 일이 있어서 다시 그곳을 찾았다가 내가 '하위반' 시절에 만났던 호주 교포 영어 선생을 만났다. 그는 내게 서툰 한국말을 했지만 난 영어로 답했다. 헤어지며 내가 마지막으로 건넨 "Take care!"란 말에 그는 흠칫 놀라는 표정을 지었다. 초급자들이 "Good bye"라고 할 그 상황에서 난 정확한

'R' 발음으로 그에게 "잘 지내세요."라고 말을 한 것이다.

훈련원 수료 후 따로 학원까지 다녀 훈련원 동기 중 유일하게 CAD 자격증을 땄다. 그러나 바로 직장을 구할 수 없었던 나는 다시 카센터에 다녔다. 엔진오일을 갈기 위해 오일팬의 코크를 열고 오일이 내려오는 그 몇십 초 사이에도 한 손에는 영어 단어장이 들려 있었다. 카센터가 마치는 시간이 너무 늦어 학원에 갈 상황이 안 될 때는, 사장님의 양해를 얻어 선교사들이 무료 교습을 해 주는 몰몬 교회를 찾기도 했다. 그곳에서 난 이미 중/상급자에 속해 있었다. 그리고 그 교회 신자의 소개로 CAD 용역회사에 일자리를 얻은 것이 1995년 9월이었다. 영어 배우려고 갔다가 직장까지 얻게 된 것이다. 그래서 '하늘은 스스로 돕는 자를 돕는다.'라고 하는가 보다.

나의 벽돌 쌓기 2

나는 5개의 면허증, 2개의 중장비 자격증, CAD 자격증을 따고 영어도 어느 정도 할 줄 알게 된 상태에서 중장비를 생산하는 대기업 내의 CAD 용역업체 직원으로 취직했다. 용역업체 사장님은 내 이력서에 굴삭기, 지게차, CAD 자격증을 써넣어서 대기업에 제출했다. 이 3개의 자격증과 정비 경력, 그리고 영어공부는 일에 있어 아주 유용했다. 도면은 모두 영어였고 대기업 직원들보다 내 회화 실력이 더 좋았다. 내게 일을 시키던 대기업 직원 중에는 기능올림픽 메달리스트가 있었고 나중에 그는 나의 설계 스승이 되었는데 그로 인해 내 설계 실력은 일취월장하게 되었다.

단어/문법 공부는 하지 마라!

단어 암기나 문법 공부는 실전 회화에서는 시간 낭비이다. 대신 문장을 외워야 한다. 문장을 외운다는 것은 그 문장에 들어 있는 단어와 문법을 같이 익히고 그대로 활용 가능하다는 데에 의미가 있다. 한국인의 영어공부는 단어 따로, 문법 따로이기 때문에 외국인과의 대화가 어렵다. 한국인들은 대개 아래와 같은 단계로 영어를 말하게 된다.

- 1단계: 말하고 싶은 한글 문장 생각하기
- 2단계: 각 한글 단어의 해당 영어 단어 생각해 내기
- 3단계: 문법을 적용해 순서 변경하기
- 4단계: 영어 문장 말하기

각 단계는 마치 스크린을 띄우는 것과 같은데 초보자의 경우 스크린 4개를 띄우는 과정이 보통 1초 정도 필요하고, 갑작스러운 질문에는 2~3초가 소요되기도 하기 때문에 대화가 쭉쭉 진행되지 못하고 계속 끊기게 되는 것이다. 듣는 것 또한 위와 같은 방식의 스크린을 띄우게

되는데 대개 듣는 것이 말하는 것보다는 속도가 빠르다. 단어만 들어도 대충 알아듣기에 문법 스크린은 크게 중요하지 않기 때문이다.

그런데 계속 반복하면 스크린이 뜨는 시간이 줄어들면서 나중에는 모든 스크린이 동시에 뜨는 단계가 온다. 이 단계가 되면 자연스럽게 대화의 흐름을 이어갈 수 있다. 위의 단계가 지나면, 이미 알고 있는 영어 단어가 충분하고, 영어 자체로 생각하기 때문에 번역하는 단계가 없이(스크린을 띄울 필요가 없는) 영어로 듣고, 생각하고, 영어 그대로 대답하는 단계가 온다. 이쯤 되면 꿈속에서도 영어를 하게 되는데 이 단계가 되면 영어를 즐길 수 있다.

어휘력이 부족해도 큰 문제는 안 된다. 예컨대 A라는 단어를 몰라도 B+C로 그것을 표현해 내면 되는 것이다. 즉, 토익 시험에서 A라는 단어를 몰라서 오답을 적어 냈다고 하더라도 실제 대화에서는 전혀 문제가 없다. 중요한 것은 의사소통이지 시험 점수가 아니기 때문이다. 그러니 말할 때 문법이 틀릴 것을 걱정하지 말고 그냥 말을 던져라.

문장을 외우는 요령

내가 학원에서 공부할 땐 예습을 해 갔기 때문에 그날 진도는 이미 이해하고 있었다. 그렇다면 책에 나와 있는 대로 "I had a party last night."이라고 말한다면 아무런 의미가 없다. 예습을 통해 이미 알고 있으니까. 그래서 다른 사람이 교재대로 말할 때 나는 변형을 시켰다. 예컨대,

"I had a party at my friend's house the day before yesterday."

이런 방식이 왜 중요한지 아래를 보라. 한국인이 학원에서 배우는 영

어는 아래와 같다.

A: How are you?

B: I'm fine, thank you. And you?

A: I'm fine.

그런데 외국인들이 저렇게 말할까? 내 기억으로는 한 명도 없었다. 예를 들어 보겠다.

외국인: Hey! What's up?

나: ?(왜 How are you? 라고 묻지 않는 거야? 그럼 I'm fine, thank you. And you? 라고 답할 텐데.)

외국인: What's wrong?

나: (에라 모르겠다. 배운 대로!) I'm fine, thank you. And you?

외국인: Terrific! I met a girl last night. She's gorgeous!

나: (어라? 또 책하고 다르게 이야기하네? 일단) OK.

외국인: ?

문장은 이해하면서 외워야지 단순히 외우면 이렇게 된다. 고정관념을 깨고 단어를 바꾸는 등의 활용을 해야 한다.

열린 마음으로 문화를 같이 배워라

영어공부를 하는 어떤 남자에게 내가 물었다. "외국 여자와 결혼할 수 있겠느냐?"라고 하니 절대 안 된단다. 외국 여자가 줄리아 로버츠라도 안 된단다. 나는 그가 영어회화를 절대 잘하지 못할 것이라는 데 100

원을 걸겠다.

그들의 문화 속에 들어가지 않으면 절대 배울 수 없는 표현들이 아주 많은데 그런 꽉 막힌 사고방식을 가지고 무엇을 배울 수 있겠나? 나는 "I'm fine." 보다 토익 책에는 절대 나오지 않는 "I'm f**king happy!" 라는 표현이 더 좋다.

영어 숫자에 익숙해지는 방법

외화를 보면 배우가 말하는 숫자와 번역된 숫자가 다른 경우가 제법 많은데, 단위가 달라 10배씩 차이가 나기도 한다. 나는 배우가 말하는 어려운 단어는 해석이 안 되어서 그냥 넘어가기도 하지만 번역된 숫자가 틀린 것은 쉽게 캐치가 된다. 내가 영어 숫자에 익숙해진 비결은 무엇일까?

외국인이 당신의 전화번호 따위를 물어 올 때 즉시 대답할 수 없다면 그건 당신이 영어로 숫자를 말하는 데 익숙하지 않아서이기 때문이다. 원-투-뜨리(최대한 원어에 가깝게 쓰면 쓰리가 아니라 뜨리가 맞다)처럼 순서가 일정하다면 쉽겠지만, 전화번호같이 뒤죽박죽인 것은 더듬거리기 마련이다. 어떻게 하면 영어로 숫자를 한국말 하듯 신속히 말할 수 있을까?

우리가 출퇴근할 때면 매일 수백 대의 차량을 지나친다. 그냥 스쳐 보내지 마라. 그 차들이 학습 도구이다. 나는 차를 타고 가다가 보이는 차량의 번호판을 영어로 소리 내서 읽었다.

예) 1234 번호판을 단 차가 맞은편에서 온다.

1단계: 원-투-뜨리-포 라고 읽는다

1단계에서는 단위를 넣지 않고 숫자만 읽는다. 차들이 순식간에 지나가기 때문에 처음엔 겨우 2~3개를 읽다가 중단해야 할 것이다. 그러나 정말 1~2주만 이렇게 해도 금방 익숙해지는 것을 알게 될 것이다. 초기에는 숫자 하나하나를 한국말로 읽은 후 머릿속에서 영어로 번역해서 나오기 때문에 시간이 걸리지만 나중에는 숫자를 영어 그대로 읽을 수 있는 단계가 온다. 숫자는 비교적 단순하기 때문에 그 시기가 회화를 터득하는 것보다 훨씬 빨리 온다. 몇 주면 충분하다.

2단계: 투웰브 헌드레드-떠리-포 라고 읽는다

1단계에 익숙해져서 단위 없이 숫자를 읽는 것에 문제가 없는 상태가 되면, 2단계로 넘어가서 단위를 넣는다. 이 방식이 아래의 3단계보다 읽기가 쉽기 때문에 대개 외국인들은 1,000단위의 숫자를 이런 식으로 읽곤 하는데, 헌드레드를 빼고 투웰브-떠리-포 라고 줄여서 말하기도 한다. 이렇게도 연습을 해 보라.

3단계: 원 따우즌트-투 헌드레드-떠리-포 라고 읽는다

2단계에 익숙해지면 3단계로 넘어가서 숫자별 단위를 넣어서 읽는다. 2단계에 비해 불편하지만 이 또한 자주 쓰이기 때문에 연습해 두어야 한다. 2,000이라는 숫자를 투엔티 헌드레드라고 하지 않고 투따우즌트라고 하는 것이 빠르므로 당연히 후자로 말한다.

철판을 깔아라

"얼굴에 철판을 깔아야 한다."는 말을 들어 봤을 것이다. 모르는 외국인에게 다가가서 길을 물어볼 자신이 있는가? 자신 없다면 지금 포기하라. 어차피 배워도 겁나서 못 할 테니. 자신 있다면 지금 나가서 외국인을 찾아 시간을 물어보든 뭐든 물어보라. 재밌을 것이다. 주변에 영어공부를 하는 한국 친구가 있는가? 있다면 그와 대화는 영어로 하는가? 아니라면 두 사람은 왜 시간 낭비를 하고 있는 것인가? 같이 공부하는 친구가 있다면 두 사람의 실력 향상에 획기적인 도움이 된다. 친구와 하는 모든 대화는 영어로 해야 하는 것은 물론이며, 특히 주위에 다른 사람들이 있는 상황에서도 영어로 말해야 한다. 처음에는 아주 부끄러울 것이다. 하지만 몇 달 안에 일취월장한 본인의 실력을 보면 스스로 대견해질 것이다.

에피소드 1

캐나다인 전처가 국립대에서 영어를 가르칠 때의 일이다. 대학생들과 회식 중일 때, 퇴근 후 내가 그 자리에 끼면 갑자기 다들 영어로 말하기를 망설인다. 그 상태에서 내가 영어로만 말을 하면 그제야 더듬거리는 영어로 다시 말을 하기 시작한다. 그러다가 내가 한국말을 유창하게 하면 또 모두 벙어리가 된다. 그들은 내가 한국인이기 때문에 당연히 한국말은 잘할 것이고, 외국인 교수 남편이니 영어도 잘할 것이라서 자신들의 더듬거리는 영어를 부끄러워하며 머뭇거린다. 내가 한국말은 한 번도 안 하고 영어로만 대화를 하면 내가 한국말은 못한다고 생각하고 원래처럼 영어로 말한다. 그러다가 내가 정확한 한국어 발음으로 한국말을 하면 갑자기 창피해하는 것이다. 뭐가? 외국 여자와 같이 사는 나보다 영어를 못하는 것이? 그게 왜 창피할 일인가? 정말이지 당연한 것 아닌가? 외국 사람과 같이 살지 않는 너희가 나보다 영어를 못하는 것은 전혀 창피할 일이 아니다. 그보다는 그따위 이유로 용기를 못 내 입도 뻥긋 못 하는 비겁을 창피해해야 한다.

에피소드 2

2012년 5월 어느 날. 중국의 한 대형 조선소. 기술 미팅 자리에는 영국인 선주 감독관, 인도인 선주 감독관, 중국인 조선소 설계 담당, 기타 중국인 2명 그리고 나까지 6명이 참석했다. 기타 중국인 2명 중 한 명이 더듬거리는 영어로 감독관들에게 나를 한국 사람이라고 소개하고 나서 미팅이 시작되었다. 영국인과 인도인 선주 감독관들은 기술적인 문제에 대해 조선소 설계 담당자에게 한참을 이야기했지만 담당자는 이해를 못 하는 눈치였다. 그도 그럴 것이 그의 영어는 대화가 거의 불가능한 수준이었고 설계에 대한 이해도도 아주 낮았다. 보고 있던 내가 영어와 중국어를 통역하고 기술적인 문제까지 정리하여 양측을 이해시키고 우리 회사의 입장도 반영해 미팅을 마무리하였다. 영국인 감독관이 말했다. "So, you speak Korean, English and Chinese? Smart!" (그러니까, 당신은 한국어, 영어 그리고 중국어를 하는군요? 똑똑하군요!) 나는 살짝 미소를 짓고 미팅 장을 빠져나왔다. 미팅 자리에 있던 한 중국 여자가 물었다. "你怎么学习英语的?" (니전머쉬 에시잉위더? 당신 어떻게 영어공부를 했어요?) 나는 알파벳만 겨우 쓸 수 있었던 정비공이 어떻게 3개 국어를 하며 외국에서 미팅을 하게 되었는지 잠시 설명했다. 그녀는 깨달았을까? 노력만으로 사람이 이토록 많이 바뀔 수 있다는 것을? 하루에 몇 시간을 공부하는가? 혹시 3시간 이하로 공부하면서 실력이 늘기를 바라지는 않는가? 학문에는 왕도가 없다. 나는 알파벳만 겨우 읽고 쓸 줄 아는 까막눈 상태에서 하루 7시간 공부 후 1년이 지나자 한국 사람들이 재미 교포로 착각할 수준이 되었다. 여러분들의 출발선은 최소한 과거의 나보다는 앞서 있다. 노력하면 시간이 모든 걸 해결해 줄 것이다.

투잡, 쓰리잡을 하고 닥치는 대로 배우다

다시 이야기로 돌아와서, 건설기계를 생산하는 한 대기업의 연구소에 파견 나와 있던 우리 회사 직원은 17명이었는데 그곳에 근무한 4년 6개월 동안, 난 그 17명 중에 가장 먼저 출근했으며 단 한 번도 지각하지 않았다. 가장 일찍 출근해서 영어공부하고 점심시간과 퇴근 후에도 공부하는 생활은 계속되었다. 아니 학원이 두 개나 더 늘었다. 퇴근 후 영어, 헬스클럽에 컴퓨터학원까지 다녔다. 곧 워드 자격증을 땄다. 이것은 나중에 야간대학에 진학하기 위한 사전 준비 작업이었다. 당시 근로자들을 위해서 야간 전문대 무시험 진학 제도가 생겼는데 내가 신청했을 때 내 근무 기간이 15일이 부족하다는 이유로 다음 해로 미뤄야 했다. 기다리는 1년 동안 학교 수업에 있을 것이라 예상한 워드 자격증을 따려고 계획하고 그렇게 했다. 벽돌을 더 쌓은 것이다.

그 설계 회사에서의 첫 월급은 50만 원이었는데 난 40만 원을 저축하고, 6만 5천 원을 영어학원비, 3만 원을 차 기름값, 그리고 용돈으로 5천 원을 썼다. 어머니 집에서 숙식을 해결했기에 가능한 일이었다. 20대 중반의 남자에게 한 달 5천 원의 용돈은 정말 말이 안 되는 금액이었다. 난 술, 담배를 안 했기 때문에 그것이 문제는 아니었지만 영어 수업 동료들이 회식이라도 하자고 하면 여간 난감한 것이 아니었다. 5천 원을 넘기면 다음 달 영어 수업을 쉬어야 하는 상황이니 쉽지 않았지만 견뎠다. 나중에 월급이 조금 오르고 나서 학원을 2개 추가했다.

주말에는 아르바이트를 하기도 했다. 그 회사에서는 덤프, 카고, 콘크리트 믹서, 추레라 등 대형 트럭도 생산했는데 트럭을 구매한 고객이 집에서 차량을 인도받기 위해서는 탁송 대행을 신청한다. 난 그 대형 트럭 탁송 일을 아르바이트로 하였다. 지금은 생산이 중단된 S사의 대형 상용 트럭을 한 대씩 운전해서 차주에게 인도한 후 돌아올 때는 고속버스 안에서 자면서 오고, 다시 한 대씩 운전하는 식의 일이었다. 직장생활을 하며 학원을 세 군데나 다니면서 부업을 하는 것이었기 때문에 항상 피로를 달고 살았다. 그 때문에 운전하면서 쏟아지는 잠을 참기 위해 계속 허벅지를 꼬집어야 했다. 격주 토요일 휴무 때는 이틀 동안 창원~서울 왕복 세 차례, 창원~부산 한 차례를 다녀와서 30여만 원의 수입을 올렸다. 이틀 동안 전혀 쉬지 않고 하는 일이었지만 한 달 월급이 80만 원이었던 시절이었으니 주말 아르바이트로는 상당한 수입이었다.

졸업 시즌에 꽃 장사를 하기도 했으며 또 축제 기간에 오징어 장사도 했다. 당시에는 차로에서 먹을 것을 파는 사람이 없던 시절이었다. 군대 가기 전 햄버거 장사 실패 후 다른 아이템을 찾던 나는 오징어가 좋겠다는 생각을 했고 어머니와 친분이 있는 분으로부터 팔지 못한 재고를 받아 주는 조건으로 10축(1축=20마리)을 샀다. 오징어를 굽지 않고 그냥 먹으면 맛이 없으니 굽는 방법을 고안한 것이 접이식 석쇠와 토치를 이용한 즉석 훈제 방법이었다. 토치에는 손가락을 걸 수 있는 고리와 허리띠에 걸 수 있는 걸이를 만들어서 총처럼 허리에 차고 있다가 사용하고 끝나면 손가락으로 권총 돌리듯 두 바퀴 돌리고 허리에 다시 찼다.

　오징어도 품질이 좋은 것을 사용하고 가격도 한 마리에 1,000원으로 저렴했으며 거리에서 물건을 파는 사람들이 없던 시절이라 장사는 잘되었다. 어찌나 잘 팔리는지 굽기도 전에 가져가고 뒤에서 기다리지 못해서 달려와 사 가는 사람도 있었다. 옆에서 굽는 모습을 보던 일부 사람들은 나의 기발한 생각에 박수를 치고 난리였다.

　첫날 10축을 다 팔고 20축을 더 주문했다. 허리에 매는 작은 가방에 돈이 차서 더 이상 넣을 수 없을 지경이 되었다. 그러자 어머니가 조언을 하시길 1마리는 2천 원, 2마리는 3천 원에 팔면 이익이 더 클 것이라고 했고, 그렇게 바뀐 가격으로 장사를 한 이튿째는 허리 가방을 2번이나 비워야 했다. 오징어 원가를 제하고 난 순익이 28만 원이 넘었다. 겨우 주말 2일 일하고 말이다. 90년대에 이 돈이면 적은 게 아니다.

야간대학을 다니고 꿈을 이루다

　그러던 어느 날 나는 영어 학원에서 만난 캐나다 백인 강사와 사귀고 나중에 결혼까지 하게 되었다. 그리고 계획했던 야간대학에 입학하였다. 오리엔테이션 다음 날 치러진 모의 토익 시험은 생애 첫 영어 시험과 마찬가지였고 나는 4,300명 중에서 3등을 하였다. 설계가 내 직업이었기에 CAD 과목에서는 교수님보다 더 잘했고, 워드 과목도 자격증을 따며 준비해 둔 것이 많은 도움이 되었다. 그렇게 3가지의 과목에서 최고 점수를 받은 데 힘입어 나는 줄곧 장학금을 놓치지 않았다.

4시 퇴근이라 야간대학을 다닐 수 있다는 이유만으로 근무했던 파견 업체는 졸업하자마자 그만두었다. 그리고 규모는 작아도 자체 제품을 생산하는 중소기업으로 이직했다. 비록 작았지만 아무런 희망이 없는 파견직이 아닌 것이 그렇게 좋았다.

그곳에서도 정말 열심히 일했다. 설계 직원이었지만 현장에 가서 직접 조립도 해 보고 뭐든 열정적으로 배우려고 했고 덕분에 빨리 배웠다. 그리고 이때부터 나는 태권도, 합기도, 타이 복싱 등 무술을 배우기 시작했다. 내 몸을 지킬 수 있는 기술이 있다는 것은 자신감을 의미했고 그것은 나중에 여러 차례 도움이 되었다.

블루칼라 출신인 나는 현장 일도 마다하지 않았기에 실전적으로 빨리 배웠고 오너 사장은 그것을 정확하게 인정해 주어 다음 해 급여를 많이 올려 주었다. 자동차 정비 현장에서 배운 실전 지식, 메달리스트에게 배운 도면 실력, 오너 사장한테 배운 원가 개념과 설계 노하우, 캐나다 아내한테 배운 영어 실력까지 못 하는 게 없었다.

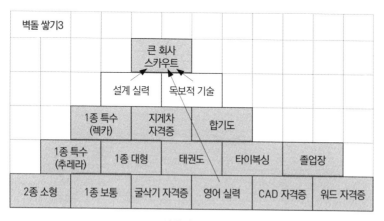

나의 벽돌 쌓기 3

2년이 다 되어갈 때쯤, 그동안 나를 눈여겨보던 큰 회사에서 스카우트 제의가 들어왔다. 옮겨 간 그 회사의 연봉은 파견업체를 그만두기 직전보다 133%가 더 많았고 나는 큰 프로젝트를 이끄는 팀장이 되었다. 새로운 회사에서 나는 발명특허 1개와 실용신안 3개를 출원/등록하며 열심히 일했다.

행복을 꿈꾸다

나는 이후 캐나다 아내와 함께 아프리카 가나에 자원봉사를 가고, 탄자니아, 남아공을 여행했으며, 캐나다 영주권을 따고 이민을 갔다. 외국 문화를 확실히 경험한다는 차원에서 영주권도 어찌 보면 벽돌 한 장이라고 할 수도 있을 것이다.

외국 생활에 대비해 학원을 다니며 요리를 배워 둔 덕분에 캐나다에서 김치도 담가 먹고, 된장찌개, 소갈비도 직접 해 먹을 수 있었다. 소갈비 포 뜨는 것은 고등학교 때 식육점 하시는 고모부께서 하시는 것을 한 번 봐 뒀던 것이 도움이 되었다. 가운데 석쇠가 있는 테이블을 구할 수 없어서 직접 불고기 테이블도 만들었는데 CAD로 설계를 했고 현장에서 익혔던 연장 쓰는 법 덕분에 쉽게 만들 수 있었다. 숯을 구할 수 없어 이것도 직접 구웠다. 숯 굽는 것은 탄자니아 사람들이 하는 것을 얼핏 본 것을 따라 했다. 내가 그런 잡다한 기술들을 배우지 않았다면 캐나다에서 매주 소갈비 만찬을 하지는 못했을 것이다.

캐나다에서 나는 카우보이와 목수로 일하였다. 그 경험들 또한 나중에 쓸모가 있었는데 몇 년 뒤 집수리할 때 요긴하게 써 먹을 수 있었다.

여하튼 젊었을 때는 닥치는 대로 배워 둬야 한다. 언제 써 먹을 수 있을지 모르니…….

하지만 캐나다에서 살던 곳이 농촌 지역이라 내가 열정적으로 할 만한 일이 없었고 우울증에 걸렸다. 카우보이나 목수라는 직업이 일과 삶에 대한 내 열정을 채워 주지는 못했다. 아내는 우울증에 걸린 내게 욕을 퍼부었고 그래서 나는 2005년 그곳을 탈출하여 중국에 가게 되었다.

그 후로 나는 착한 중국 여자를 만나서 재혼하여 중국에서 오랫동안 살았고 이젠 중국말도 제법 잘하게 되었다. 읽고 쓰기는 부족하지만 말을 하면 중국 사람들이 나더러 "어느 지방 사람이냐?" 하고 물어볼 정도의 실력이 되었다. 외국 사람이라고 생각지 않고 다른 지방 사람이 사투리 쓴다고 생각하는 것이다. 그리고 한국의 한 기업으로부터 스카웃 제의를 받아 중역으로 일하게 되었다.

내가 아직 도전할 것이 남았을까? 물론이다. 캐나다 전처와 8.5년, 돌싱 2년 후 중국 여성과 재혼하여 낳은 딸아이. 남들보다 10년은 늦어 얻었기에 함께할 수 있는 시간도 10년은 짧을 테지. 아이가 학교를 마치기 전에 내가 은퇴해야 하는 상황에 대비하여 자본을 축적하고 있지만 그녀를 보호해 줄 수 있는 시간이 짧은 것은 어쩔 수 없는 자연의 섭리. 내가 떠난 후 세상에 남겨질 딸아이를 위해 '아빠가 딸에게 전하는 삶의 지혜'를 써 내려 가고 있다.

나는 딸아이를 위해서 내가 실전적으로 경험해 온 것들을 그렇게 기록하고 있고 나밖에 모르는 바보 같은 내 아내와 딸아이가 나와 함께, 또는 나 없이도 행복하게 살 수 있도록 자산을 모으고 있다. 먹고, 자고, 아프면 병원 가고, 가끔 여행하고, 가난한 고아 몇 명 후원해 줄 만큼. 딱 그만큼만 모으려고 한다.

캐나다를 탈출할 때 수중에 2800만 원이 남았던 나는 빈털터리 36세 이혼남이었고 절망적이었다. 그 후 중국에 거주한 지 2년쯤 되던 날. 나는 한국 경매에 넘어간 주택을 경매 취하하여 구매한 후 지역의 호재 시 매도하여 자본이익을 얻었고, 그 돈과 대출을 이용해 한국에 임대용 부동산을 사 두었다. 중국의 부동산 가격이 저렴하던 시기, 중국에서 구매한 첫 번째 아파트가 3배 넘게 올랐다. 중국 증권시장이 역사상 가장 저평가되던 2014년에는 수백 개의 종목을 분석하고 피나는 근검절약으로 모은 돈을 투자해 수십 퍼센트의 이익을 남겼다. 2015년 3월 30일. 폭락하는 부동산을 부양하기 위한 정책이 나왔다. 나는 며칠 뒤에 주식을 정리하여 미분양된 중국 아파트를 헐값에 매입하였는데 중국 증권시장은 2달 후 대폭락을 하였고, 이후 아파트는 고공 행진을 이어가 2배나 오르게 되었다. 또 미분양된 중국의 오피스텔을 매입하고 돈이 부족하여 매입하지 못했던 아파트 주차장은 여유가 생겼을 때 헐

벽돌 쌓기 4			경제적 자유		
		중국어	건축 기술		
	발명특허	실용신안 3	캐나다 영주권		
	1종 특수(렉카)	지게차 자격증	합기도	요리	
1종 특수(추레라)	1종 대형	태권도	무에타이	졸업장	
2종 소형	1종 보통	굴삭기 자격증	영어 실력	CAD 자격증	워드 자격증

나의 벽돌 쌓기 4

값에 추가로 매입하여 자산을 늘렸다. 이미 건물이 있던 한국에는 2018년에 또 다른 아파트를 매입하였다. 그리고 우리는 경제적 자유를 달성하게 되었다.

나는 내 딸을 나처럼 처절하게 살게 하고 싶진 않다. 내 딸이 좀 더 자라고 우리 가족이 여유롭게 세계를 여행하게 되는 그때, 나는 내 딸에게 아빠의 삶을 자랑스럽게 들려주고 싶다. 그리고 그날은 내가 노력하는 만큼 빨리 다가오리라고 믿는다.

내가 그토록 증명하고자 했던 열정적으로 일한다는 것은 무엇일까? 나는 언제나 다른 사람 3배의 일을 하려고 노력했고 그 방법들을 기록해 왔다. 그 기록의 일부를 다음 장에서 소개하고자 한다. 오래전 일할 때 기록해 둔 내용이므로 과거 시점으로 작성되었다.

2장

효율적으로
일하는 법

업무 효율성을 높이는 방법

모든 업무는 반드시 문서로 하라

문서로 작성해야 하는 이유

상관, 타 부서 또는 타 업체와 업무를 할 때, 내용을 문서로 전달받지 않은 상태에서 진행할 경우 나중에 문제가 생기면 그 책임을 뒤집어써야 할 수도 있다. 이를 방지하기 위해서는 메일이나 Fax 등의 문서로 달라고 해야 한다. 만약 문서를 받을 수 없는 상황일 경우 상대와의 대화 내용을 해당 파일에 정확히 적어 두는데, 협의 내용과 함께 상대의 소속과 이름, 대화가 이뤄진 년/월/일/시간/분까지 정확하게 적어 둔다. 나중에 상대가 발뺌해도 상대가 말한 내용과 시간/분까지 정확하게 말을 한다면 상대도 더 이상 우기지 못하게 될 것이다.

아무리 기억력이 좋은 사람도 기록하는 사람을 이길 수는 없다

전화나 말로 일을 하는 사람들이 있다. 그들의 기억력이 얼마나 대단한지 모르겠지만 컴퓨터로 작성한 문서보다 기억력이 좋은 사람을 나는 단 한 번도 본 적이 없다. 겨우 몇 달이 지나면 어지간한 내용은 잊는 것이 사람이다. 모든 것은 기록해서 자료를 남겨야 한다.

기록할 수 없는 경험은 경험이 아니다

내가 일했던 조직에는 정년을 넘겼지만 현역에서 일하고 있는 사람이 있었다. 그는 경험 자체는 많지만 그것을 체계적으로 기록하지 않았기 때문에 같은 업무를 함에 있어서 과거와 현재의 작업 방식이 달라지곤 했는데 그것은 불량품을 만드는 원인이 되었다.

이처럼 일부 현장작업자 중에는 자신의 경력이 오래된 것만 믿고 이론 공부나 사무작업을 무시하고 주먹구구식으로 일하는 사람들이 많은데 미안하지만 당신들은 전문가가 아니다. 당신들의 기술은 기록할 수 없는 손의 감각이기 때문에 나이를 먹거나 여러 가지 변수가 생기면 그 품질에 심각한 차이가 발생한다. 당신이 남보다 뛰어난 실력이 있다면 기록을 시작하라. 그런 경험을 기록한 것들이 모이면 곧 그것이 이론이 되고 후배들을 위한 훌륭한 교본이 될 것이며 당신은 전문가로서 대접받을 수 있다.

접수 시간에 따른 업무 순서

파일은 시간 순서대로 정리하라

요즘은 대부분 이메일로 업무 처리를 하기 때문에 하드카피한 파일이 별로 생기지 않지만 중요한 메일과 문서는 정전이나 바이러스에 대비해 프린트해 두는 것이 안전하다. 이 경우 이메일 내용만을 추출해서 프린트하는 사람이 있는데 이는 잘못된 습관이다. 반드시 이메일을 보낸 사람과 날짜 부분까지 통째로 프린트해야 정확한 순서를 알 수 있다.

어떤 사람들은 파일로 받은 자료를 저장할 때 그 자료를 받은 날짜를 기록하지 않는데 이것은 아주 게으른 업무 방식이다. 모든 자료는 받거나 보낸 시점을 정확히 기록해 두어야 한다. 샘플을 받았다면 샘플의 표면에 지워지지 않는 필기구로 받은 날짜와 업체를 적어 둬야 한다. 그렇지 않으면 여러 개의 샘플 중에 어느 것이 최종 것인지 알 수 없게 될 것이다.

또한 프린트한 것을 철할 때는 새것이 위에 올라가도록 해야 편리하다. 새것을 아래로 가도록 하는 사람도 있는데 그럼 철할 때마다 기존 파일을 죄다 꺼내야 하기 때문에 여간 번거로운 것이 아니다. 간혹 순서가 뒤죽박죽인 사람도 있는데 제발 회사를 나가라. 당신 때문에 고생하는 전/후방 부서를 위해서.

어제와 오늘 다른 지시를 받으면 나중 것이 맞다

2013년 7월 1일 오전, A사에서 빨간색 목도리 100만 개를 제작하라는 메일을 보내왔는데 같은 날 오후, 파란색 101만 개라는 메일을 받으면 시간이 지난 후 반드시 헷갈리게 된다. 이때는 업무를 통보받은 시간 순서로 나중에 받은 것을 기준으로 처리하면 된다. 파란색으로 진행하라는 두 번째 메일을 받은 후, 전화가 와서 다시 빨간색으로 하라고 하면 당연히 파란색 메일을 프린트해서 그 위에 수기로 전화 통화

내용을 적어 둬야 하고 반드시 확인 메일을 받아야 나중에 문제가 없다. 그리고 업무는 당연히 마지막 통보를 기준으로 처리해야 한다.

작업의 안배

확정되지 않은 것이라도 정보는 최대한 빨리 전달하라

어떤 프로젝트에 대한 정보가 100% 모이기 전에는 다른 부서에 전달하지 않는 사람들이 있는데 이러면 조직의 효율이 떨어진다. 신형 SUV를 개발하기 위해서 섀시의 방식, 엔진의 종류, 배기량, 내장재의 색상이 필요하다고 가정하자. 상품 기획실에서 내장재의 색상이 아직 결정되지 않았다는 이유로 이미 결정 난 엔진의 종류를 제공하지 않으면 엔진 개발 부서는 별 상관도 없는 내장재 때문에 엔진 개발 시간을 잃게 된다. 확정되지 않았다는 단서를 붙여서 자료를 최대한 신속히 전달해야 해당 부서에서 미리 계획을 짤 수 있음을 알아야 한다. 내가 상대 부서에서 일한다고 생각하면 이해하기 쉬울 것이다.

먼 사람의 일을 먼저 안배하라

월요일 출근을 하니 원청업체, 하청업체, 타부서, 부서원, 본인이 해야 할 일들이 메일로 날아왔다. 어떤 순서로 일을 처리해야 할까? 이땐 자신에게서 먼 사람부터 일을 안배하는 것이 가장 효율적이다. 즉, 1)원청업체 2)하청업체 3)타부서 4)부서원 5)본인의 순서로 일을 안배한다.

외부업체의 경우 그들의 생산일정을 우리 쪽에서 컨트롤하기가 쉽지 않으므로, 외부업체가 스스로의 일정을 고려해서 당사의 업무를 안배할 수 있도록 최대한 빨리 전달해야 한다. 당연히 원청이 하청보다 중요하므로 1)원청의 일을 먼저 처리한 후, 2)하청업체의 일을 처리한다.

당신이 부서장이라면 당신 부서의 업무 순서는 마음대로 바꿀 수 있고, 시간이 부족하더라도 여러 명을 붙이거나 잔업으로 업무를 처리할 수 있지만 타부서까지 그런 것을 바랄 수는 없으므로 빨리 자료를 전달해야 한다. 그러므로 외부업체의 업무를 안배한 후 3)타부서의 업무를 안배한다.

물론 원청업체, 하청업체, 타부서에 전달하는 행위 자체는 부서장인 당신이 하는 것이 아니라 직원들을 시켜야 한다. 원청업체에 자료를 전달하는 것을 최에게 시켜 놓고, 하청업체 일은 박에게, 타부서 업무 전달을 김 대리에게 지시해 놓는 식이다.

그 후 4)부서원들이 할 일들을 각자에게 전달한 후, 5)부서장 본인이 해야 하는 일을 처리한다면 아무에게도 무동 시수가 발생하지 않을 것이다. 자질이 부족한 부서장들은 급한 마음에 자신의 일을 하느라 오전 시간을 낭비하고 오후에 부하직원들에게 업무를 안배하기도 한다. 그럼 정신없이 일하는 당신 앞의 부하직원들이 노는 것을 오전 내 지켜보아야 한다. 만약 이런 상황이 자주 벌어진다면 당신은 부서장의 자격이 없다. 부서장이 놀고먹어도 부서가 문제없이 돌아가게 만드는 사람이 훌륭한 부서장이다.

업무에 집중하는 데는 시간이 필요하다

어떤 직원에게 10분마다 새로운 일을 하게 한다면 아마도 완성된 일은 아무것도 없을 것이다. 새로운 일을 시작할 때는, 아무리 단순한 업무라도 머릿속에 있는 기존의 생각을 버리고 새로운 것에 집중하는 시간이 최소한 10분은 필요하다. 업무의 난이도가 높다면 수십 분씩 걸리기도 하므로 업무의 종류를 과도하게 변경하지 않도록 해야 한다.

예를 들어,

A직원: A1 업무 → B1 업무 → A2 업무 → B2 업무

보다는

A직원: A1 업무 → A2 업무 → B1 업무 → B2 업무

처럼 비슷한 것을 몰아서 하면 집중도가 향상되어 작업 시간과 오작을 줄일 수 있으며, 직원의 수가 많다면 비슷한 업무를 한 직원에게 몰아서 맡기는 것이 단기적으로 유리하다.

예를 들어,

A직원: A1 업무 → B2 업무

B직원: B1 업무 → A2 업무

보다는

A직원: A1 업무 → A2 업무

B직원: B1 업무 → B2 업무

방식으로 진행되도록 안배하는 것이 효율적이다. 물론 시간의 여유가 있다면 A직원도 B업무를 맡겨서 B직원이 바쁠 때 도와줄 수 있는 시스템을 만들어야 한다.

부서원이 못 미더워도 일을 던져 줘라

어떤 현장 출신 관리자는 차장이라는 직위를 달고도 직접 기계를 수리하느라 땀을 뻘뻘 흘리며 일한다. 그는 부하직원들에게 기계수리법을 가르친 적도, 그 매뉴얼을 만든 적도 없기 때문에(수리 가능한 사람이

본인뿐) 아랫사람들이 구경하는 동안에 혼자서 일하는 것이다. 자신의 기술을 남에게 전하지 않으면 밥그릇이야 잃지 않겠지만 스스로도 성장할 수 없다.

부서장이나 되는 사람이 부하직원들이 해야 할 일을 열심히 하는 경우를 자주 본다. 부서가 아직 제대로 세팅되지 않았거나 시범을 보이는 경우가 아니라면 어지간하면 직원이 하도록 만들어야 한다. 경험이 부족한 직원을 쳐다보는 것이 답답해서 부서장 스스로 하는 경우가 많아지면 직원은 영원히 발전할 수 없다. 부서를 맡은 지 몇 년이 지났어도 놀고먹지 못한다면 부서장의 관리에 문제가 있는 것이다. 여기서 놀고먹는다는 것은 일이 없어서 그런 것이 아니라, 부서원들의 자질을 향상시키고 업무를 표준화, 효율화시켰기 때문에 가능한 것이다.

부서장인 당신이 놀고먹는(부하직원들이 효율적으로 일하는) 수준이 되었다면 다른 아이템을 찾아야 한다. 앞으로 쓰일 것으로 예상되는 도면을 그려 놓거나, 표준품, 선행품 따위를 생산해 놓거나, 새로운 블루오션이 없는지를 살펴서 부서원보다 한발 앞서 나가야 한다. 지금 편하다고 현실에 안주하면 조직은 곧 경쟁력을 잃게 된다.

이유를 설명하라

어떤 일을 지시할 때 어떻게 할 것인가와 함께 왜 그렇게 해야 하는지 이유를 설명해야 한다. 특히 그 일이 언젠가 반복될 가능성이 있을 경우 특히 중요하다. 단순히 지시만 했을 경우 그 한 번의 일은 잘 완성될지 모르지만 나중에 약간의 변형이 가해진 업무를 할 때는 분명히 실수를 하게 마련이다.

얼마 전 중동에서 이슬람을 믿는 손님이 왔다. 그들은 돼지고기를 먹지 않는다. 기술미팅 도중 점심을 먹어야 하는 상황이라 총무부장은 총무에게 치킨버거를 사 오라고 했다. 총무는 치킨버거를 사 왔는데 이슬람 손님은 그걸 먹지 않았다. 왜일까? 총무는 정확히 치킨버거를 사 왔지만 그 속에는 베이컨도 함께 들어 있었다. 총무부장은 왜 치킨버거를 사야 하는지에 대해 이유를 설명하지 않았고 총무도 그 이유를 궁금해하지 않았다.

"이슬람 사람들은 돼지고기를 먹지 않으므로 치킨버거를 사 오세요."

지시내용에 이유만 한 줄 집어넣었으면 해결되었을 일이다.

지시 후 재확인

한국 직원들도 그런 사람들이 많지만 중국 직원들은 특히 어떤 지시를 내렸을 때 확인하지 않으면 일을 완성하지 않는 경우가 아주 많다. 어떤 지시를 받았을 때 그들은 대개 "메이원티(문제없다)."라고 말하지만 정작 그 일이 완성되지 않은 경우가 아주 많다. 일을 처리할 수 없는 문제가 발생했으면 보고를 하거나 스스로 문제 해결을 하는 것이 아니라 업무를 멈추고 아무런 반응이 없이 노는 경우가 많으므로 지시 후 반드시 재확인하여야 한다. 이는 당해 업무의 확인뿐만 아니라 상관이 항상 재확인을 한다는 인식을 심어 줘 향후 업무를 할 때 농땡이 부리는 것을 막는 효과도 있다.

일을 시작하기 전에 계획부터 하라

일찍이 링컨은 "나에게 나무를 할 시간이 8시간 주어진다면 6시간

동안 도끼의 날을 갈겠다."라고 말했다. 당신이 해야 할 일이 배당되었을 때 바로 일을 시작하는 것은 현명하지 못하다. 일단 일을 파악하여 최대한 빠르고 자원 소모가 적은 방법을 찾은 다음 시작하는 것이 훨씬 효율적이다.

사전 준비

사무작업이든 현장작업이든 그것을 시작하기 전에 계획을 짜는 것은 효율성 측면에서 아주 중요하다. 어떤 공사를 시작하기 전, 사람을 뽑아 놓아도 자재가 없거나 인허가 절차가 완료되지 않았거나 하는 문제로 인력을 놀려야 하는 경우가 많다. 미리 철저히 계획을 짜서 그런 낭비를 줄여야 한다. 납기를 기준으로 시간을 역산해서 투입할 자재, 인력, 하청업체, 원청업체의 일정 등을 표 위에 기록하는데 이것을 'Master Schedule' 또는 'Master Plan'이라고 부른다.

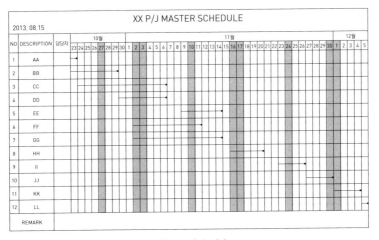

Master Schedule

납기를 기준으로 역산을 해서 스케줄을 짜보면 챙겨야 할 것이 무엇인지 즉각 나타난다. 여러 사람이 협력해서 처리해야 할 프로젝트라면 담당자란도 넣어야 책임을 지울 수 있다.

위의 예시는 한 가지 프로젝트에 대한 단순한 스케줄일 뿐이고 실무에서는 수십 개의 스케줄을 동시에 관리하므로 저것보다 훨씬 복잡하다. 나는 2~3년 후의 업무까지도 스케줄을 잡아 놓고 있다.

설계의 중요성

건축주들은 자신의 건물 신축 공사를 할 때 설계비에 인색한데 이것은 아주 잘못된 생각이다. 설계 직원이 잘못 그은 선 하나 때문에 엄청난 손실이 발생할 수 있는 것을 고려한다면 하나를 더 주고 10개를 얻는 방법을 택하는 것이 현명하다. 지리산을 떠나 본 적이 없는 사람이 차를 몰고 서울을 가기 위해 나침반을 들고 북쪽으로 향하는 길을 따라간다면 인터체인지에서 한 바퀴 빙 돈 후 남쪽을 향하게 되는 사태가 발생할 것이다. 출발 전 지도를 보고, 비록 남쪽으로 뻗은 길이라도 그것이 북쪽으로 향하는 길의 입구라면 그곳으로 가는 것이 맞지 않겠는가? 지도를 보는 시간을 아깝게 생각지 마라. 그 10분이 도로에서의 몇 시간을 절약해 주는 것을 고려하면 절대 손해 보는 투자가 아니다.

샘플링

사무작업이든 현장작업이든 동일한 업무가 많을 경우, 그중 1개의 샘플을 미리 작업해서 상관과 고객에게 확인을 받은 후 나머지를 처리하는 것이 효율적이다. 몇 년 전, 나는 새로 맡은 부서의 부하직원들에게 업무를 맡기며 '하나를 먼저 완성하여 확인을 받은 후 나머지를 완성하라'고 지시했지만 직원들은 모두 완성한 다음에 가져오곤 했다.

완성된 업무 100가지 모두 동일한 부분을 틀렸다면 그것은 엄청난 시간 낭비이다. 한 가지를 작업하거나 수정하는데 매번 한 시간이 들고 다섯 번의 수정을 거친 후 완성되는 업무가 있다고 가정하고 두 가지 방법을 비교해 보자.

① 부하직원의 방식: 100가지 × 5번 수정 = 500시간/Total

② 나의 방식: 1가지 × 5번 수정 = 5시간

⇒ 상관의 확인

⇒ 나머지 99가지의 작업 = 5시간 + 99가지 × 1시간 = 104시간/Total

내 부하직원들은 더 이상 ①처럼 아둔한 방식을 쓰지 않기에 우리는 훨씬 빠르고 정확한 일 처리를 하고 있다.

현장의 경우 실수로 인한 손실을 줄이기 위한 방법으로 프로토타입(Prototype)이나 목업(Mockup)을 만드는 것이 일반적이다. 새로운 아이템의 시제품을 프로토타입이라고 하고 모델하우스 같은 견본을 목업이라고 부른다. 이런 과정들을 몇 번 거치며 문제점을 해결해 나가면 결국에는 완벽한 시제품이 나오고 그때 양산 시작(Pilot) 단계를 거쳐 양산(Mass production) 체제로 넘어가면 손실이 적다. 이러한 새로운 시도를 할 때면 생각지도 않은 문제들이 발생하지만 그런 문제는 어떻게든 해결되게 마련이다. 최고 상태의 긴장은 영원하지 않다. 걱정하지 마라.

급한 일 → 중요한 일 순서로 처리하라

급한 일과 중요한 일을 동시에 처리해야 할 경우, 어떤 일을 먼저 하는 것이 효율적일까? 최대한 많은 일을 처리하고자 한다면 급한 일을 먼저 하는 것이 효율적이다. 아무리 중요한 업무라고 하더라도 시간의 여유가 있을 때는 절대 서두를 필요가 없다. 그러므로 급한 일을 먼저 처리하고 나머지는 시간의 여유를 봐 가면서 처리하면 된다. 즉, (1)급하고 중요한 일 → (2)급하지만 안 중요한 일 → (3)안 급하지만 중요한 일 → (4)안 급하고 안 중요한 일 순서로 처리해야 한다. 많은 일이 갑자기 밀려오더라도 무턱대고 시작할 것이 아니라 위의 4가지로 분류를 한 후 시작하는 것이 좋다.

나는 (3), (4)번의 일을 미리 종이에다 리스트를 만들어 두고 있어서 별다른 업무가 없는 경우에도 그 일을 수행하므로 부하직원들이 딴짓을 하는 경우가 드물다. 이 방식으로 한가할 때 미리 준비해 두었던 자료들을 바쁠 때 즉각 사용함으로써 평균적인 업무의 질을 높이는 효과를 얻을 수 있다. 아래 '업무의 요철을 밀대로 밀어라'를 보라.

업무의 요철(凹凸)을 밀대로 밀어라

가끔 나는 집에서 손칼국수를 해 먹는다. 밀가루에 소금 간을 하고 물을 넣고 주물러 반죽을 만든 후, 랩을 씌워 냉장고에서 30분간 숙성을 한다. 탁자에 마른 밀가루를 뿌린 후 숙성된 반죽을 한 주먹 떼어서 밀대로 앞뒤로 밀기를 반복하면 중간중간 요철(凹凸)이 있던 반죽은 점점 펴져서 평평하게 된다.

당신에게 주어진 시간은 매일 8시간이지만 처리해야 할 업무가 하루는 4시간 분량(凹), 다음 날은 12시간 분량(凸)이 밀려온다. 그래서 어떤 때는 시간이 남아 게임을 하고 어떤 때는 잔업을 하기도 하는데 바빠서 잔업까지 한 업무는 시간이 부족해 오작(誤作)이 많아져 당신을 더 바쁘게 만들기 십상이다.

부서장인 당신은 직원들이 한가할 때 줄 수 있는 일을 어느 정도 준비해 두어야 한다. 물론 그것은 언젠가는 해야 하는 일이다. 나는 전임자에 의해서 작성되었던 엉터리 도면(도면이 아니라 피카소 그림 같다. 어떻게 앞에서 본 높이가 100mm인데 옆에서 보면 120mm이 되는지?)들을 수정하라는 지시를 내려 놓았고 시간의 요철이 생긴 직원들은 남는 시간(凹)에 스스로 표준도면을 만들어서 내게 가져왔다. 그렇게 만들어진 표준도면은 업무가 바쁠 때(凸) 요긴하게 쓰이고 확실히 오작을 줄여 주었다.

공통 업무를 지정하라

많은 회사들의 사무직원들이 늦은 시간까지 잔업을 하곤 하는데 실제론 일이 없으면서도 남아 있는 경우가 많다. A가 9시에 퇴근하므로 5시에 퇴근하는 것이 눈치 보인 B까지 덩달아 9시까지 남아 있고 다음날은 잔업하는 B 때문에 A가 일찍 퇴근하지 못하고 9시까지 남아 있는 경우 등이다. 관리자는 부하직원이 잔업을 하면 열심히 한다고 착각을 하는 데 중요한 것은 결과물이지 자리에 앉아 있는 시간이 아니다.

그럼 어떻게 하는 것이 효율적인 것일까? 위의 경우는 같이 7시에 퇴근하도록 만들면 된다. 업무의 종류가 다르더라고 두 사람 모두가 할 수 있는 공통 업무를 정해 놓고 A, B에게 공통 업무를 제일 나중에 하도록 하면 된다.

예컨대 A, B의 업무 중에서 단순히 타이핑을 하는 일 등 다른 사람이 대신할 수 있는 일을 각자 가장 늦게 하도록 지시한 후 먼저 끝나는 쪽이 다른 쪽을 도와주게 하는 시스템을 만들면 A, B는 매일 7시에 퇴근(2시간씩 일찍)해서 피곤하지 않고, 피곤하지 않으니 오작도 줄며, 회사도 잔업비를 아낄 수 있다.

나는 일본의 한 고객에게서 온 3개의 프로젝트의(편의상 A, B, C 프로젝트라 하자) 설계를 2팀에 맡겼다. 팀장은 다시 2명의 부하 직원들에게 (편의상 김 대리, 이 대리라고 칭하자) 일을 안배했는데 A와 B 프로젝트는 100% 동일했기에 김 대리가 같이 맡고, C는 이 대리가 맡았다. 여기까지는 문제없다.

그런데 A와 C는 개개의 제품 형상은 일치하고 숫자만 달랐다. 두 직원은 상대의 업무에 신경 쓰지 않고 각자 작업을 하여 거의 완성단계에서 내게 검도(도면 검토)를 요청했다. 두 프로젝트가 거의 일치하는 것을 확인한 나는 직원들에게 아래를 설명했다.

A 프로젝트: AA=5개, BB=10개, CC=5개, DD=3개, EE=7개
C 프로젝트: AA=4개, BB=3개, CC=9개, EE=2개, FF=8개

라고 했을 때 너희들은 각기 5가지의 형상을 그리기 위해 각자 5시간을 허비했다. 그러나 김 대리는 AA, BB, DD를, 이 대리는 CC, EE, FF를 그린 후 각자 공통되는 것을 교환하고 숫자만 바꾼다면 각자 2시간씩을 절약할 수 있다. 너희들은 서로가 같은 고객의 업무를 진행하고 있다는 것을 알고 있었다. 왜 일을 시작하기 전에 서로의 업무를 확인하지 않느냐?

만약 김 대리의 실력이 이 대리보다 월등히 좋다면 김 대리가 AA,

BB, CC, DD를 그리고 이 대리가 EE, FF를 그리는 경우도 생기겠지만 이 경우도 두 사람의 업무 시간은 무조건 줄어든다.

이처럼 업무를 시작하기 전에는 당신과 주위를 잠깐 살펴서 자원낭비를 줄이고 효율적으로 일할 수 있는 방법이 없는지를 먼저 살펴야 한다. 그리고 그것들이 모여 회사의 경쟁력이 되고 그 습관이 밴 당신 스스로도 대중보다 앞서가게 되는 것이다.

분업

어떤 프로젝트를 진행할 때 필요한 자재들을 새로 개발해야 할 경우가 있다. 이럴 때는 그 프로젝트를 설계하는 직원에게는 전체적인 레이아웃만 그리게 하고 다른 여유 인원에게 각각의 단품 설계를 맡기면 시간적으로나 전문성의 측면에서 유리하다. 한 사람이 전체 레이아웃과 각각의 단품 상세 설계까지 동시에 한다면 사고할 것이 많아서 두뇌가 쉽게 피로해지기 때문이다.

이럴 때는 단품 설계에 재능이 많은 직원에게 상세 설계를 떼어서 주면 분업으로 업무도 빨라지고 정확성도 높아지는데 이는 생산 현장에서도 마찬가지다. 한 사람이 모든 것을 다 처리하자면 시간이 많이 걸리고 전문성도 떨어지므로 분업을 하는 것이 훨씬 효율적이다. 다만 각자는 주 종목 외에도 보조로 한두 가지 업무를 추가로 배워 두어야 하는데 이는 결원이나 특정 업무가 과다할 시 효율적으로 대처할 수 있기 때문이다.

무동 시간의 감소

만약 업무가 정말 과도하다면 개인적 무동 시간을 줄여야 한다. 작성한 서류의 프린트 버튼을 누른 후 화장실에 가고 다녀오는 길에 프린트를 찾는다면 어떨까? 당신은 프린터 옆에서 기다리며 시간을 낭비하지도, 프린터까지의 거리를 걸어가는 에너지를 낭비하지도 않게 된다. 점심 전이라면 대용량 파일을 다운하는 버튼을 누른 후 가면 된다. 이런 것이 습관이 되면 당신은 경쟁자들보다 빨리 업무를 끝낼 수 있고 그 남는 시간만큼 앞서나가게 될 것이다.

상대에게 의사 전달은 최대한 단순하게 하라

복잡한 연산으로 처리해야 하는 업무일수록 그것을 보는 상대는 바보라고 가정하고 자료를 만들어야 한다. 당신이 만드는 연산은 복잡할지언정, 완성된 자료는 초등학생도 이해할 수 있도록 하는 것이(그렇게 만들기 위해서 많은 시간을 들이더라도) 자료 오독으로 인해 손실을 보는 것보다 훨씬 낫다.

스티브 잡스의 일대기를 읽어 보았다면 내 말을 정확히 이해할 수 있을 것이다. 그는 사용자 중심의 인터페이스를 지향했는데 그것은 애플은 천재집단이고 사용자는 바보라는 가정하에 출발하는 것이다. 그래서 복잡한 업무도 키보드가 아닌 마우스로 처리하여 단순화하고, 손가락 터치만으로 모든 기능을 구현하는 스마트폰이 탄생한 것이다. 우리가 편하게 사용하는 그런 기능들이 나오기 위해서 그들이 얼마나 더 복잡한 연산들을 처리해야 했을지 생각해 보라. 내가 부하직원들에게 항상 하는 말이 있다.

"너희는 대학을 나온 엘리트들이지만 현장에는 어제까지만 해도 밭을 매던, 자신의 이름도 쓸 줄 모르는 농민공들이 일하고 있다. 그들이 이해할 수 없는 도면을 그렸다면 그건 너희가 틀린 거다. 도면을 보는 사람들을 바보라고 생각하고 바보조차도 이해할 수 있도록 쉽게 만들어라."

나의 이 사고방식은 당장은 도면과 문서를 만드는 사람들에게 많은 생각을 하게 만들지만 오독을 없애 결과적으로 전체 프로세스를 원활하게 만든다.

상대에게 정확하게 의사를 전달하는 법

대화나 전화로 업무를 할 경우 단 몇 달만 지나도 그 내용이 가물가물하게 된다. 그래서 모든 업무는 문서로 처리해야 뒤탈이 없는데 아래의 큰 숫자로 갈수록 정확성이 커진다.

① 대화, 전화
② 대화, 전화를 메모한 기록
③ 이메일(문장 형식으로 기록된 것)
④ 이메일(번호를 매겨 정리한 메일)
⑤ 하드카피된 표지에 문장으로 기록한 것
⑥ 엑셀 표, 도면, 스케치로 작성된 자료

예를 들어, 당신의 회사가 침대 매트리스를 만든다고 가정해 보자.

① 대화, 전화

영업부 직원인 당신은 생산부에 "한국 고객은 1900 × 900, 일본 고객은 1800 × 900, 미국 고객은 2100 × 1200, 영국 고객은 2050 × 1050을 요구하므로 생산지시서에 국가명만 적으면 생산부에서 알아서 하라."라고 전화를 했다. 생산부는 앞으로 문제를 발생시키지 않고 생산을 잘해낼 수 있을까? 전화를 받은 사람이 기록을 하지 않았다면 언젠가 헷갈릴 수도 있고 해당 직원이 사직을 했다면 후임자는 내용을 모를 수밖에 없다.

→ 실패

② 대화, 전화를 메모한 기록

전화 내용을 기록했다고 하더라도 몇 년 후 그 파일을 찾을 수 있을까?

→ 실패

③ 이메일(문장 형식으로 기록된 것)

당신은 이메일에 "한국 고객은 1900 × 900, 일본 고객은 1800 × 900, 미국 고객은 2100 × 1200, 영국 고객은 2050 × 1050 을 요구하므로 생산지시서에 국가명만 적으면 생산부에서 알아서 하라."라고 적었다. 일단 읽을 때 헷갈린다. 그리고 이 경우 문서는 남지만 이메일 관리를 잘하지 않으면 쉽게 날릴 수 있고 몇 년 전 메일에 뭐가 들었는지 어떻게 기억할 수 있나?

→ 실패

④ **이메일(번호를 매겨 정리한 메일)**

당신은 이메일에 "국가별 요구 사항은 아래와 같습니다.

- 일본 고객: 1800 × 900
- 한국 고객: 1900 × 900
- 영국 고객: 2050 × 1050
- 미국 고객: 2100 × 1200

상기 리스트를 참조하여 생산 바랍니다."라고 적었다.

③과의 차이는 번호로 리스트를 만들어 한눈에 파악될 수 있도록 했다는 것이다. 또한 매트리스의 크기에 따라 순서를 따르는 규칙을 정했다는 것이다. 그러나 한 번 보고 나면 매일 확인할 수 없는 메일이라는 한계는 벗어날 수 없다.

→ 실패

⑤ **하드카피된 표지에 문장으로 기록된 것**

- 일본 고객: 1800 × 900
- 한국 고객: 1900 × 900
- 영국 고객: 2050 × 1050
- 미국 고객: 2100 × 1200
- 미국 고객 20개 생산 바랍니다.

당신은 생산지시서 표지에 매번 위와 같이 적었다. 상당히 진척된 상황이다.

→ 성공, 그러나 체계적이지 못함.

더 확실한 것은 아래의 방법이다.

⑥ 엑셀 표, 도면, 스케치로 작성한 자료

NO	국가	크기	생산 수량	비고
1	일본	1800×900		
2	한국	1900×900		
3	영국	2050×1050		
4	미국	2100×1200	20	

엑셀 표

당신은 작업지시서에 위의 표를 만들어 넣고 생산 수량만 적어서 내리면 된다. 저런 표를 만드는 것이 곧 시스템을 구축하는 것이고, 저런 작업을 수없이 하여 회사의 뼈대를 만드는 것은 상당한 인내심을 요구하는 일이지만 하나하나 구축해 나갈수록 업무는 점점 쉬워지고 문제는 줄어들 것이다.

→ 성공

전화로 1분 걸릴 일을 위해 1시간을 들여 엑셀 표를 만드는 것을 시간 낭비로 생각지 마라. 정보 전달 중 발생하는 오류를(오류로 인한 손실은 대개 시스템을 만드는 것보다 훨씬 큰 비용이 든다) 방지함과 동시에 정보의 재활용도 가능하기 때문이다. 엑셀 자료는 3년 후에도 다시 꺼내 쓸 수 있지만 입으로 말한 내용은 나오는 즉시 사라진다.

정리정돈은 기본이다

효율성의 기본은 정리정돈이다. 하드웨어적, 소프트웨어적으로 정리가 되어 있지 않다면 시스템을 만들 수 없고 시스템이 없으면 효율성을 기대할 수 없다. 여러 사례를 한번 보자.

프로젝트명을 확실히 구분해야 한다

당신은 아파트 공사장에서 자재 관리를 한다. 공사 도중 현관문 수십 개가 파손되었고 아래와 같이 발주를 냈다.

- 1월 10일: 10개
- 1월 11일: 10개
- 1월 21일: 11개
- 2월 11일: 2개
- 2월 12일: 10개
- 2월 14일: 10개

2월 15일에 입고된 10개의 현관문이 있다면 그것은 언제 발주한 물량인가? 현관문을 만드는 업체가 2, 3곳의 공장에서 분산해서 만들었고 각 공장의 스케줄이 다를 경우, 2월 15일에 입고된 10개의 현관문은 언제 발주한 것인지 모를 가능성이 많다. 아무거나 갖다 쓰면 안 되냐고? 그럼 나중에 입고 수량이 부족하면 언제 발주 낸 것이 부족한 건지도 확인할 수 없을 것이고 현관문들의 사양이 각기 다르다면 포장을 뜯기 전에는 알 수 없는 상황도 생긴다. 당연히 현관문을 만드는 업체도 헷갈리게 된다. 이런 식의 일은 내 주위에서 매일 벌어진다. 유럽에 있는 에이전트 직원과 무역부 직원의 일하는 꼴이 저런 식이라서 생산을 끝낸 후에 같은 PO(PurchaseOrder)가 다시 날아오곤 한다. 그러므로 귀찮더라도 매번 프로젝트명을 확실히 넣어주는 것이 훨씬 효율적이다. 한번 넣어 보자.

- 1월 10일: A-1 = 10개
- 1월 11일: A-2 = 10개
- 1월 21일: A-3 = 11개
- 2월 11일: B-1 = 2개
- 2월 12일: B-2 = 10개
- 2월 14일: B-3 = 10개

임시로 1월은 A, 2월은 B를 부여하고 순서에 따라 숫자를 넣었다. 당신이 현장 자재 관리 직원이든, 업체의 출고 관리 직원이든 간에 확실한 프로젝트명이 있으므로 실수할 가능성이 현격히 줄어들 것이다. 그런데 담당 부서에서 프로젝트명을 정해 주지 않는다고? 그럼 당신이 임시로 정해서 사용하면 되는 것 아닌가? 프로젝트명이 없다면 위처럼 임시라도 넣어서 관리하고 나중에 정식 명칭이 나오면 바꾸면 될 일이다. 프로젝트명이 없어서 헷갈리는 것보다 이것이 훨씬 효율적이다.

모델명이 없으면 가짜라도 만들어라

위와 비슷한 경우로 어떤 자재를 개발하면서도 모델명 없이 일을 시작하는 사람들이 있다. 자동차회사에서 신차를 개발할 때 프로젝트명을 사용하고 나중에 정식 이름을 부여하듯, 비록 나중에 바꾸더라도 모델명을 정하는 것이 모델명이 없는 것보다 훨씬 효율적이다.

예전에 어떤 자재 업체가 우리가 기존에 쓰던 자재와 유사한 샘플을 가져온 적이 있었는데 모델명을 아직 정하지 않았단다. 그러면 어떻게 될까?

나: 여보세요. 아~ 그 길쭉하고 둥글둥글한 게 100위안이고, 넓적하고 얇은 게 120위안 맞죠? 그런데 L자 모양으로 된 것은 각도를 좀 줄일 수 없습니까?

자재업체 직원: 저번에 드린 샘플 중에 길쭉한 게 다섯 개가 있는데 어떤 거 말씀하십니까?

이해가 되는가? 나는 그 샘플들을 받자마자 기존 제품 모델명의 이니셜을 바꿔서 임시 번호를 넣었고 결국 그게 모델명이 되었다. 예를 들어, 기존 업체 제품 번호가 SS-337이라면 AB-337라고 임시로 넣는 것이다. 이렇게 하면 최소한 위와 같은 상황은 안 벌어진다.

자료는 변경이 없어도 정기적으로 전달하라

내가 설계부장을 하던 시절, 우리 부서는 매주 한 번씩 현재 진행 중인 프로젝트와 앞으로 진행할 프로젝트까지 변경 사항을 엑셀로 작성해서 각 부서에 배포하고 있는데 생산부는 변경 사항이 없다는 핑계로 한 달에 한 번 줄까 말까였다.

원래 부서장이 본사로 복귀한 후 현장 출신이 그 자리에 앉았는데 그는 하드웨어(책상 크기)는 업그레이드되었지만, 소프트웨어(개념)는 업그레이드하지 못했다. 한 달 동안 자료가 넘어오지 않으면 타 부서에서 잘못된 판단을 할 가능성이 많음을 그의 짧은 머리로는 이해할 수 없겠지. 변경이 없다고 하더라도 자료는 정기적으로 제공해야 한다. 그렇지 않으면 변경이 없어서 안 준 건지, 깜빡 잊은 건지 어떻게 아는가?

그에 더해 어쩌다 제공된 데이터는 만든 날짜가 쓰여 있지 않다. 그럼 바탕화면에 여러 개를 저장해 두면 어떤 게 최신 데이터인지 어떻게 아는가? 업무를 하다 보면 이런 경우가 자주 발생하는데, 자료는 작성 시에 해독에 오류가 없도록 받는 사람의 입장을 고려해서 만들어야 한다.

5S와 3정

《이건희 개혁 10년》(김성홍, 우인호 지음)에 이런 대목이 나온다

1996년 삼성전자는 일본 도요타자동차의 협력회사인 다카키제작소를 통해 삼성전자 협력회사인 대봉정밀의 금형설계, 제작, 프레스작업, 조립공정에 대한 체계적인 지도에 나서게 되었다. 이에 따라 다카키제작소의 기술자들이 한 달에 일주일씩 대봉정밀을 방문했다. 그러나 그들은 기술향상이라는 부푼 꿈을 안은 대봉정밀 측을 여지없이 실망시켰다고 한다. 처음 몇 달 동안 그들이 지도해 준 것이라고는 5S(정리, 정

돈, 청소, 청결, 습관화의 일본어 이니셜)와 3정(정위치, 정량, 정품)뿐이었던 것이다.

그러나 효과는 서서히 나타났다. 금형이 제자리에 있으니 찾기가 쉬워져 공정이 한결 빨라졌고 정리, 정돈으로 생긴 공간을 이용하니 물류가 수월해졌다. 다카키의 기술이전은 그때부터 시작됐다. 공정 자동화로 89명이 할 일을 38명이 할 수 있게 되었고 리드타임이 줄고 생산성은 높아졌다. 2년에 걸친 기술 지도로 품질이 높아진 대봉정밀의 톱 커버는 삼성전자의 'DVD콤보'가 세계적인 히트를 하는 데 한몫했다.

정리정돈은 하드웨어적, 소프트웨어적으로 구분할 수 있는데 5S와 3정은 하드웨어적 정리정돈의 기본이라 할 수 있겠다. 상기의 예처럼 중소 규모의 경영자들은 정리정돈의 중요성을 인식하지 못하는데 정리정돈만으로 30%의 생산성이 향상되는 경우도 있다는 것을 알아야 한다. 하드웨어적 소프트웨어적으로 필요한 것들을 신속히 찾을 수 있다면 그로 인한 시간적, 공간적, 재무적 절약은 조직의 경쟁력을 월등히 배가시킨다.

문제가 생길 때의 대처법

조직에 한 명의 바보가 있으면 주위에 있는 똑똑한 여러 명이 피곤해지고, 어떤 조직에 문제가 생기면 그 전후방 조직이 피곤해진다. '도대체 이런 돌머리로 어떻게 대학을 졸업했을까?' 싶은 사람들은 항상 있고 대개 조직 구성원의 20% 정도는 이런 사람들로 채워진다. 이런 사람들은 조직이라는 배가 전진하기 위해 모두가 앞쪽으로 노를 저을 때 혼자서 뒤쪽으로 노를 젓기 때문에 차라리 없는 것이 낫지만 내부 경쟁적인 대기업이 아닌 이상 대개는 그냥 방치하게 되며 그들 20%가 문제의 80%를 양산한다. 이런 사람들은 자신의 업무 실수가 민폐라는 것을 아는지 모르는지 노력 자체를 하지 않기 때문에 동일한 실수를 수 없이 반복한다. 무능하면서 노력도 하지 않으니 미칠 일이다(나는 이런 경우 해고가 쉬웠으면 좋겠다. 당신이 부양해야 하는 처자식이 있다는 것이 조직이 당신을 껴안아야 할 이유는 될 수 없다. 기업은 자선단체가 아니며 열심히 일한 동료가 당신 때문에 일자리를 잃는 것은 공정하지 못하다.).

업무를 하며(대개 위에 언급한 사람들에 의해) 어떤 문제가 발생하면 신속히 두 가지를 파악해야 한다.

① 지금 어떻게 이 문제를 해결할 것인가?
② 앞으로 재발 방지를 위해 어떤 대책을 세워야 하나?

무능한 직원들 때문에 문제가 발생하지만 그들은 스스로 문제를 해결하지 못한다. 1) 그들은 애초에 문제가 발생할 수밖에 없을 정도로 업무 처리 능력이 미숙하며 2) 대개는 문제가 발생한 것 자체를 인지하지 못한다. 3) 당면한 문제의 해결책이 무언지도 생각해 내지 못하며 4) 그들에게 재발 방지책을 기대하는 것은 꿈에 지나지 않는다.

노련한 사람들은 문제가 발생했다는 연락을 받으면 현장에 있는 사람에게 1) 예상되는 원인에 대해 질문하여 1차 확인하고, 2) 가장 신속하고 경제적인 해결책을 찾아 즉각 문제를 해결하며 3) 차후 동일한 문제가 발생하지 않도록 재발 방지책을 마련한다.

이는 문제의 히스토리를 기록하고 원인을 분석하며 해당 부분을 보강하는 도면, 자재, 설비 등을 적용하여 재발생을 막고 재발 방지 대책서를 작성하여 교육 및 공유하는 것으로 귀결된다.

표준의 제정

표준을 만든다는 것은 미래를 준비하는 것이다. 당장의 실적을 위한
다면 그것을 하지 않는 것이 낫지만 장기적으로 보면 그것이 낫다. 나
는 언제나 준비과정을 실행과정보다 중요시해 왔고 그것은 현명한 선
택이었다.

우리 부서의 표준은 표준도면과 표준자료가 있는데, 표준도면의 경
우 새로운 아이템을 도면화 시켰다고 끝나는 것이 아니다. 중요한 것
은 '필요할 때 얼마나 빨리, 해당 도면, 그리고 그것과 연관된 정보를
찾아내느냐'이므로 나는 실제 적용 프로젝트명 같은 중요 정보를 같이
표기해 둔다. 즉,

> CAD 도면 한쪽에 어느 프로젝트에 사용했는지를 적고, 표준도 CAD에 넣
> 은 후 그 파일을 공유하며,
> 해당 도면은 프린트하여 표준도면철에 철해 놓는다.

어떤 새로운 샘플이 들어와서 도면을 그렸는데 몇 년 후에 그것을 적
용한 프로젝트를 찾을 수 없어 불편한 경험을 했다. 그 후 나는 적용한
프로젝트명을 적어 두기 시작했고 그래서 이제는 부품도면 한 장이면
그것을 사용한 프로젝트를 3초 안에 찾을 수 있다. 그렇게 찾은 프로젝
트의 파일에서 그 부품을 사용한 히스토리를 확인, 주의할 점을 파악
하여 문제를 대비한다. 표준의 제정은 뒤에서 다시 다루겠다.

재고 줄이는 법 – 재고는 자산(資産)이 아니라 사산(死産)이다

일본의 유명한 경영자인 고야마 노보루는 그의 책 《숫자에 주목하라》에서 다음과 같이 말했다.

"B/S에서 재고는 자산에 포함된다. 그러나 재고를 자산으로 보는 견해는 잘못이며, 오히려 회사를 낭떠러지로 내모는 사산(死産)으로 봐야 한다."

한번 창고를 구석구석 살펴봐라. 벌써 몇 년째 먼지만 뒤집어쓴 채 잠들어 있는 상품은 없는가? 잘 팔리는 효자 상품은 창고에 들일 틈도 없이 팔려나가므로 먼지가 쌓일 겨를이 없다. 창고에 쌓여 있다는 말은 곧 '미운 오리', 다시 말해 잘 안 팔린다는 뜻이다.

재고 상품은 재무상 커다란 손실이다. 팔리지 않는 상품을 처분하면, 자산이 말끔히 정리되면서 현금 흐름이 원활해지고 같은 금액의 부채가 줄어든다. 그러나 불량 재고를 방치하면 부채만 늘어나므로 '사산'이라 부를 수밖에 없다.

많은 수의 직장인들이나 경영자들이 회사의 재고에 대해 위기의식을 가지지 않는데 그것은 아주 위험한 생각이다. 창고에 쌓여 있는 재고를 회계적으로는 자산으로 잡겠지만 현실은 쓰레기로 전락하는 경우가 너무나 많다. 100만 원에 구매한 자재가 몇 년 지나 녹이 슬었다면 그것은 고철값밖에 되지 않는다. 설사 녹이 나지 않았다고 하더라도 100만 원을 은행에 넣어 놨다면 이자라도 붙겠지만 자재는 먼지만 붙을 뿐이다. 만약 회사에 대출이라도 있다면 그 재고를 유지하는 데 은행 이자를 지불하고 있음도 알아야 한다. 재고는 자산이 아니라 사산이며 회사는 최대한 가볍게 유지해야 한다.

구매량을 줄이는 방법

재고를 줄이는 첫 번째는 애초에 구매하지 않는 것이다. 기업이나 개인들이 구매를 많이 하면 국가 경제가 잘 돌아가기는 하겠지만 경기 침체가 왔을 경우 살아남기 어려우므로 항상 필요량만 구매하는 습관을 들여야 한다. 어떻게 하면 구매량을 줄일 수 있을까?

돈으로 보관하라

화폐는 재화와 용역으로 변환하기 쉽지만 그것들을 다시 화폐로 변환하기는 어렵다. 그러므로 자산을 화폐나 환금성이 용이한 형태로 보관하는 것이 변화된 환경에 대비하기 훨씬 용이하다.

언제나 부족하게 구매하라

어떤 대형 프로젝트가 있어서 1,000개의 자재가 필요하더라도 한 번에 모두 구매할 것이 아니라 100개씩 끊어서 구매하는 것이 바람직하다. 만약 프로젝트가 중간에 축소, 변경, 취소된다면 엄청난 자재를 낭비해야 할 것이고 자재 자체의 품질에 문제가 있을 경우에도 큰 손실이 따른다. 또한 1,000개를 동시에 구매하면 투입한 자금이 묶이게 되므로 프로젝트의 진행 상황에 따라 순차적으로 반입을 하여 자금 흐름을 원활히 해야 할 것이다.

가정 경제도 마찬가지다. 어떤 생필품을 한 번에 많이 구매했는데 그

중 절반이 필요 없는 상황이라면 환불하는 불편을 감수하거나 몇 년에 걸쳐 소진해야 할 것이다. 조금 덜 산 후 나중에 더 사는 것이 언제나 유리하다.

포장을 뜯은 것, 소포장을 먼저 소진

포장을 뜯은 것이 있음에도 새것을 뜯어 쓰는 회사나 가정을 많이 봤다. 당연히 포장을 뜯은 것을 먼저 소진하는 것이 유리하다. 재고를 반품할 경우에 포장이 훼손되지 않은 것이 훨씬 쉬울 것이고, 이미 포장을 뜯은 상자의 자재를 먼저 사용하여 소진한다면 공간 활용도도 높일 수 있다. 절반만 남은 두 개의 상자보다는 꽉 찬 한 개의 상자가 관리하기 쉬운 것은 당연하다.

같은 논리로 소량 포장된 것을 대량 포장된 것보다 먼저 사용하는 것이 좋다. 가정에서 300ml 간장과 600ml 간장이 있다고 가정하자. 이 경우 300ml 간장을 먼저 소진하면 찬장에는 600ml만 남으므로 찬장 공간이 넓어지게 된다. 반대의 경우라면 600ml를 소진하는데 두 배의 시간이 걸리므로 그동안은 두 개의 간장병을 보유하고 있어야 한다.

일반 소비재의 경우, 특히 의류 따위의 경우에는 입어보기 전에는 상표나 포장을 훼손하지 말아야 한다. 내 장모님의 경우 딸들이 옷을 선물하면 입어 보기도 전에 상표부터 떼어 내는 버릇이 있는데 그것 때문에 낭패를 본 적이 있다. 어느 날, 딸들이 금팔지를 선물하니 봉인된 상표를 확 잡아 뜯은 후 착용을 했는데 이게 좀 작은 거였다. 상표가 훼손된 팔지를 가져가서 큰 것으로 교환하려 하자 그건 불가능하다고 하였다. 봉인이 훼손되면 다음 구매자가 팔지의 무게를 의심한다는 것이 그 이유였다.

브랜드의 통일

나는 핸드폰, 카메라 등 소형 가전제품을 구매할 때 브랜드를 통일하는 경향이 있다. A사의 카메라를 쓰다가 오래돼서 바꾸려 할 때 같은 브랜드의 제품을 구매하는 것이다. 그러면 충전용 케이블, 메모리 칩 따위가 같은 것일 가능성이 많고, 그럼 그런 액세서리 구매 비용을 줄일 수 있다. 사용 방법 또한 비슷해서 쉽게 파악할 수 있기 때문에 제품의 활용도도 높다.

이는 기업에 있어서도 마찬가지다. 자재의 메이커나 종류를 단순화하면 부품이나 지그 등의 공유화로 관리 효율성이 높아진다.

자재의 사용량이 많다면 필요한 크기로 주문하라

철판, 석고보드, 합판 같은 원자재의 표준 크기는 피트(Feet) 단위로 정해지는데 4'× 8'라면 1,219mm × 2,438mm라는 식이다. 만약 당신의 회사에서 석고보드를 구매하여 1,190 × 2,200으로 절단해서 쓰고 있다면 석고보드 공장에 그 크기대로 납품할 수 없는지 물어보아야 한다.

대개의 원자재 업체들은 표준 크기로 통일해서 생산하지만 당신이 필요한 양이 아주 많다면 공급자는 당연히 원하는 크기대로 생산해 줄 것이다. 설사 작은 크기를 같은 값으로 구매한다고 하더라도 양쪽 모두 이익이다. 당신 공장은 절단 비용, 폐기 비용을 줄이고 원자재 생산 업체는 원자재비, 포장비 등을 줄일 수 있다. 나는 자재를 관리하는 직원들이 그런 생각 자체를 안 하는 모습을 많이 본다. 업체에 물어보라. 물어보는 것은 돈이 들지 않는다. 왜 물어보지 않는가? 주문 생산해 주지 않는다는 답을 들었다고 해서 손해 본 것은 전화 한 통의 비용밖에 더 있는가? 이런 것은 개인의 생활에서도 마찬가지다. 'No'라는 대답을 들을 것이 두려워 질문을 하지 않는 경우가 많은데 기억하라. 질문은 돈이 들지 않는다.

자재를 절감하는 설계 방법

어차피 구매를 해야 하는 자재라도 설계를 어떻게 하느냐에 따라서 많은 자재를 절감할 수 있다. 모 회사의 설계 방식을 보자. 강판을 절단, 절곡하여 1,200mm 폭의 벽면을 구성해야 할 경우(엘리베이터의 한 쪽 면을 만든다고 생각하면 된다.)

기본적인 설계 방식은 원자재(1,219mm)를 절반으로 자른 후 접어서 판넬을 만드는데 이때 뒤로 접혀 들어가는 로스(Loss) 때문에 1,200mm

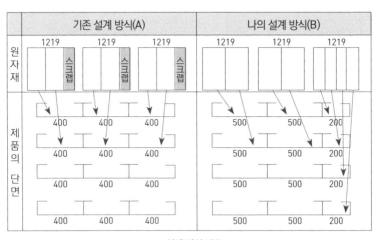

설계 방식 비교

의 벽을 만들기 위해서는 필연적으로 3장의 판넬로 구성해야 한다.

기존 설계 방식(A)

위 그림의 왼쪽을 보라. 이 회사의 방식은 설계를 용이하게 하기 위해 모두 같은 길이로(400 × 3 = 1200) 판넬을 만드는 것인데 이렇게 하면 스크랩이 발생하게 된다. 결국 한쪽 벽면이 각각 1,200mm인 4각형의 공간을 만들고자 한다면 원자재 6장이 필요하다.

나의 설계 방식(B)

위 그림의 오른쪽을 보라. 원자재(1,219mm)로 판넬을 만들 수 있는 최대의 크기(원자재를 절반으로 잘라서 만들 수 있는 최대 크기는 520mm이나 편의상 500으로 잡자)로 판넬을 만들고 부족한 200mm는 따로 만드는 것이다. 이 방식은 원자재 3장으로 스크랩 없이 최대한 많은 판넬을 만들고 나머지 부족한 부분은 원자재 2장만 더 있으면 된다. 결국 5장으로 같은 4각형의 공간을 만들 수 있다는 이야기다.

(6-5)/6 × 100 = 16.7%의 자재 절감이 가능하고
절단공정 또한 12번 → 7번으로 5번을 줄일 수 있으며
뒤에 붙이는 보온재 역시 절단 공정을 줄일 수 있다.

결국 설계를 어떻게 하느냐에 따라 20% 가까운 원가 절감이 있을 수 있다는 이야기다.

자재 활용의 최적화

나는 나중에 원자재가 애초에 1,250mm 폭이며 색상이 도포되는 면이 1,219mm라는 것을 알게 되었다. 그럼 위의 그림에서 접혀서 사람의 눈에 보이지 않는 부분은 색상이 없어도 되는 것 아닌가? 그럼 동일 자재로 표면을 31mm 만큼 더 넓게 만들 수 있다. 저 회사에 근무할 당시 나는 31mm를 절단해서 버리지 말고 그냥 그대로 반입해 달라고 요청했지만 무시당했다. 나는 나중에 옮긴 회사에서 원폭을 그대로 사용하도록 조치함으로써 31mm를 절감하게 되었다. 결국 옮긴 회사는 기존 회사에 비해 그만큼의 경쟁력이 향상된 것이다. 이렇게 쉬운 것을 그들은 왜 안 하고 있었지?

자재 발주 요령

원자재 발주 요령

자재 발주 방식을 보자.

다음의 표는 모 회사에서 원자재를 구매하는 방식을 가상으로 표현한 것이다. 회사는 원자재로 쓰이는 칼라 강판을 필요한 길이와 수량으로 공급받고 있다. 자재를 공급받아 절단, 절곡을 하는 과정에서 필연적으로 로스(Loss)가 발생하고 그걸 고려해서 10% 정도 발주를 더 낸다. 이 10%는 평균값이 아니라 최악의 값인데 길이별로 10%의 불량이 발생할 것을 고려한 것이다.

① 기존의 직원들이 해 오던 방식(C)을 살펴보자. 필요수량에서 무조건 10%를 더했고 숫자가 1장일 때는 다시 1장을 더했다.

NO	길이(A)	필요수량(B)	기존 발주방식(C)	나의 발주방식(D)
1	2,000mm	100	110	120
2	1,990mm	100	110	100
3	1,980mm	10	11	10
4	1,500mm	100	110	105
5	1,490mm	10	11	10
6	1,480mm	1	2	1
7	1,470mm	1	2	1
8	1,000mm	10	11	10
9	900mm	1	2	1
TOTAL		333	369	358

자재 발주 방식 비교

② 나의 방식(D)을 보라. 불량률 10%는 발생할 수도 있고 안 할 수도
있는데 무조건 준비하는 것은 엄청난 낭비다. 그런데 강판이란 것
은 잘라 쓸 수 있지 않은가? 그래서 길이가 엇비슷한 경우 제일
긴 것만 조금 더 구매하면 되는 것이다.

• 2,000mm, 1,990mm, 1,980mm 같이 차이가 미세할 때는 제일 긴
2,000짜리 강판만 적당히 구매를 더 하면 작은 Size는 긴 것을 조금 잘
라 쓰면 되는 것이다.
• 1,500, 1,490, 1,480, 1,470의 경우 2,000과의 차이가 아주 크므로
1,500짜리에만 마진을 둬서 구매하는데 그 마진도 10%를 가질 필요는
없다. 평균 로스율이 5%도 안 된다면 그 정도만 더 발주 내면 되는 것이

다. 따라서 1,500에 5% 마진을 주고 나머지는 실제 필요 수량만 구매하면 된다.

- 1,000, 990의 경우 마진을 줄 필요가 없다. 왜냐면 이렇게 짧은 자재를 재고로 남겼을 경우 다시 활용할 가능성이 거의 없기 때문이다. 그래서 이 자재로 제품을 만들다 불량이 나면 1,500짜리 강판을 절단해서 사용하면 되는 것이다.

그럼 방식별로 결과를 보자.

NO	길이(A)	필요수량(B)	기존 발주방식(C)	나의 발주방식(D)
1	2,000mm		10	
2	1,990mm		10	
3	1,980mm		1	
4	1,500mm		10	
5	1,490mm		1	
6	1,480mm		1	
7	1,470mm		1	
8	1,000mm		1	
9	900mm		1	
TOTAL			36	

기존 발주 방식(C) 후 재고

기존 발주 방식으로 발주 후 불량이 없었다면 36장의 재고가 발생한다. 실제로는 어떤 것은 재고가 더 적을 것이고, 어떤 것은 그대로일 것

NO	길이(A)	필요수량(B)	기존 발주방식(C)	나의 발주방식(D)
1	2,000mm			20
2				
3				
4	1,500mm			5
5				
6				
7				
8				
9				
TOTAL				25

나의 발주 방식(D) 후 재고

이다. 문제는 어떤 자재가 남을지 모른다는 것이고, 특히 그 자재가 짧은 사이즈일 경우 악성 재고로 방치될 가능성이 다분하다는 것이다.

이건 나의 발주 방식 후 재고이다. 불량이 0%라면 재고는 상기 표와 같을 것이고 5% 정도라면 1,500짜리 자재는 0장, 2,000짜리 자재는 10여 장이 남을 것이다. 결국 제일 긴 자재만 조금 남는다는 이야기다.

이것은 아주 큰 차이를 일으킨다. 기존 발주 방식으로는 수많은 길이의 강판이 1~2장 단위로 재고로 잡힐 것이고 그것은 필요 이상의 악성 재고를 양산하고 회사의 자금 회전을 어렵게 만든다. 이처럼 자재 발주를 잘못하면 상당액의 자금이 자재창고에 묶이게 되는 것을 알아야 한다.

+부자재 발주 요령

기존 발주 방식

부자재로 사용되는 각종 자재의 경우 한 제품에 필요한 것 ×200개 이런 식으로 발주를 하고 있었다. 수입 자재들이 대부분이라 재고를 안고 가는 것은 필수적이지만 문제는 그들이 선택한 자재가 대표성이 없다는 것이다. 자재에 따라 연간 필요량이 제각기 다름에도 불구하고 획일적으로 발주함으로써 1년에 1개가 필요한 자재마저 200개를 구매하여 악성 재고로 남기게 된 것이다. 놀라운 것은 내가 다녀 봤거나 알고 있는 거의 모든 회사가 이렇게 한다는 것이다!

나의 발주 방식

일단 현재 재고를 종류별로 파악해 엑셀로 데이터베이스를 만들었다.

프로젝트별 향후 소요량을 입력해 단 1개의 오차도 없도록 했다.

불량, 긴급 프로젝트에 대비한 적정 재고량을 정해 놓았다.

현재 재고 - 향후 2달간 정확한 사용량 = 남는(또는 부족한) 재고를 뽑고 거기다 적정 재고량까지 감안해 자동 연산되도록 하였다.

예를 들어 어떤 자재가,

현재 재고(10개) - 향후 2달간 정확한 사용량(30개) = 남는(또는 부족한) 재고(-20개)가 되며, 적정 재고량을 (15개)로 가정한다면

실제 필요한 발주량은 10-30 = -20, -20-15 = -35. 즉 35개가 필요한 발주량이 되며 정확한 사용량만 입력하면 이 모든 것이 자동으로 계산되도록 했다(이 방식은 정말 꼼꼼하게 한 것이고, 대개 3달 평균 사용량만 데이터베이스 해

서 발주해도 무난하다고 할 수 있다.).

그리고 현재의 총 자재 재고 원가가 자동 계산되고 그것들의 합계도 자동으로 계산되도록 했는데 이는 별도의 재고 자산 파악이 필요 없다는 이야기다(이건 덤이다.).

재고 관리 방법

선입선출

어떤 자재든지 오래되어서 좋은 것은 없다. 특히 화학제품의 경우 시간이 지나면 물성이 변하게 된다. 예컨대 접착제, 페인트, 실리콘 같은 경우 시간이 지나면 굳어서 쓸 수가 없다. 1월에 100개, 2월에 100개, 3월에 100개의 실리콘이 들어왔다면 당연히 1월 입고 자재를 모두 소진한 후에 2월에 들어온 실리콘을 소진해야 한다. 게으른 창고관리자들은 창고에 보관할 때 새로운 자재를 앞쪽에 두기도 하는데 이것은 명백한 분식회계이다. 뒤에 있는 자재는 몇 년이 지나는 동안 굳어서 사용할 수 없음에도 재고 리스트에는 멀쩡한 재고로 잡혀 있을 것이다. 그러나 실상 그것들은 비용을 들여 버려야 하는 쓰레기일 뿐이다. 그리고 나는 그런 것을 수없이 많이 봐 왔다.

많은 회사가 자재의 연한에 상관없이 100%의 가격을 회계에 반영하지만 이는 분식회계이며, 6개월 이내는 100%, 2년 이내는 −30%, 2년 초과는 −50% 식으로 반영하는 것이 합리적일 것이다. 그리고 그런 손실을 줄이는 최고의 방법은 적량구매와 선입선출이다.

자재를 선반에 정리하는 법

예전에 자재부에 구형 자재의 수량을 요청했을 때 그런 리스트 자체가 존재하지 않았음을 알고 나는 기겁을 했다. 내가 부탁을 해서 자재부에서 만들었지만 나는 도저히 믿을 수가 없었다. 당시 자재가 어떻게 정리되어 있었는지를 보자.

C	C	B
B	B	C
A	A	A

위는 2m 높이의 선반을 하늘에서 본 모습이다. 즉, 당신 눈 15도 상단에는 A 제품 상자 3개가 나란히 보인다. 당신 눈에 B가 보이겠는가? 정리는 소프트웨어적 정리, 하드웨어적 정리가 있는데 하드웨어적 정리를 할 때는 시각적으로 한눈에 들어오도록 해야 한다.

A	B	C
A	B	C
A	B	C

나는 자재를 모두 내리고 상기와 같이 정리한 후 각 종류별 상자 표면에 큰 종이로 1)위치(일련번호), 2)자재의 종류, 3)수량, 4)날짜를 적어 넣었다.

이제 각 자재는 3초 안에 위치와 수량을 파악할 수 있다. 나는 자재부의 하드웨어적 정리를 그렇게 끝낸 후 소프트웨어적으로 그 숫자를 맞추도록 부탁했고 그 재고 리스트를 바탕으로 구형 재고를 최우선적으로 사용/소진토록 조치하였다. 예를 든 저 자재들은 실제로 위의 표보다 훨씬 다양하고 많았으며 가만히 놔뒀으면 녹이 슬어 몇 년 안에 폐기했을 것이지만 그것들은 나중에 모두 소진되었다. 주무부서인 자재부는 그런 것을 파악하지 못하고 있었으며 내가 저렇게 하여 악성 재고를 소진한 이후 들어온 새로운 자재는 또 그렇게 엉망이 되어 버렸고 재고 리스트는 제공되지 않았다. 사람은 바뀌지 않는다.

재고 리스트 관리 요령

기존의 재고 관리 방식

엑셀로 작성된 모 회사의 재고 리스트를 처음 봤을 때 나는 정말 황당하였다. 리스트가 전혀 정렬이 되어 있지 않아서 자재의 색상, 길이가 뒤죽박죽되어 있던 것이다. 그리고 나중에 옮긴 회사도 똑같은 문제가 있었다. 정말 믿을 수 없는 일들이 대부분의 중소중견 기업들에서 벌어지고 있다. 이것이 무엇이 문제인가?

재고 리스트가 100페이지라면,

① 동일한 자재가 여러 장에 나누어 있었다. 첫 번째 페이지에 2000mm 빨간색 강판이 20장이 있고, 21페이지에 30장이 있고, 74페이지에 40장이 있다. 이 경우 필요한 자재가 50장이라면 첫 페이지에 보이는 20장만 보고 추가로 30장을 더 발주 낼 가능성이 크고 결국 30+40장의 자재는 영원히 자재 창고에서 썩는다는 말이다.

② 길이가 뒤죽박죽되어 있었다. 같은 색상/같은 길이의 자재가 여러 장에 나누어져 있는 것과 더불어서 길이 또한 기준 없이 뒤죽

박죽으로 되어 있었다. 이 경우 필요한 자재가 있는지 몰라서 못 쓰는 상황이 생긴다.

③ 엑셀의 자동 계산을 몰라서 그 많은 자재의 합계를 계산기로 두드리고 있었다. 뜨악! 당연히 계산은 맞지 않고 손가락만 아프다. 그런데 놀라운 것은 나중에 옮긴 회사도 똑같이 계산기를 두드리고 있는 것이다! 도대체 부서장과 사장들은 뭘 하는가?

나의 재고 관리 방식

① 나는 당연히 색상별, 길이별로 순서를 정했다.

② 계약된 프로젝트에 소요되는 예상 발주량까지 자동 연산되도록 했다.

③ 거기다 면적당 단가를 집어넣어 현재 창고에 있는 자재의 원가까지 실시간으로 자동 계산하게 했다.

④ 모든 것은 엑셀의 자동연산 기능을 이용했다.

즉, 빠르고, 정확하고, 낭비 없고, 재고조사 불필요, 미래 예측까지 가능한 것이다.

문제는 시스템이다 – 내일의 일을 오늘 해치워 버려라, 그럼 내일 아주 편해진다

휴일에 일하는 것을 별로 선호하지 않지만 긴급 프로젝트가 있어서 직원들 절반과 함께 일요일임에도 출근을 했다. 프로젝트가 워낙 긴급한 관계로 두바이의 고객사는 인도인 엔지니어를 일주일간이나 출장

보냈고 항공기 이동시간을 제외한 꼬박 나흘을 우리와 같이 기술적인 문제들을 마무리하여 도면에 대해 승인해 주고 가기로 하였다.

나는 그가 오기 전에 프로젝트에 대한 자료를 요청하여 경험상 예상되는 부분은 미리 그려 놓았고 질문사항도 미리 메모해 두었기에 미팅은 빠른 속도로 진행됐다. 나는 인도 엔지니어와는 영어, 옆에 앉은 조선족과는 한국어, 다른 직원들과는 중국어로 대화를 하며 미팅을 이끌어 나갔다. 그가 제품의 형상이나 설치방법을 질문했을 때 나는 옆에 있는 표준도를 펼쳐서 이것이 맞느냐고 물었고 그 시간은 3초면 충분했다. 스케치를 하자면 최소 몇십 초 이상이 걸리기도 할 것이고 자칫 실수를 할 수도 있다. 하지만 여유 있을 때 그려 놓은 표준도는 그런 문제가 없었다. 결국 기술적인 미팅은 하루 만에 모두 끝냈고, 나머지 3일 동안 그린 상세도에 그의 승인을 받아냈다.

만약 나 대신 다른 부서장이었다면 미팅에만 최소 이틀 이상, 그가 출장을 오지 않고 인터넷으로 업무를 했다면 3주는 걸렸을 일이다. 인도인 엔지니어는 특히 우리의 표준도 시스템에 감탄했고 엄지를 세우며 "Excellent!"를 연발했다. 두바이에 돌아가기 전 그는 자신의 회사 관계자와 우리 회사 임원에게 감사 메일을 보내왔다.

나는 내게 주어진 업무들을 처리할 때 이 작은 일들이 모여서 엄청난 발전을 이룰 것이라는 계산을 미리 하지 않았다. 그저 오늘 내게 주어진 일에 최선을 다했고 그것을 끝냈을 때 시간이 남았으면 조직에 미안했고 불안해했다. 그래서 나는 내일 해야 할 일까지도 오늘 해치워 버렸고 내일이 되었을 때는 모레, 글피의 일까지도 해치워 버렸다. 그리고 그것이 습관이 된 어느 날, 나는 내가 다른 사람들 3배의 일을 하고 있다는 것을 깨달았다.

대개의 한국 회사들은 당신이 몇 배의 능력이 있어도 몇 배의 보상을 해 주지는 않는다. 능력이 아무리 뛰어나도 사내 정치 줄을 잘못 서면 공정한 대우를 받을 수 없고, 연공서열을 따지는 회사라면 단지 먼저 입사했다는 이유로 무능력자가 당신 앞에 서는 꼴을 봐야 한다. 하지만 아무리 그렇다고 하더라도 그것이 당신이 노력하지 않아도 될 이유는 될 수 없다. 왜냐하면 당신 인생의 주인은 당신이기 때문이다. 어차피 당신은 그 회사에서 지금의 위치에 만족하진 않을 것 아닌가? 그러니 미래의 시행착오를 미리 해 둔다고 자위하고 최대한 많은 일을 경험해 보는 것이 현재의 당신에게 훨씬 유리하다는 것을 깨달아야 한다.

'오늘의 일을 내일로 미루지 마라.'라는 격언은 게으른 사람들이나 쓰는 것이다. 오늘의 일을 오늘 하는 것은 앞서가는 것이 아니라 남들과 나란히 가는 것일 뿐이며 부자로 살고 싶다면 업무 효율성을 높여 내일의 일도 오늘 해치워 버리는 시스템을 구축해야 한다.

시스템의 이해

여러 예에서 보았듯이 생산성(효율성) 향상은 시스템을 어떻게 만드느냐에 달려 있다. 아래의 여러 가지 예를 통해 시스템이 무엇인지 이해해 보자.

수동적 시스템 VS 능동적 시스템

구내식당의 문을 열어 두고 다니는 현장 작업자들 때문에 열 받은 상관은 중국인들을 모욕하는 글을 붙여 문을 닫고 다니도록 만들었다. 하지만 그것도 잠시, 작업자들은 여전히 문을 열어 두고 다녔기에 겨울에 히터를 아무리 틀어도 식당은 여전히 추웠고 여름엔 에어컨을 빵빵 틀어도 식당은 더웠다. 이처럼 그 시스템(이 경우 문을 닫고 다니라고 적은 글)을 받아들이는 사람들의 의지가 시스템의 성공을 결정짓는 경우를 나는 수동적 시스템이라고 부르는데 수동적 시스템은 사람들의 성향에 따라 어떤 경우는 성공, 어떤 경우는 실패하기 때문에 매번 그 결과를 예측할 수 없는 한계가 있다.

그 상대 개념으로 능동적 시스템이 있다. 식당의 관리는 총무부 소관이지만 게을러터진 총무부장은 그런 것을 신경 쓰지 않았기에 내가 총무부 직원에게 도어클로저를 달라고 지시했다. 도어클로저(Door Closer)란 문을 연 후 손을 놓으면 자동으로 닫히게 해 주는 제품으로 대개 계단으로 통하는 문에 많이 달려 있다. 그것을 달고 나자 문을 열고 들어간 후 손을 놓으면 자동으로 닫히니 경고문을 붙일 필요도 없고 식당도 따뜻했다. 여름/겨울의 에어컨/히터 비용을 고려하면 도어클로저 비용(겨우 1~2만 원)은 수십 번을 뽑고도 남을 일이다.

이처럼 능동적 시스템은 사용자의 의지와 상관없이 자동으로 행위를 통제하는 것으로 비록 약간의 비용이 들더라도 이편이 훨씬 효율적이다.

고정관념을 탈피하라

오래전 일하던 회사에서는 스크류(나사못)를 박을 때 반자동 드라이버를 사용했다. 반자동 드라이버는 드라이버의 몸체에 회전 강선이 나 있는 데 강선 위를 왕복하는 손잡이를 앞뒤로 움직이면 드라이버 팁이 회전하는 방식이다. 어느 날 사장님은 구식 반자동 드라이버 대신 전자동 전동 드라이버를 지급하고 사용케 했는데 작업자들은 익숙한 구형 반자동 드라이버의 사용을 고집했다. 이럴 땐 어떡해야 할까?

사장님은 구식 드라이버를 모두 수거해 버렸고 공구가 없는 작업자들은 어쩔 수 없이 전동 드라이버를 사용했다. 그러다 작업자들이 새 장비에 어느 정도 익숙해진 후 구형 장비를 다시 지급했을 땐 아무도 불편한 구형 장비를 거들떠보지 않았다. 많은 사람이 관리자의 자리에 오르지 못하고 작업자에 머물러 있는 이유가 바로 이것이다. 고정관념! 그리고 그것을 깨는 방법은 능동적 시스템을 구축하는 것이 가장 효율적이다.

웰컴보드

고객이 방문할 때 그들에게 좋은 인상을 주기 위해 A1보다 조금 큰 종이에 영어로 웰컴보드(Welcome Board)를 만들어 왔다.

첫 줄에 'WELCOME TO ×××(당사의 회사명)'

둘째 줄에 '고객사명, 방문고객의 이름'

셋째 줄에 '당사의 로고'

고객이 방문할 때마다 고객사와 이름을 입력하고 대형 플로터를 이용하여 A0을 출력한 후 절단하여 사용하고 있었는데 종이가 워낙 커서 A3 프린터로 할 수 없는 일이기에 손님이 올 때마다 설계부에서 작업을 해야 했다. 그래서 나는 매번 바뀌는 '고객사명, 방문고객의 이름'이 들어갈 위치에 A3의 크기에 해당하는 외곽선을 그려 놓은 A0 원판을 프린트한 후 총무에게 넘겼다. 그럼 총무는 A3에 '고객사명, 방문고객의 이름'을 직접 프린트하여 그 공란에 붙일 수 있다. 이후 매번 비싼 장비를 사용할 필요도, 비싼 종이를 낭비할 필요도, 고급인력을 단순한 작업에 투입할 필요도 없게 되었다. 하나의 시스템을 만드는 작업은 기존 업무 2~3배의 일이었지만 그 이후에 온 손님이 수십 번은 되었으니 본전은 벌써 뽑았다.

휴가를 가기 전에

연휴, 휴가, 출장, 병가 등 이틀을 초과하는 업무 공백이 있을 경우 마지막 하던 일을 종이에 적어서 책상 위에 올려 놓고 다녀오는 것이 효율적이다. 아무리 기억력이 좋은 사람도 장기간 업무에서 멀어지면 그것을 기억해 내는데 상당한 시간이 걸린다. 특히 업무의 종류와 양이 많을 경우 휴가 후 업무 공백은 필연적이므로 미리 잘 적어 둬야 한다. 10분 동안 해 둔 메모가 휴가 후 몇 시간의 업무를 줄여 준다면 상당한 효율 아닌가? 기록하는 것도 훌륭한 시스템이다.

회의록 양식에 줄 추가

예전에 타 부서장이 오랫동안 부서장 회의를 주관하고 수기로 기록하였다. 그는 지정된 양식을 사용했는데 그 양식은 밑줄이 없었기 때문에 아무리 글씨를 잘 쓰는 사람이라도 삐뚤거리기 마련이었다. 내가 부서장 회의를 주관하게 되었을 때 나는 엑셀로 된 그 양식에 가는 가로줄 십여 개를 그어 밑줄로 쓰도록 하였고, 왼쪽에서 폭의 1/5 정도 되는 지점에 세로줄을 그어 개별 안건의 타이틀을 적을 수 있도록 하였다. 그렇게 하고 난 후에는 문장도 수평적으로 잘 쓰였고 안건들도 확실히 구분되었다. 기존의 양식을 개선하는 데(=시스템을 만드는 데) 약간의 시간을 투입했지만 그 이후 수십 건의 회의 기록은 훨씬 깔끔하게 할 수 있었고 내 후임으로 회의 주관을 맡은 부서장은 당연히 내가 만든 양식을 사용하였다.

불량을 회피하는 시스템의 한 가지 예

일반적으로 Door는 문턱이 없는 경우가 대부분이지만 기능과 용도에 따라 문턱이 있는 경우가 있다. 아래의 문턱을 Door sill이라 하고 머리 부분은 Head라고 부른다. Maintenance 해야 할 장비나 시설의 바깥에는 그런 구조를 가진 Inspection Door가 필요하다. 올해부터 맡은 부서의 기존 부서원들은 그 Inspection Door의 Sill은 100mm, Head는 200mm의 치수를 기본으로 도면을 작성하고 있었다. 문제는 만약 좌로 열리는 Door가 10개, 우로 열리는 Door가 20개가 필요한데 도면을 잘못 봐서 그 숫자를 반대로 제작했을 경우이다. 남아 버린 좌로 열리는 Door 10개는 폐기해야 한다. 대개 고객들은 Sill과 Head의 치수에 대해 특별한 요구 조건이 없었지만 부서원들은 관행적으로 그렇게 도면을 작성해 왔고 설계부든 생산부든 오작이 발생하면 곧바로 손실로 연결되는 구조였다. 지난 수십 년 동안이나!

그 부서를 맡고 그 사실을 안 나는 즉시 두 치수를 150mm으로 통일하도록 지시했다. 그럼 설계오작이나 생산오작을 걱정할 필요가 전혀 없게 된다. 왜냐면 뒤집으면 똑같으니까!(이게 말이 돼? 이렇게 쉬운 것을 여태 개선하지 못하고 있었다니!) 더 이상 방향에 따른 숫자를 계산할 필요도, 검도할 필요도, 검사할 필요도 없다. 150으로 통일하는 시스템 하나로 얼마나 편해졌는가? 어떤 고객이 굳이 두 치수를 다르게 요구하면 어떡하느냐고? 그럼 그 고객의 요구만 맞춰 주면 되는 것 아닌가?

사과나무를 심는 이유

이처럼 시스템이란 기존의 잘못된 방식을 개선하는데 투자해야 하는 자산이 기존의 방식을 1~2번 수행하는 것보다는 많을지라도, 그것이 향후 계속되어야 하는 경우라면 개선을 하는 쪽이 훨씬 많은 결과물을 기대할 수 있기에 그 효용이 있는 것이다. 이것은 마치 무인도에 난파한 당신이 다음 날 구조될 것을 기대한다면 집을 짓지는 않겠지만 1주일을 기다려도 아무런 희망이 없다면 아마도 집(시스템)을 지어 그 이익을 갖는 편이 훨씬 효율적인 것과 같다. 비록 내일 지구가 멸망할지라도 사과나무를 심는 이유도 바로 불확실한 멸망에 대한 근심보다도 나중에 가지게 될 그 과실을 기대하기 때문 아닐까?

사람들은 "돈을 벌기 위해서 무엇을 하여야 하는가?" 하고 묻곤 한다. 하지만 당신의 업무 방식에 시스템이 없다면 무슨 일을 하든 간에 결과적으로 성공하지 못할 것이다. 결국 이 말은 '무엇을 하느냐 보다 어떻게 하느냐가 중요하다'는 것을 의미한다.

시스템을 만드는 방법

조직 구성 방법

군대의 조직 체계는 8명으로 이루어진 분대 → 4개의 분대가 모인 소대 → 4개의 소대가 모인 중대 → 대대 → 연대 → 사단 식으로 구성되어 있다. 최하부 조직인 분대는 1명의 분대장과 7명의 분대원으로 이루어지는데 이 숫자가 나온 이유는 한 사람이 제대로 관리할 수 있는 한계가 7명이기 때문이다. 당신이 관리하는 인원이 그것을 넘으면 2~3부분으로 나누고 각 부분의 리더만 관리하는 것이 효율적이다.

내가 10명의 부서를 다룰 때 두 부분으로 나누기는 했지만 업무 지시는 개인에게 직접 했다. 20명으로 늘어났을 때는 부서를 네 팀으로 나누고 각 팀장에게 업무를 배분한 후 개개인에게 어떻게 분배하는지는 관여하지 않았다. 즉, 책임 할당제를 실시하고 있는데 그러면 나는 4명만 관리하고 각 팀장도 4~5명 정도를 관리하므로 각자의 관리 한계를 초과하지 않게 된다.

좌석 배치 방법

팀장	서열3	서열2
	서열1	서열4

나는 휘하 4팀의 좌석 배치에도 신경 쓴다. 팀장의 자리가 별도로 있을 경우 위의 그림과 같이 하고, 없을 경우 서열1의 자리가 팀장의 자리가 되도록 한다. 팀장이 신입사원에게 업무를 지시할 빈도수는 상대적으로 적으므로 서열1을 가깝게 배치하고, 서열2를 서열1의 대각선에 배치한다. 이렇게 하면 신입사원인 서열3과 서열4는 고참인 서열1과 서열2에게 동시에 노출되기 때문에 업무상 질문을 할 때 편리하고 딴짓을 하기가 어려워진다.

팀장 개인의 업무 효율을 높이고자 할 때는 서열2를 서열3의 위치에 전진 배치하기도 한다.

표준을 만드는 법

전임 부서장은 직원들이 여유가 있을 때 '할 일이 없다'며 부서원들이 게임을 하도록 방치했다가 바쁘면 잔업을 시키곤 했다. 하지만 내가 그의 부서까지 통합해서 맡은 후로 시간이 남으면 나는 표준을 만드는 작업을 지시했다. 기존 조직과 새로운 조직을 합해서 내가 만든 표준은 A4용지 기준으로 1~2천 장은 될 것이다.

도면 자료: 잘못된 전임자의 도면(제도 규칙에 맞게 그린 것이 없었다.)은 제도 규정과 스케일에 맞춰 모두 다시 그리게 했고, 없는 것은 새로 그리게 하였다. 그렇게 그린 도면 중 공용 도면만 모아서 한 개의 CAD 파일에 정리해 놓고 아이템마다 페이지를 부여한 후 업데이트 날짜를 적었다. 도면은 모두 출력해서 페이지 순서대로 철하고 이를 '표준도'라고 명명했다. 내가 아는 한 동종업계나 계열사 중에서 우리 조직만이 체계를 가지고 있었다. 업무가 바쁜 시기가 왔을 때, 이미 그려 놓은 정확한 도면을 사용하니 오작이 줄고 시간도 절약되었다.

일반 서식: 문서의 표지같이 기본적인 것이라도 표준을 정하지 않는다면 작성하는 사람마다 다르게 만들 것이고 그것은 업무 혼란의 원인이 된다. 잘못된 것은 개선하고 없는 것은 새로 만들었다. 만드는 시간이 적잖이 걸렸지만 어차피 업무가 바쁘지 않을 때 만든 것이기 때문에 시간 낭비는 없었다.

숫자 자료: 표를 이용하는 것이 가장 효율적이다. 프레젠테이션이 아니라면 그래프를 만드는 것은 대개 시간 낭비이고 자료는 엑셀로 만드는 것이 가장 효율적이다.

어떤 문서를 타 부서로 송부할 때마다 중요하게 체크해야 할 사항이 있다면 부서원들에게 1) 구두로 교육을 하는 방법, 2) 별도의 체크 리스트를 만들어 문서를 만들 때마다 보도록 하는 방법, 3) 체크 리스트를 문서 표지에 넣어 강제적으로 체크하게 만드는 방법 등이 있을 수 있는데 3)번처럼 강제적인(능동적 시스템) 것이 가장 효율적이다. 구두로 말한 것은 쉽게 잊게 마련이고, 문서로 만든 것이라도 별도의 서류 형태는 안 보면 그만이므로 표지에 중요한 사항을 문장보다는 표의 형태로 만들어서 해당란에 V로 표기할 수 있도록 하는 것이 좋다.

이런 양식들을 만들 땐 모든 것을 완벽하게 준비하여 표준을 배포할 필요는 없다. 1~2가지만 있어도 프린트하여 표준집을 만들어 보관하고 소프트웨어 파일은 즉각 배포해야 한다. 파일의 이름은 '문서표준(2018.09.09).hwp' 식으로 끝에 날짜를 적으면 업그레이드된 파일을 쉽게 관리할 수 있다. 같은 날 표준 하나가 추가되었다면 '문서표준(2018.09.09)-1.hwp'로, 다음 날 하나가 또 추가되었다면 '문서표준(2018.09.10).hwp'로 이름 지으면 문서관리를 정확히 할 수 있다.

하드카피된 표준집은 문서의 종류별로 분류하여 파란색 간지를 끼우고 종류별로 구분된 페이지 번호를 매겨 둔다. 예를 들어, 인테리어 회사에서 표준을 만든다면 침대도면들은 A-1, A-2 식으로 페이지를 정하고, 테이블들은 B-1, B-2 식으로 페이지를 매긴 후 가운데 파란색 간지를 끼우는 식이다. 그리고 이렇게 하드카피된 순서 및 페이지와 컴퓨터상의 순서 및 페이지는 반드시 일치해야 한다.

데이터의 공유

조직의 규모가 커질수록 사람이 아니라 조직이 일을 하도록 만들어야 한다. 무슨 말이냐면 특정 사람만 관리하는 데이터나 기술 따위가 존재해서는 안 된다는 것이다. 그러기 위해서는 업무를 표로 만들어 관리하고 지속적으로 업데이트해 주며 그 자료를 부서장인 당신과 공유해야 한다. 그 직원이 빠져도 당신은 데이터가 있기 때문에 스스로 처리하거나 다른 직원에게 업무 공백 없이 일을 맡길 수 있다.

나는 위와 같은 표준을 만들어서 부서원과 공유했고 타부서나 계열사에 배포하기도 하였다. 이런 관리에 익숙해진 내 부서원들은 적응도가 날로 향상되어 업무의 완성도가 높아졌고 오작도 줄었다.

효율성 향상을 위한 마음가짐

진취적인 직장인의 마음가짐

정확하지 않으면 다시 물어라

일부 사람들은 타부서 직원이나 상관에게 질문을 하는 것이 귀찮거나 두려워 지시받은 업무 내용을 정확하게 이해하지 못한 상태에서 일을 시작하려는 경향이 있다. 욕먹더라도 이해할 때까지 다시 물어라. 한 번 더 물어서 확실하게 이해한 후 시작하는 것이 나중에 우왕좌왕하는 것보다 훨씬 효율적이다. 질문을 귀찮아하거나 화를 내는 상관이 있다면 속으로 욕을 날리고 다시 물어라. 그의 인내심이 부족한 것이 당신의 잘못은 아니다.

안 해 봐서 못 한다는 말은 하지 마라

동료나 부하직원들에게 새로운 일을 맡기면 "안 해 봐서 못 하겠다." 라는 대답을 자주 듣는다. 발명을 하라는 것도 아닌데, 경쟁사에서 이미 만들고 있는 제품을 카피해서 만드는 것도 못 한다면 회사 문 닫아야 하는 것 아닌가? 안 해 봤으니까 해 봐야 한다. 그래야 남보다 앞설 수(=생존할 수) 있다. 그럭저럭 살면 안 되냐고? 다른 회사들은 어떻게든 지금보다 발전하려고 개선개발을 하는데 당신 회사만 가만히 있으면 이는 도태를 의미한다. 이런 자기방어적인 부서의 목소리가 큰 회사는 발전할 수 없다.

외주 제작하여 납품한 자재에 품질 문제가 발생하여 클레임이 오자 영업부장은 품질관리부장에게 고객사에 같이 출장을 갈 것을 요청했다. 그러자 품질관리부장은 나에게 자기 대신 가줄 것을 종용했다(가서 자기 대신 욕먹고 오란 이야기다). 그의 논리는 자신이 품질관리부를 맡은 지 얼마 안 되어 제품을 잘 모르니 잘 아는 나더러 가라는 말이지만 나는 일언지하에 거부했다. 제품을 모르면 가서 부딪치며 배우면 되지 왜 자신의 업무를 남에게 미루느냐가 내 이유다. 이런 부류의 사람들은 호의가 계속되면 권리인 줄 알기 때문에 명확하게 거절해야 한다. 게다가 매일 쌓이는 고객사의 영문 메일은 나만이 해결 가능하니 며칠 자리를 비울 여유도 없었다. 그는 지난 몇 년 동안 직원 2명과 함께 물류부를 이끌고 있었는데 나라면 직원 2명짜리 미니 부서의 부서장으로 앉아 있으면 미안해서라도 일을 더 하려고 할 텐데 말이다. 그는 하도 할일이 없어 새로 맡게 된 품질관리부서원 3명을 포함해도 여전히 몇 명되지도 않는 부서를 맡으며 변명은 많다.

그의 그런 성향 때문에 그는 제품에 대해 아는 것이 거의 없는 데 반해, 타부서가 하기 싫어하는 일도 일부러 가지고 와서 하던 나와 내 부서는 넘칠 만큼 노하우가 쌓였다. 그래서 나는 타부서의 뒤치다꺼리를 하는 데 시간을 낭비하기보다는 남들보다 앞서가는 일을 하는 데 전력을 다하려고 하였다. 즉, 게으른 타부서에서 스스로 할 수 있는 일을 우리에게 떠넘기는 경우는 명확히 거부한다는 말이다. 위 부서장은 조직이 어려워지자 제일 먼저 해고되었다.

완벽을 위해 노력해야 하겠지만 그것을 기대하지는 마라

어떤 직원들은 새로운 프로젝트를 시작할 때 실수를 두려워한 나머지, 모든 것이 준비되지 않으면 시작을 망설이는 경향이 있다. 물론 완벽한 것이 좋은 것이지만 그것에 너무 집착하면 시기를 놓치게 된다. 그러므로 80~90%가 준비되었다면 일을 시작하고 나머지는 진행 중에 해결하는 것이 훨씬 성공 확률이 높다.

유럽 에이전트와의 영문 이메일은 내가 직접 챙겼지만 어느 정도 시스템이 갖춰지고 나서 나는 영문 이메일도 직원들이 직접 쓰도록 했다. 물론 영문 메일을 한 번도 써 보지 않았던 직원들은 겁을 냈지만 나는 틀려도 좋으니 쓰라고 했다. 부하직원 중에 영어 회화를 유창하게 하는 사람은 없지만 대졸자들이라 다들 간단한 독해/작문은 된다. 직원들은 나름대로 영문 메일을 써서 내게 가져왔고 초기에는 내가 수정해 줬는데 나중에는 별로 수정할 것이 없었다. 에이전트에게 의사 전달을 반대로 하지 않는 이상, 전치사 정도 틀린 것이 무슨 대수겠는가? 시험에서는 오답일지라도 실무에서는 문제 되지 않는다. 우리는 엔지니어지 번역가가 아니다.

실수를 두려워 마라. 그러나 같은 실수를 반복해서는 안 된다

개선할 것이 없다고? 기존의 방법이 문제가 없다고 해서 그것이 최선이라는 보장은 없다. 문제가 있으면 고치고 문제가 없더라도 개선할 방법이 있는지 항상 연구해야 한다. 내 경험상 하나의 개선을 이루기 위해서는 최소 3~4번의 시행착오들이 있었다. 즉, 많은 실수를 했다는 말이다.

개선하기 위해서 발생하는 실수는 아름다운 것이고 성공한 사람들은 실수를 많이 한 사람들이다. 그러나 3번째 실수만큼 추한 것도 없다. 같은 실수를 2번을 초과해서 반복해서는 안 된다. 3~4번의 시행착오는 3~4번의 각기 다른 실수가 있었다는 것이지 동일한 실수가 여러 번 있었다는 것이 아니다. 실수로 터득한 데이터는 정리하여 시스템으로 만들어서 반복된 실수를 막아야 한다.

손수레 이론

무거운 짐을 실은 손수레는 처음에는 움직이기가 어렵지만 일단 움직이기 시작하면 가속도가 붙는다. 보통의 사람들은 그 '시작'이라는 행위 자체를 하지 않고 현실에 안주하는데 그것은 경쟁자의 발전에 비교하여 퇴보를 의미한다.

그리고 진리는 이미 움직이기 시작한 손수레에 더 많은 짐을 추가로 올려놓아도 속도가 줄지 않는다는 것이다. 이것은 어떤 업무를 이미 효율적으로 수행하고 있다면 그에게 다른 일을 맡겨도 무리 없이 수행 가능하다는 말이다. 언제나 빠른 아웃풋을 내는 그에게 상관은 더 많은 일을 맡기게 된다. 그것이 지속되다 보면 그 개인은 분배의 불공평을 느끼겠지만 조직은 그에게 종속되는 결과를 낳는다. 그의 발언권은 커지게 되며 결국 그는 경쟁자보다 빨리 진급을 하거나 얻은 노하우로 독립을 하게 된다. 더 많은 일을 하는 이에게 적당한 인센티브를 주는 것에 인색한 대다수의 한국 기업은 그래서 많은 인재를 잃곤 하고 그것이 그들이 성장하지 못하는 주된 원인이다.

선택과 집중, 시간의 제로섬 게임

일부 직장인들의 모니터 한쪽에는 HTS(주식 현황판)가 떠 있다. 그들은 상관이 다가가면 그것을 살짝 내렸다가 멀어지면 다시 올린다. 상관이 지날 때마다 그 행동을 반복하는 직원의 업무 능력이 A급인 경우를 나는 본 적이 없다. 그들은 결국 조직에서 도태될 것이다. 눈치를 보느라 타이밍을 놓치기 일쑤인 그들의 주식 투자 역시 전업 투자자와 비교하면 성공 확률이 낮다. 2%만이 살아남는다는 주식시장에서 패자가 되고 결국 직장과 돈 둘 다 잃게 될 것이다.

직장 생활 잘해서 높은 급여를 받아 저축하고, 재테크는 시간을 뺏기지 않는 한도 내에서 꾸준히 하여 자산을 늘려 가는 것이 주식 단타 매매같이 본업에 지대한 영향을 미치는 행위보다 훨씬 효율적이다. 20대의 당신은 정신없이 일하지만, 30대 중반~50대의 당신의 상관은 당신같이 정신없이 일하지는 않을 것이다. 그것은 그들이 효율적으로 당신을 통제하는 시스템을 만들었기 때문에 여유를 가지게 된 것이고 그래서 그들은 시간의 측면에서 보면 당신보다 훨씬 여유롭다.

스스로 하부 조직을 거느리고 그것을 관리만 해도 되는 단계가 되기 전까지는 한눈을 팔지 않는 것이 좋다. 한눈을 판 시간과 열정만큼 당신의 본업에서 퇴보할 것이기 때문이다. 실무를 부하들에게 맡겨도 되는 레벨이 되었다면 아마 당신의 급여는 이미 풍족한 상태일 것이며 재테크에 곁눈질해도 될 만큼 시간적 여유도 있을 것이다. 재테크는 그때 하는 것이 경쟁에서 승리할 가능성이 훨씬 크다는 것을 알아야 한다.

이처럼 어느 정도 지위에 오르게 되면 부하 직원들의 길을 인도하는 것으로 소임을 충분히 다하게 되므로 외부에 신경 쓸 수 있는 여력이 많아진다. 그런 여유를 가지게 될 때 하고 싶은 것을 해도 절대 늦지 않으니 한눈팔지 마라.

열심히 그리고 제대로

'열심히 살아왔는데 왜 아직도 가난한가?'라는 질문을 자주 접하게 된다. 열심히 살아서 가난을 벗어날 수 있던 시절엔 세상이 지금처럼 복잡하지 않았다. 이제는 열심히 그리고 제대로 해야 한다. 붉은색을 칠할 곳에 푸른색을 아무리 열심히 칠해도 불량일 수밖에 없듯이, 일은 제대로 해야 한다.

개인의 삶뿐만 아니라 조직의 업무에서도 현재의 방법이 잘못되지 않았는지를 자주 확인해야 한다. 당신이 매너리즘에 빠져 시대착오적 방법을 고집한다면 당신은 그것을 깨닫기도 전에 경쟁자들에게 밀리고 말 것이다.

프로 정신

내가 속한 업계에서 내가 최고는 아니겠지만 나는 언제나 최선을 다해 문제들을 개선해 왔고 나보다 고수를 만나면 고개를 숙이고 즉시 배움을 얻었다. 나는 더 이상 배울 것이 없는 상태에 도달했다고 해도 현재에 안주하지 않을 것이고 그래서 나는 프로다.

퇴근하는 차에서 내가 책을 읽을 때 동료들은 창밖을 보거나 게임을 했다. 움직이는 차 안에서 할 수 있는 일은 많지 않지만 나는 그 여건에서 할 수 있는 가장 효율적인 일(독서)을 함으로써 내게 주어진 시간을 낭비하지 않았다. 결과적으로 나와 그들과의 세상을 바라보는 시각의 레벨 차이는 극복하기 어려울 정도가 되었다. 내가 투자나 국제정세를 말할 때 그들은 어제 K-TV에서 먹은 안주의 맛을 이야기한다. 그들이 소비나 유흥을 선택하고 집중할 때 나는 업무의 효율성, 투자, 가정의 안정에 나의 시간과 열정을 집중시켰다. 이런 차이들이 오랜 시간 모였을 때 그 결과가 다를 것은 정말이지 자명하다. 오늘 내가 아낀 그 시간이 미래의 어느 날 더 큰 자산(돈만을 의미하는 것이 아니다.)이 되어 돌아올 것을 나는 믿는다. 나는 그들보다 나은 미래를 가질 것이다.

프로 정신이란 지금 최고가 된 사람이 가지고 있는 마음가짐이 아니라 그것을 추구하는 사람들이 가지고 있는 마음가짐으로 이는 곧 '최선을 다하는 마음가짐'을 의미한다. 당신이 비록 최고에 도달하지 못했다 하더라도 최선을 다하고 있다면 당신은 프로다.

하수와 고수의 차이

누가 고수인가? 실수하지 않는 사람이 고수인가? 그럼 1년에 한 번 실수하는 사람이 열 번 하는 사람보다 고수란 말인가? 하수와 고수의 차이는 실수의 횟수가 아니라 난이도와 비율이며 직업, 취미, 투자 등에서 실수를 많이 했다는 것이 곧 하수를 의미하지는 않는다. 두 번 시도해서 한 번 실수한 경우와 100번 시도에 10번 실수는 당연히 후자가 고수이고 고수가 되는 가장 빠른 방법은 많은 실수를 통해서 배우는 것이다. 한 번 실수한 것에 안주하지 말고 100번 시도하여 50번 실수해야 한다. 내년에는 100번 시도에 10번으로 줄었을 테니까 말이다. 구본형의《그대 스스로를 고용하라》에 이런 글귀가 나온다.

평범한 사람들이 가시적인 효과를 거두기 위해서는 3년 정도의 자기 계발 여정이 필요하다. 왜 3년일까? 참고 견딜 수 있는 가장 긴 시간이며, 성과를 낼 수 있는 가장 짧은 시작이기 때문이다. 현재의 온갖 제약과 한계에서 벗어나 자신을 새로운 시각으로 바라보기 위해서, 적어도 우리는 몇 년의 시간적 격리를 필요로 한다. 3년 정도면, 무엇인가 새로운 것에 입문하여 어느 정도의 성과를 가지게 될 것이라고 기대할 수 있는 심리적 길이로 적합하다. 3년은 1,000일을 조금 넘는다. 1,000일 동안 담금질을 통해 꽤 괜찮은 자기를 새로 만들어 낼 수 있다는 것은 좋은 일이다.

소위 하수를 벗어나기 위해서는 최소한 3년의 인내가 필요하고, 중수는 5년, 그리고 소위 고수의 반열에 오르려면 10년쯤은 한 가지 업무에 매진을 해야 한다. 만약 당신이 어떤 일에 10년을 투자했지만 아직 고수가 되지 않았다면 그건 당신 삶의 자세에 문제가 있는 것이다.

흔한 중국 직원들의 마인드

중국인을 직원으로 채용하면서 "앞으로 네가 할 일은 무엇 무엇이다."라고 업무를 분배한 후 시간이 지나 그 직원이 그 업무에 익숙해지거나 업무량이 줄어들어 시간이 남게 되면 상급자는 당연히 그에게 다른 업무를 맡기려 하게 된다. 그러면 그 중국인 직원은 어떤 반응을 보일까?

"계약할 때 그런 일은 안 하기로 했잖아요!"

대개 이런 식이다. 그럼 상급자는 이렇게 말한다.

"그렇게 따지기 좋아하면 나도 똑같이 해 줄까? 인터넷 선 빼! 업무시간에 채팅하기로 계약하진 않았잖아?"

"그래도 그건 너무하잖아요!"

"뭐가 너무한 거지? 업무시간에 친구랑 채팅하고 쇼핑하는 것은 괜찮고, 일이 많아지는 것은 안 된다는 것이 무슨 논리지?"

일이 많음을 불만스러워하지 마라

제발 일이 많음을 불만스러워하지 마라. 특히 일의 양보다 종류가 많아짐은 반가운 일이며 너희에게 일을 많이 준다는 것은 상관이 너희들의 실력을 인정하거나 너희를 키우기 위해서 그런 것임을 알아라.

20대 중반. 내가 설계 일을 시작하던 그때, CADAM을 이용한 설계 속도가 너무도 빨랐기 때문에 컴퓨터가 도저히 내 속도를 못 따라가서 명령어 수십 개를 쳐 놓고 팔짱을 끼고 기다리고 있거나, 아예 컴퓨터 2대를 양손으로 잡고 일을 하곤 했다. 속도가 워낙 빨라서 다른 사람들 3배의 일을 같은 시간에 해냈기 때문에 나에게 일을 주던 상관들은 서로 자기의 일을 먼저 해 달라고 하였다. 그래서 적당히 안배하지 않으면 그들 중 한 명은 그날 기분이 나쁠 수도 있기 때문에 일의 양, 중요도, 납기 등을 감안해 일을 해야 했다. 물론 더 빨리할수록 더 많이 만족시켜 줄 수 있기 때문에 나는 더욱 열성적으로 일했다.

설계같이 두뇌를 쓰는 일이 육체적으로 얼마나 피곤한지 아는가? 보통 인간의 뇌는 몸 전체가 필요로 하는 산소의 25%를 소모한다. 그만큼 에너지 소모가 많다는 말이다. 두뇌를 집중적으로 사용하는 직업인들은 당연히 그것을 훨씬 많이 소모하게 되고 그래서 나는 내가 섭취하는 에너지의 적어도 50%는 생각하는 것으로 소모했을 것이다.

힘들었지만 그렇게 일하였더니 그들이 나를 평가하는 점수는 언제나 A였다. 문제는 나는 파견업체 소속이었고, 때문에 내가 원청직원들로부터 아무리 좋은 점수를 받아도 파견업체 소속 과장이 매기는 점수에는 그것이 반영되지 않는다는 데 있었다. 업무량이 1/3밖에 안 되는 지각대장이 20% 더 많은 월급을 가져가고, 인터넷으로 주식 투자하느라 겨우1/8을 하는 놈이 나보다 40% 많은 월급을 가져갔다.

지금 이 글을 읽는 20대 젊은이들이여! 너희에게 저런 불공평이 있거든 핵심 기술을 최대한 빨리 익힌 후 이직하고, 그런 것이 아니라면 일이 많은 것을 감사하게 생각하라. 너희의 상관은 너희가 고생하는 것을 정확히 알고 있다.

새로운 일은 곧 새로운 기회이다

같이 일하던 어떤 부서장이 한국으로 복귀하여 그의 업무를 나머지 부서장들이 나눠 맡게 되었는데 그중 하나는 내 업무와 관련성이 상당히 떨어짐에도 불구하고 내게 배당되었다. 유일한 이유는 그 문서들이 모두 영어로 되어 있다는 것이다. 내 상관이 그것을 내게 배당하며 의견을 물었을 때 나는 당연히 환영하였고 고마운 일이었다.

"조직을 재편성하면서 다른 설계팀까지 맡아야 할 경우 어떡하겠나?"라는 상관의 물음에 나는 "이미 그걸 마음속으로 준비하고 있었습니다."라고 답했다. 부하직원이 10명에서 20명으로 늘면 그만큼 내가 받는 스트레스는 많아지겠지만 내 팀은 이미 시스템화되어 있기 때문에 내가 이렇게 글을 쓸 수 있는 여유가 있고 새로운 팀 역시 그렇게 시스템을 갖추면(그동안엔 분명 바쁘겠지만) 이 또한 그렇게 돌아가게 될 것이었다.

그렇게 나의 영역은 더욱 넓어지는 것이다. 나는 이미 원래의 팀원을 이끌고 본사에서 5~6개 부서가 할 일을 하고 있다. 영문 문서 관리와 팀을 하나 더 맡게 된다는 것은 이미 예전에 맡아 본 자재, 생산관리, A/S, 영업 지원에 더불어 모든 업무에 대한 경험을 쌓게 되는 것이다.

조직에서의 내 업무 영역은 그만큼 늘어나며, 감원 등의 상황이 벌어져도 마지막까지 살아남을 가능성이 가장 크다. 또한 내가 독립을 할 경우 회사를 운영할 수 있는 훌륭한 밑받침이 될 것이다. 즉, 그렇게 나의 벽돌은 많아지게 된다(주: 나는 나중에 설계1부, 설계2부, 생산부, 자재관리팀, 공무팀 등을 통합해서 맡는 공장장까지 하게 되고, 이후 타사에 이직하여 부사장이 된다.).

조직에서 영역을 넓히는 시나리오

매 3년마다 대리 → 과장 → 부장 → 임원으로 진급하는 조직이 있다고 가정하자. 대개 1년이면 맡은 일을 대충 할 수 있고, 3년이면 제법 하게 된다. 이렇게 내가 맡은 업무에서 최소 3년 이상 꾸준히 경험을 쌓는 것은 아주 중요하다. 그래야 '제법' 하는 일이 적어도 하나는 생기게 된다. 이는 대학에서 주전공을 배우는 것에 해당하며 3년이 지나면 그는 대리를 달게 된다.

5년이면 베테랑이 될 수 있는데 이런 레벨에 오르게 되면 본 업무를 시스템적으로 하는 상태에 이르기 때문에 업무 관련도가 높은(75%로 가정) 옆 사람 일의 일부를 같이 하여도 곧잘 해내게 된다. 그렇게 1년이 지나면 이미 '제법' 하던 본업의 고수가 되어 있을 것이다. 또한 새로운 일은 겨우 1년만 해도 깊은 업무 연관성으로 인해 '제법' 하는 수준이 될 것이다. 이는 대학에서 부전공을 배우는 것에 해당하며 6년이 지난 그는 과장을 달게 된다.

그 후 3년이 지나면 본 업무는 최고수의 경지에 오르게 된다. 관련성이 높은 업무(75%)는 과장만큼은 알게 되고, 관련성이 떨어지는 업무

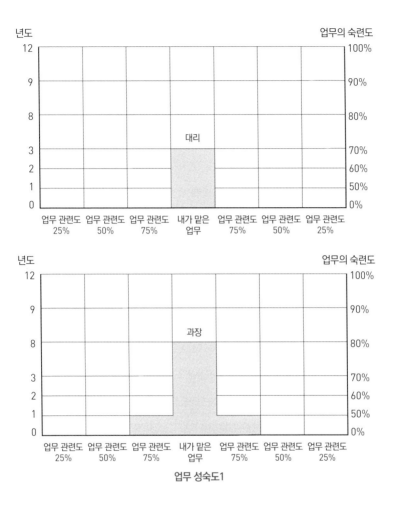

업무 성숙도1

(50%)도 약간의 맛을 느끼게 되는데 곁눈으로 보는 그 업무를 1년만 해도 대리급만큼 알게 된다. 그는 부장을 단다.

다시 3년이 지나면 본 업무는 신의 경지에 오르나 급변하는 세상 때문에 구식으로 취급받기도 하지만 오랜 경륜에서 나오는 노하우는 남이 쉽게 범접하기 힘들다. 관련성이 높은 업무(75%)는 부장만큼, 떨어

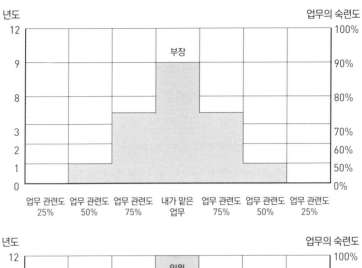

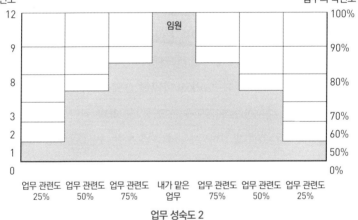

업무 성숙도 2

지는 업무(50%)는 과장만큼, 관련성이 미미한 업무(25%)는 겨우 1년을 해도 대리만큼은 알게 된다. 그는 임원이 된다.

회사 같은 조직에서 일을 하거나, 자영업을 하거나, 경매 같은 프리랜서로 사는 것은 전혀 다른 일을 하는 것이지만 각 분야에서 성공한다는 목표에 있어서 가장 중요한 점이 열정이라는 것은 동일하다. 그런 열정을 가지고 최고가 되고자 한다면 주 업무는 깊이 있게, 보조 업무는 넓게 알아 두는 것이 현명하다. 그러므로 당신의 상관이 새로운 일을 주거든 그것을 기꺼이 받아들이고 감사히 생각하라. 당신 상관의 자리를 가장 빨리 차지하는 사람은 바로 당신이 될 테니까.

앞선 자의 고독

보통의 사람들은 현재의 위치에서 한 단계 앞선 것은 쉽게 받아들이지만, 두 단계를 넘어가면 거부감을 가진다. 미국 고객사와의 미팅에서 그들은 우리 제품이 튼튼하기는 하지만 구시대적 방식(50점짜리)이라 설치에 시간 낭비가 많다는 말을 했다. 출장에서 돌아온 나는 내부 회의에서 경쟁사의 방식(100점짜리)보다 한 단계 진화된 방식(150점짜리)을 제시했는데 생산부와 상관의 반대에 부딪혔다. 그들은 고객이 원하는 수준이 100점짜리이므로 100점짜리만 개발하면 된다는 논리를 폈다. 경쟁사의 방식(100점짜리)과 진화된 방식(150점짜리) 둘 다 금형비 차이는 없지만, 가공공정 후에 제품의 종류가 늘어나는 내 방식(150점짜리)은 부서별로 관리가 조금 까다로워지는 단점이 있었다. 생산부의 논리는 복잡해서 싫다는 것이고, 상관은 관리가 어렵고 비용이 더 든다는 것인데 둘 다 고객의 입장은 전혀 고려하지 않은 판매자의 입장일 뿐이다.

당신이 핸드폰을 고를 때 그것을 만든 업체의 사정을 봐 가며 구매하지 않듯, 우리의 불편은 우리가 극복해야 할 문제이지 고객이 고려해야 할 사항은 아니다. 고객은 싸고 좋은 물건을 고를 뿐이다! 우리의 기존 제품을 설치하는 데 10시간이 걸리고, 경쟁사의 제품은 6시간, 내 방식은 3시간이 걸린다면 3시간으로 가는 것이 맞다. 설사 우리가 생산하고 관리하는 데 1시간이 더 걸린다 하더라도 결국 양측에서 1시간씩 절약하는 것이므로 그것이 WIN-WIN이며 최선이다.

내가 우리 부서의 입장에서만 생각한다면 개발 실패의 리스크를 안을 필요가 없는 100점짜리만 만들면 그만이지만, 나는 조직 전체의 진화를 위해서 150점짜리를 하고자 하는 것이고 50점짜리에 머무는 그들은 100점짜리를 넘어서는 세계를 수용할 안목이 없으며 150점짜리를 보여 주고자 하는 목소리는 공허하기만 하다. 에릭 바인하커의 《부의 기원》에 이런 대목이 나온다.

"기업은 인간의 모든 단점과 편견을 지닌 이른바 빅맨에 좌우되는 계층 구조인 반면, 시장은 거의 순수한 진화 기계와 같다. 기업은 시장이 가지고 있는 만큼의 다양한 사업 계획을 결코 갖지 못하기 때문에 본질적으로 불리한 위치에 있다."

완벽할 것 같은 기업들이 진화하지 못하고 도태되는 이유는 그것들을 관리하는 주체가 모순덩어리인 '인간'이기 때문이다.

2500시간의 법칙

누군가 내게 물었다. "어떻게 하면 당신의 그 열정을 가질 수 있느냐?"라고. 내게 보내온 상담 글들에 빠짐없이 답해 왔지만 그 질문에는 답하지 않았다. 나는 그가 스스로 질문을 거두기를 바랐고 결국 그는 질문을 거두었다. 넘치는 열정이 있지만 가야 할 길을 모르는 사람들에게는 기꺼이 내가 지나왔던 길에서 얻었던 경험들을 들려줄 수 있다. 그러나 열정이 생기는 방법을 묻는 게으른 그에게 답하는 것은 나의 시간을 낭비하는 것일 뿐이다.

나의 열정은 어디서 나왔는가? 그것은 미래에 대한 두려움이었다. 트럭 운전수로 일하던 시절, 먼저 제대한 군대 고참의 취업 사기에 속아 자석요를 파는 피라미드 업체에 3일간 갇혀 있다 간신히 탈출한 후 돌아왔을 때의 허무함은 정말 컸다. 20대 초반이라는 나이는 아직 만회할 충분한 시간이 있음을 의미했지만 이런저런 잡일로 다시 2년의 세월을 낭비했을 때 나는 내가 이 나라에서 평균 수준의 생활, 아니 낙오하지 않고 살아남을 수 있을까 걱정되기 시작했다. 그러나 두려움 그 자체는 내게 아무런 도움이 되지 않음을 알았기에 나는 내 앞에 주어진 일을 미친 듯이 해치웠다. 결국 수많은 일을 처리하면서 그곳에서 패턴을 발견했고 그것을 이용하면 훨씬 많은 아웃풋을 낼 수 있다는 것을 깨닫게 되었다.

말콤 글래드웰(Malcolm Gladwell)의 조사에 의하면 세계 최고 수준의 재능(Talent)을 가진 사람들의 연습 시간 합계가 평균 10,000시간에 이르렀다고 한다. 이는 하루 3시간씩 10년을 쏟아야 하는 엄청난 시간이다.(3 × 365 × 10 = 10,950시간) 우리가 우상으로 바라보는 여러 스타들은 타고난 재능이 있겠지만 그보다 더 중요한 것은 그것에 익숙해지기 위해 그들이 투입한 엄청난 시간이다.

한 가지 문제는 그들의 상당수는 부모의 강요에 의해서 그렇게 된 경우가 많다는 데 있다. 어떤 이가 3세 때 피아노를 시작하여 세계적인 피아니스트가 되었다면 그의 어린 시절은 없었을 것이 분명하고 그렇게 얻은 명예가 과연 그를 행복하게 해 주었을지 의문이 든다. 더욱이 10,000시간은 그가 성공하기 위한 필요조건이지 충분조건도 아니다. 즉 10,000시간을 투입한 모두가 그 자리에 오를 수 있는 것도 아니란 말이다. 그러므로 10,000시간을 투자한 모든 사람이 그런 성공을 거두지는 못할 것을 고려한다면 차라리 상위 10% 정도 안에 드는 것으로 타협하고 최고의 행복을 찾는 것이 더 효율적이지 않을까?

모든 사람에게 매일 주어진 시간은 동일하고 당신이 특별히 머리가 나쁘지 않다면 당신 역시 당신이 투자한 시간에 비례하여 그 재능을 가지게 될 것이다. 예를 들어 당신의 영어 회화 실력은 어느 정도인가? 잘 못한다고? 별로 똑똑하지 않아서? 그럼 당신의 한국어 실력은 어떤가? 완벽하다고? 그럼 당신이 영어를 못하는 단 하나의 이유는 투입한 시간이 부족하기 때문이다. 당신이 한국말을 한국 사람만큼 잘하는 것은 그것을 위해 투자한 시간이 10,000시간을 넘었기 때문이고, 당신이 영어를 미국 사람만큼 잘한다면 당신이 투자한 시간이 10,000시간을 넘었기 때문이다.

그러나 다른 공부나 업무가 있는 상태에서 그 많은 시간을 투입해서 미국 사람만큼의 영어 실력을 쌓는 것은 비용 대비 효과 측면에서 현실적이지 못하다. 그럼 세계 최고의 수준이 아닌 해당 분야에서 제법 잘하는 수준(그것을 업무의 보조로 활용하는 데 충분한 수준)에 이르려면 얼마나 많은 시간을 투자해야 할까? 내 경험상 2,500시간이 필요했다.

영어

내가 겨우 알파벳만 쓸 수 있던 20대 중반의 정비공 시절 하루 7시간을 열정적으로 공부하여 1년 후 어휘와 문법이 부족해도 제법 자유롭게 대화가 가능한 수준에 도달했던 시간은 2,555시간(= 7 × 365)이었다.

중국어

아내에게 내 중국어가 자연스러워지기 시작한 시기를 물으니 내가 중국에 온 지 3년이 된 시기였다. 그 시간을 계산해 보면 대충 아래와 같다.

초기 2.5년 × 평균 2시간 + 이후 아내와 많은 시간을 보낸 6개월 × 평균 4시간

= 2.5 × 365 × 2 + 6 × 30 × 4 = 1825 + 720 = 2,545시간

CAD

내가 설계일을 본격 시작한 후 1년 정도가 되었을 때, 나의 설계 속도는 CADAM 장비가 따라오지 못할 정도가 되었는데 그 시간의 합계는 이렇다.

하루 8시간 × 평일 5일 + 주말 4시간 = 44시간/주

→ 44시간 × 52주(1년) = 2,288시간

이미 CAD를 할 줄 아는 상태였으므로 그 시간을 합한다면 2,500시간 정도 될 것이다.

말콤은 그의 책《아웃라이어》에 다음과 같이 서술하고 있다.

- IQ 50: 정상적인 학교에 들어갈 수 있느냐 없느냐
- IQ 75: 초등학교 과정을 이수할 수 있느냐 없느냐
- IQ 105: 고등학교 정규 과목을 성공적으로 습득할 수 있느냐 없느냐
- IQ 115: 4년제 대학에 들어가 대학교 수준의 공부를 하거나 전문적 지식을 익힐 수 있느냐 없느냐

그는 IQ 115 이상은 분류 자체를 하지 않았고 그것은 당신이 4년제 대졸자이거나 IQ가 115 이상이라면 노력만으로 노벨상을 타거나 세계 최고 수준의 레벨에 도달하는 데 충분한 지적 능력을 가지고 있다는 것을 의미한다.

그러나 당신이 추구하는 것이 최고의 행복이라면 세계 최고의 수준 대신에 현실적인 목표를 가지는 것이 훨씬 효율적이다. 즉, 시작하기 전에 질려 버리는 10,000시간 대신 2,500시간을 투입해서 해당 분야를 준전문가 수준까지 올려놓으라는 말이다. 지금 하고 있는 직업의 보조 역할을 하는 기술에서 준전문가 수준이 되었다면 당신의 몸값은 충분히 지불될 것이고 그것이 한 분야에서 세계 최고가 되는 것보다는 확률적으로 훨씬 효율적일 것이다.

예컨대 내가 다녔던 회사들의 무역부장들 영어 실력은 하나같이 콩글리시 수준인데도(허접한 내가 들어도 경악할 정도니) 영업은 기가 막히게 잘했다. 당연하지만 영업부장은 물건을 잘 팔아야 하는 사람이지 영어를 잘해야 하는 사람이 아니다. 그러므로 당신이 영어 강사나 동시통역사가 아니라면 완벽한 영어 실력을 추구할 필요는 없다.

기술직인 나의 경우도 문법이 틀린 메일을 쓰지만 유럽 고객사의 직원도 영어를 못하기는 마찬가지라 서로 문법이나 스펠링이 틀린 영어 메일을 주고받지만 업무에 지장은 없다. 문자로 아무리 완벽하게 표현했다고 하더라도 도면 한 장, 사진 한 장보다 정확할 수는 없으며 애매한 것들은 그런 자료들을 활용하면 될 일이다.

이처럼 2,500시간만 투입하면 당신 직업의 보조적인 기술들을 배우는 데 필요충분한 스킬을 습득할 수 있으므로 엄두가 나지 않는 10,000시간짜리 완벽함을 바라지 말고 지금 시작하라. 몇 년 후 당신의 주 업무를 빛내는 여러 가지 스킬들을 옵션으로 보유하게 될 테니.

관리자들이 알아야 할 것들

벤치마킹

나는 경쟁사의 제품을 접촉할 기회가 있다면 그걸 다 뜯어본다. 뜯어서 줄자와 버니어 캘리퍼스로 치수를 재고 사진을 찍는다. 사진을 찍을 때는 자를 옆에 놓고 찍기 때문에 대략적인 치수를 알 수 있도록 한다. 경쟁사 자료만 따로 모아 두는 폴더를 만들고 경쟁사명과 촬영날짜를 폴더명으로 만든다. 예를 들어 내가 모터사이클 회사에 근무하고 유럽 출장을 갔다면 두가티와 BMW를 빌려서 분해한 후 철자를 옆에 두고 사진을 찍어, 아래와 같이 저장해 둘 것이다.

[PHOTO]
　　[경쟁사]
　　　　[두가티]
　　　　　　[1199S, 2013년식(2014.03.01)]
　　　　　　[Monster 659, 2012년식(2014.03.03)]
　　　　[BMW]
　　　　　　[K 1600GTL, 2013년식(2014.03.05)]

경쟁사 폴더에 수천 개의 폴더가 있다면 아마 나는 모터사이클 전문가가 되어 있을 것이다. 물론 내 [경쟁사] 폴더에는 모터사이클 사진이 없다. 대신 내가 현업에 종사하고 있는 아이템들 그리고 그것과 유사한 것들의 사진들이 있다.

뜯어서 본 경쟁사 제품의 내부 구조에서 우리보다 나은 점이 있다면 나는 즉시 벤치마킹한다. 거부감을 보이는 부서들이 있지만 변화하지 않으면 도태한다는 것을 그들은 실감하지 못한다. 적당히 타협할 수밖에 없다.

개인의 인생도 마찬가지다. 빈자들의 특징은 부자들을 혐오하고 시기하는 것이다. 그리고 부자들에게 유리하게 돌아가는 사회의 시스템에 대해서도 극도의 불만을 표출한다. 물론 그들이 주장하는 내용은 대부분 맞다. 그러나 부자를 시기할 시간에 부자들이 부자가 된 이유를 벤치마킹해서 내가 그것을 누리는 것이 더 현명하지 않을까? 어렵게 부자가 된 사람들이 스스로 기득권을 내려놓지 않을 것은 자명한 일이므로 내가 그 세계에 들어가면 될 것 아닌가? 그것이 세상이 바뀌기를 기다리는 것보다 훨씬 효율적이다.

집에서 일하는 것은 효율적인가

직장에서 효율적으로 일을 할 수 있다면 잔업을 하거나 가정까지 일을 가져가지 않는 것이 좋다. 정신적인 노동은 육체노동보다 6배는 어려우며 육체노동은 힘이 빠지면 식사를 하여 어느 정도 기력을 회복할 수 있지만, 정신노동의 경우 현기증이 날 정도로 일을 했다면 휴식밖에 답이 없다. 그러므로 장시간의 근무 시간보다는 근무 시간에 효율적으로 일하고 충분한 휴식을 취하는 것이 훨씬 낫다.

실례로, 잔업을 좋아하는 경영자 때문에 매일 잔업을 하는 기업이 있었다. 사람들은 아무런 이유도 없이 사무실에 앉아 있어야 했기에 일 자체를 늘어지게 하게 되었다. 8시간 만에 끝낼 일도 잔업 시간에 맞추느라 2시간 동안 인터넷 채팅을 하며 10시간에 끝내는 것이 반복되었다. 그것이 습관이 된 사람들은 10시간짜리 일을 할 때도 2시간의 채팅 시간을 포함해서 12시간 만에 끝을 내게 되었고 긴 근무 시간 때문에 언제나 피곤하였고 업무 만족도는 떨어져 갔다.

나는 칼퇴근을 해야 한다고 말하는 것이 아니다. 애초에 한 사람에게 업무가 몰리지 않도록 안배를 잘하고, 서로 도와줄 수 있는 시스템을 구축하며, 그렇게 함에도 불구하고 일이 많다면 그 해당 인원만 잔업을 해야 한다는 말이다. 나는 이미 일이 끝났음에도 퇴근하지 못하고 상관의 눈치를 봐야 하는 조직을 이해할 수 없다.

가정 〉 일 〉 취미

가정과 일 중 하나를 선택해야 하는 순간이 온다면 어떡할 것인가? 실제로 나는 과거 캐나다 전처와 살 때 결혼기념일에 출근을 했다가 험한 욕설과 함께 이혼하자는 전화를 받았다. 지금의 중국 아내는 회사가 우선이라며 나를 안심시킨다. 과연 가정과 일 중 어느 것이 더 중요한가? 이런 질문이 면접에 나오기도 한다는데 내 생각은 이렇다.

가정〉일〉취미의 순서가 기본이다. 즉, 가정이 가장 중요하다는 말이다. 단, 지금 닥친 그 일이 앞으로 회복 가능한지에 따라 일이 먼저 되기도 한다. 예를 들어 보자.

교통사고가 난 자녀 〉 회사의 긴급 프로젝트

이 경우처럼 가족의 안전과 관계된 긴급한 사항일 경우 가정을 지켜야 한다. 가족의 손상된 상처는 회복이 불가능하다.

결혼기념일 〈 회사의 긴급 프로젝트

이 경우라면 저녁 식사를 다음 날로 미뤄야 한다. 오늘의 낭만을 내일로 연기하고 회사의 일을 처리한다면 그것은 결과적으로 가정의 안정에 도움이 된다. 긴급 프로젝트를 포기하여 회사에 손실이 발생하고 그것이 승진 고과에 영향을 미친다면 그것은 가정적으로도 큰 손실일 것이다. 그리고 결혼기념일이라고 하는 것은 지구의 태양 공전 주기에 맞춘 상징적인 날짜일 뿐 그런 특별한 날은 애초에 존재하지 않는다. 그러나 일은 현재 존재하고 있다. 직장 생활을 하는 남자라면 이런 문제에 관해서 미리 부인과 평소에 약속을 해 두는 것이 좋다.

"여보, 만약 내가 긴급한 업무로 결혼기념일 저녁을 함께 보낼 수 없다면 최대한 빨리 전화를 줄 것이며, 업무 종료 후 최대한 빠른 날짜에 더 근사하게 저녁을 먹기로 약속하오."

일 〉 취미

지연해서 처리하여도 전혀 문제가 없는 경우가 아니라면 언제나 일(생존)이 취미(옵션)보다 우선이다.

예전의 동료 하나는 축구를 그렇게 좋아했는데 토요일, 일요일엔 회사에 아무리 중요한 일이 있어도 반드시 축구를 하러 갔다. 평일에도 그의 클럽 멤버들과 K-TV에서 놀며 새벽이 되어서야 귀가하였다. 당연히 업무는 엉망이고 결국 옵션을 생존보다 중요시했던 그는 회사를 옮길 때마다 해고당했다.

중요한 것은 업무에 실제 투입하는 자원의 양이다(덩치보다 내실이 중요하다)

책상 앞에 10시간 앉아 있었더라도 실제 공부하는 시간이 1시간이라면 그 1시간이 공부를 한 양인 것처럼 공부, 개인 자산, 회사의 생산성 등 모든 일의 성공 확률은 실제 투입하는 자원(시간, 자금, 에너지)의 양과 비례한다.

개인 자산의 증가에 있어서도 소득이 높아도 자산이 늘어나지 않는 이유는 아주 작은 부분만 자산증식에 사용하기 때문이다. 1억 소득이 있어도 2천만 원을 저축하는 사람은 5천만 원 소득에서 4천만 원을 저축하는 사람의 자산증식 속도를 따라갈 수 없다. 즉, 얼마나 버는 것이 중요한 것이 아니라 얼마나 모으느냐가 중요하단 말이다.

회사의 경우도 많은 자산(땅, 건물, 기계, 직원)을 가졌다면 B/S(Balance Sheet, 대차대조표)상에서는 좋아 보이겠지만 중요한 것은 실제 생산에 투입한 자산이 얼마이냐는 것이다. 예컨대 100명의 직원 중 10명만이 열심히 일하는 경우보다 20명의 직원 중 15명이 열정적으로 일하는 쪽이 훨씬 많은 아웃풋을 내는 것은 당연한 일이다. 회사의 공장건물이 10동이 있어도 9동을 비워 두고 있다면 차라리 9동을 임대를 주고 1동을 사용하면 훨씬 많은 이익을 올릴 수 있지 않을까?

인센티브

당신은 옷가게 점원이다. 손님이 빨간색 원피스를 찾고 있는데 재고는 노란색밖에 없다. 당신이 옷을 얼마나 팔아도 당신의 급여는 똑같다. 당신은 열정을 다해 손님에게 옷을 팔고 싶은 생각이 들겠는가? 그러나 한 벌을 팔 때마다 3%씩의 인센티브가 있다면 당신은 노란색 원피스나 빨간색 투피스를 적극적으로 권할 것이다. 아마 깍듯이 손님의 시중을 들게 될 것이다. 자본주의가 공산주의를 이긴 이유는 탐욕이라는 인간 본성을 잘 이용했기 때문이다. 인센티브라는 탐욕이 당신을 능동적으로 일하게 하는 것은 당연하다.

내가 살던 지역 월마트의 출구 쪽에는 작은 상점들이 모여 있었다. 월마트의 장사가 잘 안 되는 편이라 유동인구가 적어서 대개 몇 달을 못 채우고 상점 주인들이 바뀌었다. 그런데 아주 허접해 보이는 옷가게가 오랜 시간 건재해서 점원에게 물어보니 팔 때마다 인센티브를 받는다고 했다. 그래서 그들은 사람들이 지나갈 때마다 큰 소리로 외치며 물건을 권했다. 예전 중국에서는 상상할 수 없던 광경이다. 그때는 손님이 들어와도 자기들끼리 수다 떠느라 아무도 반응이 없는 경우가 많았다.

동양권의 기업들은 능력에 따른 인센티브에 인색하다. 대신 학력, 지연, 연공서열, 상관 개인에 대한 충성도(회사에 대한 충성도와 구분된다)가 승진에 미치는 영향이 훨씬 크다. 스스로 동양권 기업문화의 피해자이지만 나는 내 하부 조직에서는 최대한 공정하게 대우하려고 노력했고 그래서 학력/학벌이 부족하더라도 능력과 열정이 있는 직원들은 파격적으로 대우해 주었다. 그 때문에 내 진급은 늦어졌지만 후회하지 않는다.

당신이 팀장~경영자라면 인센티브를 잘 활용해서 부하직원들에게 동기부여를 해 주어야 조직이 발전함을 알아야 한다. 물론 조직은 그 볼륨을 유지하기 위해 평범한 사람도 필요하고 그들도 최소한의 생계를 유지할 만큼의 급여는 받아야 하지만 열정과 능력이 있는 직원은 분명히 특별대우를 해 주어야 한다. 삼성전자 임원의 급여가 100억을 넘어가는 것은 사회적으로 볼 때-결국 누군가 그만큼 덜 받아야 한다는 제로섬의 차원에서—좀 과도한 면이 있지만 그 조직만의 생존만을 놓고 볼 때 그것은 현명한 제도이다. 100억을 받는 임원이 1000억의 이익을 더 내준다면 남는 장사 아닌가? 실제 이건희 회장은 "인센티브란 인간이 만든 위대한 발명품 중 하나며 자본주의가 공산주의와 대결해서 승리한 요인"이라고 말하기도 했다.

당신이 조직의 구성원이고 당신의 능력이나 열정만큼 대우받지 못하더라도 일에 대한 열정을 잃지 않도록 노력해야 한다. 당신은 정당한 대우를 받지는 못하지만 회사 돈으로 미래에 겪을 시행착오를 미리 경험하고 있는 것이다. 급여를 받아가며 공부하고 있는 것이니 이 또한 남는 장사 아닌가? 당신이 현재의 조직에서 경험을 쌓아서 더 이상 배울 것이 없거든 그때 이직을 하거나 창업을 하면 된다. 그때는 당신의 능력과 열정과 경험만큼 충분히 보상받게 될 것이다.

학교와 기업의 차이점

학교 교육은 엘리트만을 위한 것이 아니다. 그것은 사회를 살아가는 데 필요한 기본적인 생존 지식을 배우는 장소로서 설사 그 이해도가 떨어진다 하더라도 낙오자 없이 끌고 나가야만 한다. 만약 엘리트만이 교육과 그로부터 파생되는 기회를 독점한다면 사회적 안정은 깨어질 수밖에 없고 낙오자들에 의해 야기되는 불안은 기득권층의 안전을 위협할 것이므로 모든 것을 독식하려 하는 것은 결코 현명한 생각이 아니다.

그러나 기업에서는 그것이 허용되지 않는다. 기업에서 조직의 진보를 방해하는 게으름뱅이나 바보가 있다면 그들을 재빨리 도려내야 한다. 인정 때문에 그들은 방치한다면 열심히 일하는 동료들의 의욕을 잃게 하므로 조직은 파산하고 말 것이다. 고름은 살이 되지 않는다.

비효율의 원인 – 조직의 동맥경화

CEO와 President의 차이

대개의 월급쟁이 사장(CEO)들은 매출과 손익 중 매출에 비중을 높게 두는 경향이 있는데 그것이 CEO의 한계를 보여 준다. 중요한 것은 얼마나 팔았는가(매출)가 아니라 얼마나 이익을 냈는가(수익)이다. 100억 매출에 100만 원 이익보다 10억 매출에 1억 이익이 훨씬 나은 것이고 대개의 CEO들은 전자를 택하고 오너 사장(President)들은 후자를 택한다.

이처럼 CEO와 President의 가장 큰 차이는 어떤 일을 할 때 임기가 짧은 CEO는 단기간에 효과가 나거나 외형적으로 표가 나는 것에 집중하는 경향이 강하다는 것이다. 임기가 5년인 CEO라면 5년간 투자를 한 후 6년째부터는 큰 수익을 낼 수 있는 사업을 시도하지 않을 것은 자명하다. 또한 자신의 임기 내에 건축, 토목 공사 따위를 무리하게 추진하는 것 또한 CEO의 전형적인 모습이다. 많게는 20%에 이르는 리베이트가 필요도 없는 사업에 그들을 그토록 열정적으로 매달리게 만드는 것이다. 전직 대통령들이 추진하는 정책을 놓고 보면 아주 이해하기 쉽다. 어떤 대통령이 후임 대통령 대에 가서야 빛을 발하는 정책을 펼쳤다면 그는 President의 마인드를 가지고 있고, 자기 대에 무리한 대규모 토목 공사를 끝내려 한다면 그는 CEO의 마인드를 가지고 있는 것이다.

또한 CEO들은 자신의 임기 동안 조용히 넘어가려고만 하지 어떠한 리스크도 안으려 하지 않는다. 《목숨 걸고 일한다》에서 오카노 마사유키는 이렇게 말한다.

　최근 오너 기업이 적어지고 월급 사장이 늘면서 임기 동안에만 풍파를 일으키지 않고 보내는 편이 좋다고 여기는 풍토가 생겨났다. 모험할 필요가 없고 도전하려는 마음도 일지 않는다. 단적으로 말해 볼까. 전지 케이스 때에도 그랬다. 사장 가운데 이런 말을 태연히 내 앞에서 한 사람이 있었다.
　"내 임기 중에만 건전지 액이 새지 않으면 된다. 뒷일은 나도 모른다."
　놀라울 것이다. 일본도 이렇게 곳곳이 썩어 가고 있던 것이다. 지금 기업들은 리스크를 지려고 하지 않는다. 그래서 아무것도 할 수 없다. 조직이 커지면 커질수록 그러한 경향이 강해진다. 관청의 간부가 좋은 사례이다.

권위주의

　말콤 글래드웰의 《아웃라이어》를 보면 대한항공 여객기가 괌에 추락한 사건을 작가의 시선으로 해석해 놓은 부분이 나온다. 그는 글에서 그 원인이 기장의 권위주의 때문이라고 지적했는데 맞는 표현이다. 부기장이 문제를 발견했다고 하더라도—즉각적이고 직설적인 언어로 말하지 못하고—기장의 심기가 불편하지 않도록 돌려서 말함으로써 기장은 사태의 심각성을 파악하지 못할뿐더러 의사소통의 속도도 늦다는 것이다.
　히딩크 감독이 대표팀의 의사소통을 반말로 통일한 것도 현명한 방법이었다.

"홍명보 선배님 공을 이쪽으로 패스해 주십시오."보다
"명보 이쪽으로!"가 효율적인 것은 당연하다.

긴급 프로젝트가 있었다. 그런데 '2년 전에 생산을 다 해 놨는데 취소된 프로젝트 완성품 재고를 팔아먹을 수 있지 않을까?'라는 생각이 불현듯 들어서 식사하다 말고 상관에게 말했더니 핀잔이 돌아왔다.

"너는 파악도 하지 않고 말부터 꺼내냐?"

욕을 먹은 나는 입을 닥치고 밥을 먹었고 신경 쓰지 않기로 했다. 밥 먹다 말고 갑자기 생각난 아이디어가 혹여 실현 불가하더라도 그는 내게 "그래? 한번 파악해 봐!"라고 해야 했다. 누군가 조직을 위해서 열정적으로 노력한다면 그것이 설사 당장 활용할 수 없다 하더라도 그의 태도를 북돋워 주는 것이 효율적이다. 반대로 그의 태도에 적응한 다른 사람들은 애초에 그런 생각 자체를 안 할 테니 결과적으로 조직은 점점 죽어 갈 것이다.

나중에 파악한 결과 2년 전에 생산했으나 출고하지 못한 2개 프로젝트 악성 재고 대부분을 소진할 수 있다는 결론이 나왔다. 그리고 그 상품들은 녹이 슬기 직전이었다. 그런 상품들은 아직 엄청나게 남아 있다. 왜 전임 부서장은 그걸 소진하지 못했을까?

Give up & Prepare

지도자를 뽑는 투표에서 상식적으로 볼 때 가난한 사람은 가난한 후보자를 지지하는 것이 자신에게 유리한 정책이 나오고 그 혜택을 볼 가능성이 커진다. 그러나 대개는 그 반대의 선택을 하고 그것이 그들이 가난한 이유다. 미국의 재벌들이 당대에 부를 이룬 사람이 많고 한국은 대부분이 상속을 받은 것을 고려할 때 한국의 기득권은 세습되는 것이 확실하고 그들은 그 부와 권력을 지키기 위해 자신에게 유리한 규칙을 만들었고 그것을 법이라 부른다. 법은 원래 최소한의 도덕이어야 하지만 그것은 지극히 비도덕적이고 불공평하며 그것을 해석하는 것조차 자의적이다.

그렇다. 세상은 불공평하다. 그리고 그것을 해결하는 방법은 오직 두 가지가 있는데 하나는 혁명이고 다른 하나는 당신 스스로가 그 권력자(부자)의 지위에 오르는 것이다. 역사적으로 볼 때 시민들에 의한 혁명은 대개 정의로웠지만 성공보다는 실패한 경우가 많았기에 나는 스스로가 부자가 되어 그 세계에 들어가는 것이 훨씬 수월하다는 것을 깨달았다.

이처럼 한번 기득권에 부딪혔을 때(또는 어떤 합리적인 것을 제안했음에도) 아무 반응이 없거나 반대의 답을 얻었다면 재빨리 포기(Give up)하고 당신 스스로 최악의 상황을 준비(Prepare)하는 것이 당신에게 가장 효율적이다.

권위적인 상관을 대하는 방법

권위적이고 보수적인 상관을 뒀다면 당신에게는 3가지 선택이 있다.

① 이기적인 선택(남들만큼만 일하는 경우)

기본적인 1인분의 업무 외에는 아부를 해서 그 라인을 타고 승진한다. 이 경우 불합리한 일을 많이 해야 하고 개선개발보다 골프를 치는 것이 훨씬 효율적이다. 회사의 발전은 적겠지만 빠른 승진을 원한다면 가장 현명한 선택이다. 월급쟁이 사장을 상관으로 두었다면 이 방법이 상당히 효용이 있지만 라인에 속했다는 이유로 사내 정치의 희생양이 될 것도 각오해야 한다.(요약: 상관 개인에게 충성한다.)

② 당신 개인을 위한 선택(남들의 2배만큼 일하는 경우)

합리적인 당신이 불합리한 상관을 상대로 생존해야 한다면 이 방법이 가장 현실적이다(= 당시의 내가 걷고 있던 길). 기본적인 1인분의 업무 + 추가로 1인분의 개선개발을 할 때 상관과 부딪치지 않는 선까지만 열정적으로 일하는 것이다. 상관의 지시에 토 달지 말고 무조건 Yes라고 말하고 그대로 하면 된다. 때로는 상관이 지시한 잘못된 일을 함으로써 회사는 손실을 입겠지만 당신 돈이 아니잖는가? 회사를 위한 선택을 하는 것이 옳은 듯 싶지만 편파적인 상관을 뒀다면 당신은 승진도 하지 못하고 심하면 잘리기까지 할 테니 그것은 현명한 방법이 아니다. 일단 살아남아야 한다. 그래서 당신이 그의 자리를 차지하거든 그때 아래의 3번을 행하면 될 일이다. 월급쟁이 사장(CEO)을 상관으로 두었을 경우 일벌레인 당신이 취할 수 있는 최선이다.(요약: 조직에 충성한다.)

③ 회사를 위한 선택(남들의 3배만큼 일하는 경우)

회사의 이익을 최우선으로 하여 잘못된 것을 바로 잡으려 노력한다. 기본적인 1인분의 업무 + 추가로 1인분의 개선 개발 + 상관이나 동료의 잘못까지 지적하여 개선하는 것이다. 상관(특히 월급쟁이 사장)과 충돌하는 경우가 많을 것이다. 회사는 발전하는 대신 당신은 승진에 밀리는 억울함을 맛보겠지만 장기적으로 봐서 이것이 회사나 당신을 위해서도 좋다. 회사가 발전하는 것이야 당연한 것이고 당신에게 좋은 이유는 어차피 당신은 그 회사를 영원히 다니지 않을 것이기 때문이다. 그곳에서 시행착오라는 수업료를 미리 지불하는 것이 당신이 옮기거나 창업할 회사의 비용을 줄이는 결과로 돌아올 것이다. 다만 상관의 편파성이 극도로 심하다면 그 전에 조직을 떠나야 할 수도 있다. 오너 사장(President)이라면 회사를 위한 직언을 비교적 잘 받아들이므로 당신의 충성심을 인정받을 수도 있다.(요약: 일에 충성한다.)

나는 지난 몇 년 동안 ③번을 열정적으로 해 왔고 어느 정도 결실도 맺었다. 내가 통제할 수 없는 타부서는 엉망이었지만 내 부서는 시스템이 돌기 시작했기 때문에 메인으로 하는 일은 아주 수월해졌다. 그래서 나는 사이드로 여러 가지(미래를 위한 연습)를 시도할 수 있는 여유가 생겼고 이 시점에서는 생존 확률이 높은 ②번 전략을 택하는 것이 내게 유리하다. 내 열정을 100% 발휘할 기회가 올 때를 대비해서 좀 더 많은 경험과 자산을 축적할 필요가 있고 당시의 회사는 그것을 제공해 주고 있기에 ②번 전략이 가장 이상적인 것이다. 나 대신 동료가 먼저 진급한 것은 불합리하지만 내 노력에 대한 보상은 많이 배운 것으로 족하다.

적을 친구로

내게도 안티가 많을 것이다. 나도 평범한 인간이니 당연히 많은 문제가 있을 것이고, 여러 가지 시도를 하는 내 성향을 고려하면 그 수가 적지 않을 것이다. 그러나 내가 그(안티)라면 나와 친구가 되려고 노력할 것이다. 여기에 중요한 포인트 하나가 있는데 그것은 상대를 적으로 만들지 말고 그(적)와 친구가 되거나 (정치적) 중립을 지키는 것이 내게 훨씬 이롭다는 것이다.

나는 다른 사람들이 아무리 험담을 해도 그들을 정중하게 대하려고 노력하는데 그것은 내가 나중에 그들과 친구가 되고자 할 때 쉽게 친해질 수 있는 발판이 되기 때문이다. 그리고 이 사고방식이 혼란한 환경에서 생존하는 데 필수적이라는 것을 나는 뼈저리게 깨달았다. 나는 내가 경멸하던 사람을 좋아하려고 노력했고 그것이 결과적으로 내게 훨씬 이로웠다.

내가 모셨던 상관 중의 한 사람은 직원의 열정과 실적은 전혀 고려하지 않고 학력과 연공서열만을 승진 여부를 판단하는 잣대로 사용하였다. 여러 가지 개선개발을 했지만 승진에 밀렸던 나와 내 중국 부하직원들은 더 이상 노력을 할 동기를 얻지 못했고 그래서 조직은 동력을 잃어 갔다. 불합리한 그의 방식에 반대하던 나는 부하직원을 승진시키는 대신 나 자신의 진급에서 연거푸 밀리곤 했다. 그러기를 여러 해 거치면서 내가 깨달은 것은 다음과 같다.

적을 만들지 마라.

충성스런 B급처럼 보여라(충성적이지 않은 A급만큼 상관을 두렵게 만드는 존재도 없다.).

김지현의 《성공과 실패를 결정하는 1%의 시간관리》에 이런 대목이 나온다.

일을 방해하는 사람들

회사는 이해관계가 다른 여러 부서와 사람들이 모여 있다. 세 사람이 모이면 정치가 싹트는 것이 사회인 만큼 회사가 정치적이지 않기를 바라는 것은 순진한 생각이다. 회사의 정치로 인해 일의 진행이 방해받아 더뎌지는 경우가 발생한다. 이것은 내가 가진 능력이나 시간 관리와는 무관하다. 일을 효율적으로 수행하려면 이런 방해 요소를 제거할 수 있어야 한다. 물론 정치적인 힘의 논리를 활용해 효과적으로 시간 관리를 하는 것은 상당한 내공과 경험이 필요하다. 직장 경력 5년 미만의 직장인에게는 권력을 가진 사람들의 훼방을 막는 가장 효과적 방법은 프로젝트가 진행되면서 사전에 그들의 생각과 의견을 열심히 경청하는 것이다. 즉, 일을 하면서 일부러 업무 내역과 진행 과정을 여러 경로를 통해서 그들의 귀에 들어가도록 해야 한다. 그 과정을 통해서 그들이 가진 생각과 입장을 미리 듣고 그에 대한 대안을 마련하거나, 그들의 생각을 존중해 주는 제스처(방해자들의 의견을 프로젝트에 일부 반영)를 취하는 것이 그 방해로 인해 일의 속도를 늦추게 되는 것을 최소화할 수 있는 방법이다.

잘못된 시스템을 바꾸고자 한다면 일단 스스로 살아남아야 한다. 그러기 위해서는(생존율을 높이기 위해서는) 적과 동침을 하는 전술이 필요하다. 그래서 나는 그토록 증오하던 그를 사랑하려고 노력했고 그러자 그의 장점들이 보이기 시작했다.

자재비가 없어 하청 업체 기성이 밀렸으면서도 그는 그의 상관이 공장을 방문할 때 돈을 들여 공장 페인트칠을 다시 했다. 실상은 무능한 그가 탁월한 언변과 아첨으로 그 자리에 올랐다면 그의 권모술수가 내가 배워야 할 테크닉이 아닐까? 그래 당신이 내 스승이다! 그를 사랑하게 되었다면 겉으로 드러나는 말과 행동에서도 그것이 묻어나게 마련이며 그것은 언제나 상대적이어서 그도 나를 존중하게 만들었고 결국 그는 나의 우군이 되었다.

관료화

어떤 사람이 회사를 위해서 개선개발을 하려다 실패했거나 열정적으로 새로운 일을 하고자 할 때는 절대로 그를 나무라서는 안 된다. 문제가 있으면 개선하면 되는 것이고 그러면서 발전하여 완벽한 제품이 나오는 것이다. 한 번의 실패를 문제 삼는다면 아무도 새로운 일에 도전하려 하지 않으려 한다. 그러면 조직은 안전만을 좇는, 관료화되고 말 것이다. 김경일의 《공자가 죽어야 나라가 산다》에 나오는 글들처럼 과거나 형식에 얽매인다면 절대 발전할 수 없다. 정부같이 경쟁 상대가 없는 기관의 경우 세금을 높여서 관료화에 따른 비능률을 가릴 수 있겠지만 민간 기업이라면 파산은 시간문제이다.

새로운 시도를 많이 하는 직원이라면 오작 역시 많이 발생하는 것이 자명한 일이기에 단순히 오작의 횟수만을 평가 기준으로 삼는다면 공평하지 못하다. 오작은 발생 횟수가 중요한 것이 아니라 비율과 난이도이다.

혹 그런 열정적인 사람이 이직을 하려 한다면 조직은 그에게 들인 수업료를 회수하지 못하고 경쟁사는 수업료 지불 없이 신기술을 습득할 수 있게 될 것이다. 즉, 당신 회사는 −1이고 상대 회사는 +1이 되므로 그 차이는 2가 된다. 이것이 핵심 인력의 이직을 막아야 하는 이유다.

내가 당시 조직에서 일을 시작하고 얼마 후 나는 재고를 관리하는 각 부서에 재고 리스트를 제공해 줄 것을 요청했다. 그러자 자재부는 격렬하게 거부했고, 생산부는 재고 리스트 자체가 존재하지 않았다. 쓰다 남은 자재가 있다면 그것을 먼저 소진하는 것이 기본이다. 그러나 그들은 귀찮다는 이유로 재고를 파악하지도 않고 문제가 생길지 모르는 재고 대신 깔끔한 신품 자재를 사서 작업하기를 선호했다. 그들은 무동시수가 발생했을 때 작업자들에게 공장 잔디밭의 잡초 뽑기를 시킬지언정 재고 파악을 시키지는 않았다. 미칠 일이다.

나는 그나마 협조적인 부서에서 몇 년 후에(요청한 지 5년 후에) 보내준 악성 재고 리스트를 새로운 프로젝트가 있을 때마다 적용하여 소진하였지만 그에 못지않게 쌓여가는 새로운 재고들은 그들의 협조가 없어서 소진할 수 없었다. 그러나 그들은 그런 것들에 전혀 관심을 두지 않는다. 당장 큰 문제가 없다면 새로운 것을 시도할 필요를 느끼지 못하는 관료화에 빠진 것이다.

관료화된 조직의 한 예

유럽의 고객이 A라는 제품을 만들 수 있느냐고 물었다. 그것을 만들기 위해서는 금형을 새로 구매해야 하는데 A라는 제품의 판매 이익은 금형비에 훨씬 못 미친다. 그래서 나는 금형비가 필요없는 'A-1이라는 변형된 형태의 제품을 만들 수 없는지?' 담당 부서인 생산 1팀에 물었고 생산 1팀은 불가라고 하였다. 나는 '그럼 A의 금형을 Temporary(임시)로 자체 제작할 수 없는지?'를 물었다. 대답은 이유를 불문하고 '안 된다'였다. 대안을 제시하지도 않았다.

A-1은 제작이 불가하다고 판단한 나는 담당 부서도 아닌 생산 2팀에 A-1의 도면을 주면서 A-2(= A-1보다 더 변형된) 형태를 만들 수 없는지를 물었는데 생산 2팀은 아예 A-1의 샘플을 완벽하게 만들어 보여 주었다. 이런 답답한 생산 1팀 같으니라구! 생산 1팀과 2팀은 같은 사무실을 쓰고 있고, 생산 1팀의 기계와 2팀의 기계 역시 같은 공장 내에서 마주 보고 있다. 1m 옆에 있는 동료한테 물어보면 되잖아! 겨우 1m 옆이다. 1m! 소리칠 필요도 없는 거리다.

애초 나는 A 제품의 생산이 가능한지 생산 1팀에게 물었고, 아니면 A-1이라는 변형된 형태는 안 되는지? 그것도 안 된다면 금형을 자체 제작 가능한지를 물었다. 그래도 안 된다면 외주 가공은 가능한지? 그렇지 않으면 한국 본사에서 가공할 수 있는지? 등등, Plan B, C, D, E 들을 생각해 두고 있었다. 그런데 정작 담당 부서 인간들이 바로 옆에 물어보는 것이 귀찮아서 안 된다고 한 것이다. 생산 1팀 반장 왈, "저쪽은 생산 2팀이고 우리는 생산 1팀이다. 우린 별개다."

책을 읽지도 않고, 외래어가 조금이라도 들어가면 대화가 불가능할 정도로 무식하며, 새로운 것은 시도하려 하지 않고 편한 기존 것만 고집하는 어떤 동료는 지나가는 고급 차를 볼 때마다 "저놈들은 뭘 해서 저렇게 돈을 많이 벌었지?"라고 말하곤 한다. 그의 질투를 들을 때마다 그에게 이 말을 들려주고 싶다.

"어제와 똑같이 살면서 다른 미래를 기대하는 것은 정신병 초기증세이다."

―아인슈타인

관료화된 조직을 능동적으로 바꾸는 방법

2014년 6월 말의 일이다. 어떤 제품에 대해 에이전트가 출고 가능 날짜를 통보해 달라고 해서 자재부와 생산부의 일정을 받아 7월 말이나 되어야 출고 가능하다고 통보하였다. 이 프로젝트는 큰 프로젝트의 MOCK-UP 물량이며, 조기 납기 여부에 따라 큰 프로젝트 물량 수주가 좌우되는 상황이라 에이전트는 7월 초 또는 가능한 빠른 납기를 원하고 있다. 어떡해야 할까?

나는 생산부가 잔업과 특근을 하면 7월 중순이면 출고가 가능하다는 판단을 했고 고객에게 '보장할 수 없다'는 전제를 달아 비공식적으로(전화로, 즉 내가 그 날짜를 통보한 것은 에이전트 외엔 아무도 모른다) 통보했다. 그럼 그는 물리적으로 가능한 날짜가 7월 중순이므로 7월 초를 고집해 봐야 우리가 포기하고 말 것이라고 판단할 것이고 현실적인 7월 중순을 납기로 정해서 메일을 보내게 될 것이다.

결국 그는 메일에 '내가 넌지시 일러 준' 날짜를 적어서 보내왔고, 나는 즉시 그 메일을 번역하여 각 부서 및 상관께 보냈다. 그럼 어떤 일이 일어날까? 상관은 심각성을 깨닫고 회의를 소집할 것이다. 동급인 내가 타 부서장을 불러 모았다면 안 되는 이유가 쏟아져 나오겠지만 상관의 명령이니 자재부와 생산부는 무조건 그 날짜를 맞출 것이다.

결국 이 건에서 나는 나보다 더 많은 권력을 가진 에이전트와 상관을 이용해서 내가 원하는 목적(빠른 MOCK-UP 납기 → 그로 인한 대형 물량의 수주 → 안정적인 물량 확보 → 조직 구성원과 나의 일자리 확보)을 달성한 것이다. 당신은 먼 미래를 보고 일하지만 당신이 상대하는 조직이 관료화되어 있어 반응이 느리다면, 혼자서 그런 조직을 상대하려 하지 말고 권력자를 이용하여 목적을 달성하는 것이 훨씬 효율적임을 알아야 한다.

당시 우리 부서는 월요일 오전까지 상기 프로젝트의 POR과 생산도를 각 부서에 배포해야만 하였다. 그때는 토요일 오후였고 평소 업무 속도라면 일요일 특근을 해야 맞출 수 있는 상황이었다. 어떡해야 할까?

부하 직원들은 특근을 싫어한다. 그럼 토요일인 오늘 내에 완성하도록 만들면 된다. 내가 "오늘까지 완성하지 못한다면 내일 즐겁게(?) 특근을 해야 한다."라고 하자 모두 딴짓을 하지 않고 열중해서 퇴근 전까지 일을 처리해 내었다. 나는 부하 직원들이 효율적으로 일해서 휴일을 가족과 보내는 것이 좋다.

고정관념

중국 상하이항에서 유럽까지 배로 화물을 보낼 경우 1개월이라는 긴 시간이 소요돼서 식사 시간에 왜 아무도 열차로 운반하지 않는지를 화두로 꺼냈더니 내 상관이 나를 나무랐다.

"야 임마! 배로 하면 한 번에 20' 기준 컨테이너 10,000개도 운반하는데 열차로 한 번에 몇 개나 운반할 수 있겠냐?"

사람들은 왜 새로운 아이디어를 들으면 그것의 가치를 평가절하하는가? 당신은 얼마나 긴 화차를 보았는가? 한국의 몇십 개짜리 화차가 세계의 표준은 아니다. 내가 "캐나다에서는 기관차 3대가 붙어서 300량의 화차를 끈다." 하고 대답을 하니 상관은 "300량에는 300개밖에 싣지 못한다."며 또다시 무시했지만 그것 또한 사실이 아니다. 각 화차에는 2단으로 컨테이너를 실을 수 있으니 한 번에 600개를 운반할 수 있고 그 600개는 40' 기준이므로 20' 기준으로 1,200TEU이다. 충분히 경쟁력 있지 않은가? 식사를 마치고 나는 부하 직원에게 알아보라고 지시했고 그는 10분 만에 중국-유럽 화물열차가 있다는 답을 가져왔다. 내가 그의 경쟁사를 창업하고 열차를 이용해 긴급한 물량을 운송한다면 분명히 그보다 빠른 업무 처리를 할 수 있을 것이고 우리 회사는 그의 회사를 문 닫게 할 수 있을 것이다. 나는 아직은 창업에 관심이 있지 않아 그런 일이 발생하지는 않았지만 부자가 되는 길은 이처럼 열린 사고를 하는 데서 시작되며 그런 마음가짐으로 새로운 것을 시도하고 성공할 때 우리는 부자가 된다.

실생활의 효율성을 높이는 여러 가지 방법들

실생활에서의 효율성

네덜란드의 에이전트가 3명의 고객을 모시고 왔다. 고객들이 제품 검사를 위해 현장에 내려간 동안, 나는 에이전트와 다른 프로젝트에 관해 기술미팅을 했다. 내가 쭉 맡아 오던 부서는 표준도가 100% 완성되어 있어서 문제가 없었지만, 그해(2014년)부터 맡은 부서는 아직 완벽하지 않아서 몇몇 아이템에 대해서는 상세도가 없어 손으로 스케치해야만 했다. 지난번 인도 엔지니어와의 미팅에서는 부족함이 없었지만 고객이 바뀌니 미처 깨닫지 못한 부족함이 있었다.

미팅 회의록을 작성하여 각 부서로 배포하고 나서, 나는 직원들에게 시간이 날 때 그것들을 그려 놓을 것을 주문해 두었다. 직원들은 각자 작업 중인 프로젝트가 끝난 후 시간이 남으면 그것들을 그려서 내게 확인을 받을 것이다. 새로운 아이템들의 상세도는 누가 그렸든 간에 전담 관리 직원에게 전송될 것이고, 전담 직원은 그날 모인 상세도들에 페이지를 기입한 후 기존의 표준도 CAD 파일에 삽입하고 날짜를 바꿔서 부서원들에게 배포할 것이다. 파일명은 '×× Standard dwg(2013.10.12)' 식으로 될 것이고, 만약 같은 날 하나가 더 추가되거나 수정되었다면 파일명은 '×× Standard dwg(2013.10.12)−1'이 될 것이고, 다음 날이면 '×× Standard dwg(2013.10.13)'이 될 것이다.

부하 직원들은 새 표준도를 받으면 기존 표준도를 지우고 새로운 표준도를 쓸 것이고, 어떤 것이 새로운 것인지는 파일 뒤의 날짜로 명확히 구분되니 헷갈릴 일이 없을 것이다. 물론 하드카피하여 페이지 순서에 따라 '표준도면철'에 철을 해 둘 것이니 비슷한 아이템들을 모아 놓은 부분을 몇 장 훑어보면 몇 초 안에 원하는 도면을 찾을 수 있게 될 것이다.

어떤 시스템을 만드는 데 있어서 처음부터 완벽한 것은 없다. 1부터 시작해서 100을 만들었다 해도 새로운 것이 나타나면 그것을 빨리 받아들여서 완벽하게 하려고 노력하고 그것이 꾸준히 반복되어야 경쟁자들로부터 뒤처지지 않는다. 이런 방식은 조직의 업무뿐만 아니라 당신 개인 생활의 모든 부분에서 동일하게 적용되는 것이므로 '회사에서 익힌 이런 테크닉들이 내 개인에게 어떤 도움이 될까?'라고 의심하지 마라. 조직 및 생활 속에서 사용할 수 있는 여러 가지 효율적인 테크닉들은 어떤 것이 있을까?

현명한 선택을 하는 법

살다 보면 앞에 놓인 두 가지 또는 그 이상의 길 중 하나를 선택해야 하는 순간이 닥친다. 순간의 선택이 인생을 좌우할지도 모르는 상황에선 당신은 어떤 선택을 해야 할까?

둘 중 하나를 선택해야 할 경우

A, B 둘 중 하나를 선택해야 할 경우 각각의 장(단)점을 나열하고 각 장(단)점들에 점수를 매겨 보면 더욱 객관적인 시각으로 상황을 판단할 수 있고 선택의 실수를 줄일 수 있다. 예컨대,

- A 대학: 집과 가깝다. 사회적 인지도가 높다. 취직이 잘된다.
- B 대학: 등록금이 싸다. 교수진이 좋다. 동호회가 잘 되어 있다.

이렇게 나열한 후 각각의 장(단)점에 합당한 점수를 매기는 것이다. 그러면 감정에 의한 판단 착오가 줄고 좀 더 객관적이고 장기적인 관점에서 판단할 수 있을 것이다.

효율적인 취미

일반적인 취미뿐만 아니라 여유 시간에 할 수 있는 모든 것을 취미로 보고 한번 생각해 보자. 나는 직장 생활을 하며 퇴근 후 취미 활동을 할 때 당장 재미있는 것보다 미래에 내게 도움이 될 만한 것들을 선택했다. 그것은 투입한 돈과 시간으로 그 순간만 즐거운 것이 아니라 배운 것이 어떤 식으로든 내 몸에 축적되어 언젠가 활용 가능하다는 것을 의미한다.

예를 들어 보디빌딩을 한다면 여유 시간을 때우기도 하겠지만 스트레스 해소, 건강 증진, 자신감 향상, 의료비 절감이라는 부산물도 얻는다. 인풋 대비 아웃풋이 월등하단 말이다. 그러나 같은 시간에 컴퓨터 게임을 한다면 어떤 생산적인 것을 얻는가? 아무것도 없다. 스트레스 해소? 그건 보디빌딩에서도 얻을 수 있다. 또 다른 무엇을 얻을 수 있는가? 그 기술을 이용해 돈벌이라도 할 수 있는가? 뭐? 프로게이머? 그럼 프로 보디빌더가 되는 것과 무엇이 다르며 성공 확률은 얼마나 높은가? 내 지인은 러시아에서 개발된 모 게임의 실력자로 국내 대회에서 2등을 한 전적이 있다. 그는 상금으로 100만 원을 받았지만 그가 게임을 한 시간에 노동을 했다면 아마도 100만 원보다 훨씬 많은 돈을 벌었을 것이다. 불혹을 넘긴 그는 더 이상 그 기술을 돈벌이에 사용하지 못하고 있고 그가 낭비한 청춘만큼 그의 삶도 힘겨워 보인다.

자! 효율적/비효율적인 취미를 한번 열거해 보자.

효율적 취미: 태권도, 컴퓨터, 보디빌딩, 수영, 영어, 전공 공부 등

비효율적 취미: 게임, 자동차, 술, 담배, 쇼핑, 인터넷 서핑 등

효율적 취미란 대개 그를 통해 두 가지 이상의 효과를 거두거나 미래의 어느 날 활용가치가 높은 기술이나 기능을 습득할 수 있는 취미들이고, 비효율적 취미는 단순히 현재의 즐거움만을 추구하는 취미들이다. 지금 당신이 가지고 있는 취미들이 과연 당신의 미래에 얼마나 도움이 될 것인지 생각해 보라. 그리고 효율적 취미를 즐기는 사람들과의 경쟁에서 당신이 살아남을 수 있을지 계산해 보라. 답이 나오지 않는가?

효율성 측면에서 본 절약

절약하라고 말하면 내 처제는 "그렇게 아꼈는데 갑자기 죽는 상황이 생기면 못 쓴 돈이 아깝지 않으냐?"라며 빨리 써 버리는 것이 이익이라고 한다. 효율성의 측면에서 보자. ①가족 구성원이 손쓸 겨를도 없이 죽는 상황이 얼마나 되는가? 각종 사고로 즉사하거나 암 말기 정도? 그게 확률적으로 얼마나 되나? 그럼 ②가족 구성원이 사고로 다치거나, 가장의 급여가 감봉되거나, 직장을 잃거나 하는 상황은 얼마나 될까?

당연히 ②가 확률적으로 훨씬 많고 그런 상황에 부닥쳤을 때 모아 놓은 돈이 없다면 그것은 가족에게 큰 타격이 될 것이다. 충분한 자산을 축적해 둔 상황이라면 ①이 아닌 이상, 대부분 ②를 피할 수 있을 것이고 우리가 문제라고 부르는 대부분은 돈으로 해결할 수 있다!

목표로 한 자산에 도달했을 때 그동안 절약했던 만큼 소비를 늘려도 예컨대 매달 200만 원의 소비 여력이 있는 사람이, 10년간 100만 원씩만 소비하여 목표 자산에 도달한 후, 향후 10년간 300만 원을 소비한다면 전체 소비 액수에 있어서 전혀 손해 본 것이 없다. 재밌는 것은 소비를 400만 원으로 늘려도 200만 원을 꾸준히 소비한 경우보다 오히려 더 많은 자산을 유지하게 되리라는 것이다.

내가 속한 업계의 시장 상황이 좋지 않아서 지난 몇 년간 몇몇 경쟁사와 원청업체들이 부도가 났다. 나는 수년간 소비를 줄이며 꾸준히 자산을 축적해 왔지만 대부분의 동료들은 소비를 줄이지 않았고 그중 한 사람은 외제차를 주문하기까지 하였다. 최악의 상황이 온다면 누가 살아남을까? 그리고 그것은 나중에 현실이 되었다.

사회적으로 효율성을 높이는 여러 가지 방법들

식당 운영의 예

샤브샤브를 좋아하기에 간혹 가족과 저렴한 샤브샤브 식당에 가곤했다. 갈 때마다 식당의 운영을 유심히 살펴보곤 하는데 아래와 같은 비효율성이 보였다.

- 손님이 오면 직원이 일일이 주문을 받는다.
- 주문을 한 후에야 재료를 준비하기 시작한다.
- 탕이 차가워서 손님이 데우는 데 시간이 너무 오래 걸린다.

나는 자영업을 별로 선호하지 않지만 만약 자영업을 한다면 샤브샤브 식당을 이렇게 운영해 봐야겠다고 생각한 적이 있다.

- 손님이 오는 시간대에 테이블 셋팅을 미리 끝내 놓는다.
- 테이블 셋팅은 테이블 자체에 하는 것이 아니라 테이블 크기에 맞춘 쟁반위에 하여 회수 시 시간을 단축하도록 한다.
- 접시에 미리 재료를 준비해 둔다(물론 평균 주문량 데이터를 만들어 낭비가 없도록 한다.).
- 접시는 색깔별로 가격을 책정하고(회전 초밥집의 아이디어를 채용한 것이다.) 투명한 냉장고에 넣어 둔다.
- 손님은 냉장고에 전시된 접시의 재료를 스스로 가져가므로 주문을 할 필요도, 기다릴 필요도 없다.
- 탕은 미리 가열해 둔 것을 제공하기에 손님이 기다릴 필요가 없다.
- 기다릴 필요가 없으므로 빨리 먹고 빨리 나간다(회전율을 높일 수 있다.).
- 계산은 접시 색깔별 개수를 곱하면 되니 쉽다.
- 직원 수를 줄일 수 있으므로 그 비용은 신선한 재료를 구매하는 데 투입한다.

이를 실제 적용하기 위해서는 동선의 구성이 중요하다. 서로 부딪치도록 레이아웃을 잡아서 혼란이 일어나지 않도록 하여야 할 것이다.

광고지

치킨집을 하는 당신이 A4 광고전단을 만들고 신문사 지국에 간지로 배포해 달라고 요청한다. 양면으로 인쇄하기에는 내용이 그리 많지 않아 한 면만 인쇄하였다. 비용을 계산해 보자.

- 종잇값: A/장
- 1면 인쇄비: B/장
- 간지 비용: C/장
- 광고지 수량: D

이 경우 비용은 = (A+B+C) × D가 된다.

만약 당신이 옆집 컴퓨터 가게와 친분이 있고 그도 광고를 하고 싶어 해 치킨 광고지 뒷면에 컴퓨터 가게 광고를 실으면 어떨까? 비용을 계산해 보자

- 종잇값: A/장
- 2면 인쇄비: 2B/장
- 간지 비용: C/장
- 광고지 수량: D

이 경우 각자의 비용은 = (A+2B+C) × D/2가 된다.

비교를 해보자. 이해하기 쉽게 A, B, C 변수에 임의로 30씩을 넣고 광고지 수량을 5,000으로 잡자.

- **혼자서 광고를 할 경우:** (30 + 30 + 30) × 5,000 = 450,000
- **둘이서 광고를 할 경우:** (30 + 60 + 30) × 5,000/2 = 300,000/1인

무려 33%의 비용을 줄일 수 있다. 이처럼 경쟁 관계가 아닌 업종의 경우 2업체가 동시에 광고함으로써 비용을 줄일 수 있고 만약 상호 보

완적인 업종일 경우 시너지 효과도 기대할 수 있다. 예컨대 아파트 분양광고 뒤에 인테리어 광고를 싣는 식으로 말이다.

자동차 주유구

예전에는 승용차=가솔린, SUV=디젤 이렇게 구분이 확실했지만 요즘은 승용차도 디젤차가 많고 SUV도 가솔린차가 있다. 그래서 주유소에서는 혼유 사고가 곧잘 발생하곤 한다. 주유구의 크기가 약간 다르기는 하지만 여전히 쉽게 구별이 되지 않는 것이 사고의 원인이다.

그럼 가솔린 차량은 원형 주유구 + 마개 및 주변부의 색상을 빨간색으로 하고 디젤 차량은 사각 주유구 + 마개 및 주변부의 색상을 파랗게 하면 어떨까? 주유기의 모양 및 색상도 거기에 맞춰서 표준화하면 유종이 다를 경우 아예 삽입하지 못하니 혼유 사고가 근본적으로 발생하지 않을 것 아닌가? 모양을 바꾸는 것이 어렵다면 마개와 주변부의 색상과 주유기의 색상을 통일하는 것만으로도 큰 효과를 거둘 수 있을 것이다. 빨간색 주둥이를 가진 휘발유 주유기를 차량의 파란색 연료통 입구에 꽂으면 시각적으로 바로 알 수 있지 않을까?

중국 은행의 비효율

2012년 8월 10일. 아내와 함께 주택융자 일부를 먼저 갚으러 은행에 갔다. 그리고 아래의 순서로 업무를 진행했다.

① 타 은행 카드로 현금지급기에서 돈을 찾아서

② A창구에서 20여 명 대기자 뒤를 이어 대출관리통장에 방금 찾은 돈을 넣고

③ B창구로 이동하여 다시 20여 명 대기자의 뒤를 이어 방금 넣은

잔액 중 일부를 꺼내어 융자 원금과 이자를 갚았다(A창구에서는 융자를 갚을 수도, 갚는 융자금액의 이자를 알 수 없었다.).

④ 융자로 갚고 남은 돈을 생활비로 쓰기 위해 빼려 한다면(3번 업무를 보기 전에는 파악할 수 없으므로 반드시 3번 업무 후에) 다시 A창구에서 20여 명 대기자 뒤에 줄을 서야 한다.

⑤ 더 이상 기다릴 수 없어 같은 은행의 다른 분점에 가서 돈을 찾았다. 분점은 3번 업무를 하지 않는다.

애초에 A창구에서 B창구의 업무를 하거나 B창구에서 직접 현금을 주고 융자를 갚으면 왜 안 되지? 2~4번을 한 담당자가 할 수는 없는가? 분점에서는 왜 대출금을 갚을 수 없는 건가? 나는 도대체 이해할 수 없다. 내가 은행장이라면 절반의 인원으로도 같은 업무를 할 수 있을 것 같은데?

택시 승강장

2013년 9월 21일. 전날 대도시의 아동병원에 딸아이를 데리고 가 검사를 한 후 돌아오는 길. 고속버스에서 내린 우리는 택시를 타기 위해 택시 승강장에 섰다. 승객 10번이 우리이다.

위의 그림을 보고 문제점을 제시해 보라. 뭐가 문제인가? 아주 질서를 잘 지키고 있으니 문제가 없다고? 그럼 아래의 그림은 어떤가?

Case 1에서 택시는 무한정으로 있다고 가정하고 각 승객의 탑승 시간을 1분으로 잡으면 우리는 10분 후에 탑승할 수 있을 것이고 새로운 승객들이 1분마다 1팀씩 승강장으로 온다면 줄은 여전히 줄지 않을 것

택시5	택시4	택시3	택시2	택시1
				승객1 ●
				승객2 ●
				승객3 ●
				승객4 ●
				승객5 ●
				승객6 ●
				승객7 ●
				승객8 ●
				승객9 ●
				승객10 ●

Case1

택시 B1	택시 B2	택시 A3	택시 A2	택시 A1
	승객6 ●			승객1 ●
	승객7 ●			승객2 ●
	승객8 ●			승객3 ●
	승객9 ●			승객4 ●
	승객10 ●			승객5 ●

Case2

이다. 만약 매 30초마다 1팀씩의 승객들이 승강장으로 온다면 1분 후엔 1팀이 탑승하지만 새로운 승객은 2팀이므로, 1분마다 1팀씩 승객이 늘어 10분 후에는 20명의 대기 승객이 발생할 것이다.

Case 2에서 1분마다 2팀의 승객이 각각 택시 A1과 B1에 탑승할 수 있으므로 1분마다 1팀씩 승강장으로 오는 경우라면 몇 분 내에 대기줄이 소진되어 새로운 승객들은 기다리지 않고 바로 탑승할 수 있을 것이고, 매 30초마다 승객이 1팀씩 오는 경우도 줄이 더 이상 길어지지는 않을 것이다.

우리가 매일 마주치는 것들 중에는 이처럼 잘못된 시스템으로 운영되고 있는 것들이 너무도 많다. 사람들은 말한다. "잘~ 돌아간다."고 그래 그렇게 보이겠지. 그러나 그것이 최선이라는 보장이 될 수는 없다. 언제나 방법은 몇 가지가 더 있고 우리는 그것을 찾아 개선해야 한다.

시스템을 만든 내 이웃

내가 살던 아파트 앞집은 임차로 거주하고 있었다. 그는 그 아파트 가격보다 훨씬 많은 돈이 있음에도 구매를 하지 않고 왜 임차로 사는 것일까?

어느 날 그와 대화를 할 기회가 있었는데 그는 단조 공장을 운영한다고 하였다. 나는 단조제품이 필요하지는 않지만-배울 수 있는 기회가 있으면 무조건 배워야 한다는 것이 내 신조이기에-기회가 되면 공장을 꼭 좀 보여 달라고 하여 그의 단조 공장을 방문하였다.

그는 본인 돈과 은행 융자를 얻어서 촌정부(한국으로 치면 면사무소)에 임차료를 주고 얻은 땅 위에 허름한 공장 6동을 지어서 5동은 임대를 주고 1동은 본인이 직접 사용한다고 했다. 임대를 준 5동에서 나오는 순수익이-자기가 쓰는 비용까지 포함한 모든 비용을 제한 후-한 해 70만 위안(당시 환율로 1억 2600만 원)이나 되고 수익률이 10%라고 하였다.

자기 자본 700만 위안(12억 6000만 원)과 6%의 은행 융자를 이용해서 자기 자본 대비 10%의 이익을 보는 것인데 그는 자신이 사용하는 공장

1동의 운영 여부와 상관없이 10%의 수익이 나는 시스템을 만든 것이다. 즉, Cash Flow가 있는 스스로 돌아가는 시스템으로 기본 생활을 커버하고 다른 한편으론 스스로의 노동력을 사용하는 1동의 공장을 운영함으로써 2가지의 소득을 얻는 것이다. 거기다 선전지역에 여러 채의 임대 주택도 보유하고 있다고 한다.

효율성을 얻고자 하는 행위는 이렇게 시스템을 만드는 과정이라고 볼 수 있고 그것을 잘 이해하고 조직해 내는 사람만이 그 혜택을 보게 된다. 그가 임대한 5동의 공장처럼 나도 임대용 건물이 있고, 그가 직접 운영하는 1동의 공장처럼 나는 직장이 있다. 다중의 소득이 있는 우리는 부자이거나 곧 그렇게 될 것이다.

우리 부부는 하나하나의 시스템을 만들 때마다 많은 노력을 기울여 왔고 그렇게 소득이 나오는 시스템(고정소득이 나오는 직장도 시스템에 포함된다) 몇 개를 만들었지만 현실에 안주하지는 않는다. 체계가 잡힌 시스템은 약간의 관심만 가지면 유지할 수 있으므로 우리는 남는 시간에 새로운 시스템을 만들기 위해 다시 연구를 시작했다.

결과는 우리의 노력에 비례할 것이고 우리는 우리의 현재 행복에 영향을 미치지 않는 범위 내에서 자산(시간, 돈, 에너지)을 투자해 거기에 합당한 소득을 얻을 것이고 멋진 인생을 살게 될 것이다. 당신은 지금 어떤 효율적인 시스템을 구축하고 있는가?

3장

게임의 룰

기득권에 도전하지 마라

최대한 중립적인 입장에서 글을 썼으니 오해 없기를 바라며 옳은 것과 현명한 것의 차이점을 염두에 두고 읽어 주기를 바란다.

암살당했던 미국의 역대 대통령들, 갖은 박해를 당한 세계 각국의 독립투사, 민주화 인사들. 그들이 그런 고초를 겪은 것은 단 하나의 이유에서 출발한다. 기득권에 맞선 도전.

그들의 희생으로 그들이 이루고자 했던 세상에 좀 더 가까워졌고 우리는 그 혜택을 누린다. 하지만 당신이 부자가 되고 싶다면 정말 정말 미안하지만 그 선두에 서는 선택을 하지는 마라. 특히 정의감이 넘쳐 정치에 지나친 관심을 가진다면 거기에 쏟는 열정만큼 부자가 될 가능성은 줄어든다. 정치는 잊어라.

내가 당신에게 "기득권의 개가 될 줄도 알아야 한다."라고 말하면 당신의 자존심과 정의감이 용서하지 않는가? 하지만 정의감과 부자 중 선택해야 한다면 어떡하겠는가? 부자가 모두 부패한 것은 아니지만 그들은 기득권의 심기를 건드리지 않음으로써 그 부를 유지한다. 그들 역시 기득권층이 도덕적이지 않다는 것을 알지만 그렇게 하는 것이 현명한 것이기 때문이다. 너무 기회주의적 발언 아니냐고? 옳은 것과 현명한 것의 차이를 지금 곰곰이 생각해 보고 다시 글을 읽어라.

에피소드 1

중국 송나라 시절에 유페이(岳飞, 악비)라는 장군이 있었다. 그는 무공과 경험이 뛰어난 장수였지만 치명적인 약점이 있었는데 그것은 기득권에게 고개 숙이지 못하는 것이었다. 자신의 주장이 옳다고 여기면 재상의 의견에도 반대를 표하곤 했다. 그 때문에 그는 정적들이 늘어났고 전투에서 계속 승리했음에도 불구하고 모함으로 처형을 당했다. 왜 그랬을까? 승전을 계속하여 그의 군대가 점점 막강해지자 정적들은 그가 권력을 잡을 것이 두려워 미리 싹을 자른 것이었다.

옳음도 지나치면 그 큰 뜻을 이루기 전에 꺾이게 된다. 그래서 우리는 많은 옳은 이들을 잃었고 결과적으로 그들의 '개인의 인생'은 실패하였다.

에피소드 2

한편 명나라 시절에 취지광(戚继光, 척계광)이라는 장군이 있었는데 그 역시 뛰어난 장수였다. 젊은 시절 그 또한 유페이 같은 원칙주의자였으며 그 이유로 그는 옷을 벗어야 했다. 그때 그는 깨달았다. 큰 뜻을 위해서는 잠시 스스로 꺾여야 함을. 그것을 깨달은 그는 재상에게 여러 가지 전리품들을 선물하고 "소신은 영원히 대인(大人)의 개(犬)입니다."라며 고개를 숙였다. 그 덕에 그는 장군의 자리에 복귀할 수 있었고 여러 전투에 승리하여 날고 기는 무인들이 휘하에 들어와 그의 군대가 국가를 위협할 정도로 커졌음에도 지원은 계속되었다.

정치권의 지원을 등에 업은 그는 그의 큰 뜻인 '적을 물리쳐 나라를 지키는 것'으로 이름을 날리게 되었고 기득권과의 공생 관계로 천수를 누렸다.

훗날 역사는 유페이와 취지광 모두를 훌륭한 장수로 적었지만 동시에 유페이는 실패자로 취지광은 큰 뜻을 이룬 현명한 사람으로 평가하였다.

이처럼 열정이 지나치게 높으면 적이 많이 생기고 그것은 생명을 위협한다. 당신이 속한 조직에서 큰 뜻을 이루고 싶다면 그것을 이룰 수 있는 위치에 오를 때까지는 현재의 권력자에게 도전하지 마라. 그리고 아이러니하게도 당신을 진급시키는 사람이 당신이 그토록 증오하는 바로 그 권력자라는 것도 잊지 마라.

훗날 당신이 권력자의 위치에 오르게 되었을 때 당신의 뜻대로 조직을 통치하면 되겠지만 대개 그 위치가 되면 스스로가 가진 것을 지키려는 보수적인 생각을 하게 된다. 그러니 젊은 시절의 당신과 같은 개혁파들에겐 당신 역시 타도의 대상이 되고, 그렇다고 개혁을 외치자니 당신을 지원해 준 기득권에게 변절하는 것이 되므로 그 또한 여의치 않다.

현재 당신이 처한 상황에서 가장 이로운 것이 무엇인지 판단하고 행동하는 것이 가장 현명하다. 기억하라. 옳은 것과 현명한 것은 분명 차이가 있음을.

아부도 능력, 상관이나 동료를 적으로 만들지 마라

에피소드 3

중국의 지방 정부에서 일하는 하급 관리 한 명을 안다. 그는 좋은 학교를 졸업하였고 정의감과 엘리트 의식이 강한 사람이었다. 그 성향 때문에 동료나 심지어 상관의 업무적 무능을 즉시 지적하곤 했다. 그는 그것이 조직을 좀 더 발전시킨다고 생각했지만 그것은 중대한 실수였다. 그는 게임의 룰을 몰랐다. 무능한 동료들의 진급을 몇 년간 지켜보던 그는 결국 게임의 룰을 깨닫게 되었다. 그가 방정맞은 입을 다물자 그도 승진하였다.

에피소드 4

"1종 보통 면허로 1.5t까지 운전할 수 있다."

내 상관이 그리 말했을 때 나는 반박했다.

"12t 미만까지 가능합니다."

나는 1종 보통, 1종 대형, 1종 특수 추레라, 1종 특수 레이카, 2종 소형 운전면허가 있고 굴삭기, 지게차 조종 면허도 있으며 군 수송부에서 대형 버스를 포함 수십 종의 차량을 운전했다. 사회에서도 대형 트럭을 운전했으며 자동차 학원 강사로도 일했었다. 대학에서 자동차를 전공했고 중장비를 설계하기도 했다. 애초에 자동차에 관한 논쟁이라면 내가 이길 가능성이 많지만 그게 중요한 것이 아님을 그때의 나는 몰랐다.

에피소드 5

어느 날, 내 상관이 "이러이러하게 용접 부위를 바꾸고 하급 자재를 쓰라." 라고 말했을 때, 나는 극렬하게 반대했었다. 그의 의견이 틀린 것임을 분명히 알기에 그대로 따른다는 것은 엔지니어로서의 내 자존심이 허락하지 않았다.

에피소드 6

같은 문제에 노련한 다른 임원은 어떻게 대응했을까? 그 임원은 그것이 무리한 명령인지를 잘 알고 있음에도 불구하고, "예, 알겠습니다."라고 대답하고 그 불량제품을 상관이 원하는 대로 제작해 품평회를 통해 그것을 상관에게 보여 주었다. 그때 나는 깨달았다. 상관의 엉터리 요구에 즉각 반대하는 것이 얼마나 어리석은 대응인지를. 직선적인 방법은 항상 무리가 따른다. 돌아갈 줄 알았어야 했고 노련한 그는 그 방법을 알았다.

목적을 이루는 데 한 가지 방법만을 고집하지 마라. 중요한 것은 목적 달성이지 방법이 아니다.

에피소드 7

게임의 룰을 깨닫고 나서 상관이 "10년산과 30년산 위스키를 블랜딩하면 20년산이 된다."라고 했을 때 나는 입을 조용히 다물고 있었다. 30년산에 단 한 방울이라도 10년산이 들어간다면 10년산으로 팔린다는 것을 알지만 그건 전혀 중요하지 않다.

에피소드 8

상관이 엉터리 스케치를 그려 주며 제작하라고 하면 나는 "예, 알겠습니다." 하고 그가 원하는 엉터리 제품을 만들어서 그에게 보여 주었고 그러면 그는 주장을 스스로 접었다.

내 상관과 같은 성향의 사람들을 허브코헨은 그의 책《협상의 법칙》에서 '감정적인 적'이라고 했는데 정말 적절한 표현이다. 쉽게 말해 뒤끝이 있는 사람을 상관으로 둘 경우 그의 감정을 상하지 않도록 대해야 한다. 미국 상장 기업의 최연소 부사장에 오른 정소연 씨의《나는 샌프란시스코로 출근한다》에는 이런 내용이 나온다.

> 아무리 상사가 못나 보이고 마음에 들지 않아도 그가 나의 월급과 보너스 금액을 정하는 사람임을 잊지 말고, 그 사람을 그 자리에 오르게 한 장점이 무엇인지 찾으라 말한다. 상사의 숨은 매력과 성공 요인을 배우려는 열린 자세로 임하자는 것이다. 그런 보물찾기를 하는 동안 훨씬 더 성숙해지고 내공을 쌓는 자신의 모습을 발견하게 될 것이다.

대부분의 조직은 어지간한 실수나 무능력이 아닌 이상 조직원을 해고하지는 않는다. 그러므로 당신의 열정을 조금 죽여 약간 무능한 척하는 것이 때로는 당신의 생존에 이롭다.

일부 사람들의 경우 열정이 지나쳐 자신이 속한 조직의 문제를 홀로 돌파하고자 하는데 이 경우 반드시 기득권의 저항에 부딪히게 된다. 이로 인해 진급 대상에서 제외되거나 해고되거나 심지어 암살당하기까지 한다. 아이러니하게도 그들이 도우려고 했던 하층 조직 구성원들은 정의의 명분이 있는 그들의 말보다는 속이려는 기득권층에 쉽게 매수된다. 그 결과 개혁적인 이들은 사라져 간다. 다행히 그리 늦지 않은 시점에 나는 이 룰을 깨닫게 되었고 무능한 동료들보다 몇 년이나 늦게 진급하였다.

에피소드 9

현명한 사람의 예를 하나 들겠다. 아내의 지인 회사원 A이다. A의 친구가 사업을 시작하는데 A에게 급여도 더 주고 일도 편하니 같이 일하자고 제안했다. 이에 A는 회사 사장에게 말하였다.

"제 절친한 친구를 도와야 하기에 회사를 떠나겠습니다. 대신 새로운 사람을 구하고 그에게 인수인계가 완벽하게 될 때까지 계속 회사에 다니도록 하겠습니다."

A는 그렇게 한 달이 넘는 시간을 그 회사에서 더 근무했고 인수인계가 끝난 후 떠나려 하자 사장은 새로운 회사에 문제가 생기면 언제든지 다시 오라고 신신당부를 하였다. A는 친구와 같이 일을 했으나 업무가 원래의 약속과 달랐고 급여도 적었다. 이에 A는 이전 회사에 연락했고 사장은 그를 즉시 원래의 자리에 앉혔다.

이 일화에서 깨달아야 할 것은 두 가지다.

① 친구든 누구든 평균 이상의 좋은 조건을 제시할 경우, 다 믿지 말라는 것.

② 조직을 떠날 때는 원수를 만들지 말라는 것.

젊은이들은 종종 사직서에 상사의 욕을 쓰고 회사를 나오는 실수를 하는데 그래서는 안 된다. 어떤 분노가 있어도 그에게 고맙다고 말해라. 새로 찾은 회사엔 더 악질 상사가 버티고 있을 테니 말이다.

에피소드 10

정소연 씨의 《나는 샌프란시스코로 출근한다》에 또 이런 대목이 나온다.

이탈리아에서 점심 회의를 할 때 생긴 일이었다. 헤지펀드가 잘 발달한 영국을 제외하고 우리가 방문한 유럽의 나라에서는 보통 식사 시간이 굉장히 길다. 미국이나 영국에서는 회의 중에 그 맛있는 음식을 하나도 못 먹고 운전기사가 사다 놓은 샌드위치를 먹으며 다음 회의 장소로 이동한다. 그러나 그 외의 나라에서는 아침이나 점심식사를 즐기며 회의를 할 수 있어 개인적으로 선호한다. 와인을 곁들여 점심식사를 하다가 로빈이 타이에 스파게티 소스를 떨어뜨렸다. 더구나 그가 가진 여분의 타이 하나는 그동안 계속 사용해서 더럽다고 했다. 디렉터가 입을 열기도 전에 피터는 자기 타이를 풀어 로빈에게 주었다. 다음 날 아침 7시 회의에 참석하기 위해 호텔 로비에 6시 30분에 집결했는데, 피터는 다섯 개의 타이를 로빈 앞에 펼쳐 보였다. 로빈의 취향이 어떨지 몰라 어젯밤에 색깔별로 마련했다고 했다. 사람 좋은 로빈의 감동은 말할 수 없이 컸고 고객을 감동시킨 피터를 보는 디렉터의 눈은 자랑스러움으로 빛났다.

여기서 로빈은 정소연 씨 회사의 CEO이고 피터는 투자은행 팀 소속으로 상관인 디렉터와 함께 고객인 로빈과 식사 중이었다. 피터라는 사람이 아부만 할 줄 아는 기회주의자라고 생각하면 안 된다. 그는 당연히 명문대를 졸업한 재원이다. 내가 저 CEO이고 인재가 필요하다면 피터가 제일 먼저 떠오르지 않을까?

솔직히 나는 저런 부분이 다소 부족한 사람이고 그것은 나의 잘못이다. 음식을 할 때 주재료인 고기만 가지고는 맛이 나지 않는다. 당연히 적절한 양념이 가미되어야 주재료가 더 빛나는 것처럼 나의 일에 대한 열정에 저런 부분이 더 보완되었더라면 더 빨리 출세할 수 있었을 것이다. 나는 이 룰을 조금 늦게 깨달았고 지금은 과하지 않은 선에서 상관이나 동료, 또는 고객의 비위를 잘 맞추려고 노력한다.

네가 정의로운 것은 네가 가난하기 때문이다

정부가 어떤 정책을 내놓았다. 그 정책으로 반드시 이익을 보거나 손해를 보는 집단이 있을 것이지만 부자(가 될 사람)들은 어차피 바꿀 수 없는 정책에 대해 불만을 터뜨릴 시간에 그것을 이용하여 이익을 늘리거나 손실을 줄일 방도를 찾는다(금융 소득 2000만 원 이상 중과세 정책이 나오고 난 후 사람들의 반응을 보라.).

부패한 조직에 적응하지 못하여 뛰쳐나와 자영업을 하는 사람들이 있다. 하지만 나는 그런 사람들조차 모든 것을 정직하게 처리할 것이라고 절대 믿지 않는다. 실례로 기득권에 대한 욕이 입에 달려 있으며 통제된 조직 생활을 견디지 못하여 뛰쳐나와 자영업을 하는 한 친구가 있다. 그 친구 역시 카드보다는 현금 고객을 선호하는 것을 보고 나는 되뇌었다.

'네가 그 기득권자가 되었을 때, 너도 똑같은 행동을 할 것이며 네가 정의로운 것은 네가 가난하기 때문이다.'

열심히 일하라고 하면 어떤 이는 이렇게 말한다.

"부자들이 원하는 것이 바로 당신같이 부자에게 충성하는 사람들이다. 당신은 부자들에게 이용당하고 있다."

미안하지만 내가 곧 당신들이 그토록 증오하는 그 부자가 될 것이라는 생각은 왜 못하는가? 가난을 겪어본 내가 아직 남아 있는 동료의식으로 조언함에도 피아 구분을 못 하는 사람이 있다. 내가 확실한 부자가 된다면, 그 논리로는 이미 적군이니 나는 더더욱 말을 아끼게 될 것이다. 역설적이게도 현명한 사람들의 조언을 받아들이지 않고 마음 내키는 대로 행동하는 사람들이 인생에 대해 불만은 더 많다.

프레임에 갇히지 마라

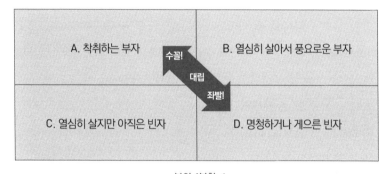

부의 4분할-1

좌/우파의 주장을 바탕으로 부의 크기와 사상에 대해 나름대로 분류를 해 봤다. 상부는 부유한 사람, 하부는 가난한 사람이다. 좌파적 진단과 우파적 진단에 따른 주장을 A, D에 배치했고 그 둘에 해당하지 않는 사람들을 B, C에 배치했다. 당신은 어디에 속하는가? 혹, 세상이 불공평하다고 불평만 하는 사람이라면 A의 눈에 당신은 D로 보일 것이다.

나는 C에서 B로 옮겨 가는 중인 사람이라고 생각한다. 내 원룸에 사는 10가구의 세입자 중에도 주택을 구매할 수 있는 사람이 있겠지만 대부분 아직 그럴 형편이 못 된다. 그렇다면 그들의 눈에 나는 어떤 부류로 보일까?

얼마 전, 가스비와 전기세를 떼먹고 도망갔던 세입자는 나를 분명 A로 여길 테고 그래서 그들은 자신의 행동을 정당화했을 것이다. 그러지 마라. 그런 불평을 할 열정을 자기 발전을 위해 써라. 당신은 D에서 C로 어서 자리를 옮겨야 한다.

실상은 이렇다. 착취하는 부자가 아주 많은 것 같지만 그들의 목소리가 크기 때문에 그렇게 느껴질 뿐이다. 우둔하거나 게으른 빈자가 많

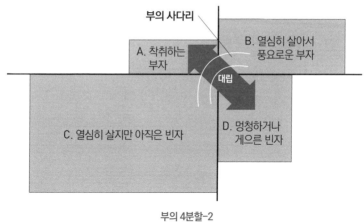

부의 4분할-2

은 것 같지만 그들의 불평이 크기 때문에 그럴 뿐이다. 당신이 불평만 한다면 그것은 곧 당신이 우둔한 것이다. 불만족은 원동력이 되기도 하지만 오로지 불평만 한다면 분명 당신의 잠재력을 헛되게 쓰고 있음이 분명하다. 불평을 열정으로 바꾸어라.

D부류 사람들의 더 큰 문제는 B부류까지 공격 대상으로 삼는 실수를 한다는 것이다. 그래서 비교적 정의로운 B들마저 스스로를 보호하기 위해서 A와 협력하게 만들어 버리는 것이다. 그런 잘못된 프레임에 빠지지 마라. 그림을 잘 보라. 부의 사다리는 C와 B 사이에 놓여 있지 D와 B 사이에는 없다. D와 A들이 싸우게 놔두고 사다리가 있는 C로 자리를 옮겨라.

반대의 프레임에 갇히는 사람들도 있다. 스스로 가진 것이 없는 사람들이 A의 위치에 있는 사람처럼 사고하여 그들을 지지하는 경우도 있다. 이들은 특정 언론만 본다. 정보들이 왜곡되어 있는지 아닌지 판단할 수 있는 반대주장에는 노출되어 있지 않기 때문에 정확한 판단을 하지 못한다.

예컨대 건설사의 광고를 많이 싣는 언론사라면 부동산 매입을 하라는 기사가 실릴 가능성이 많은 것은 당연하다. 왜일까? 독자의 자산보다는 언론사 자체의 생존이 더 중요하니까. 그러므로 언론은 보수/진보를 동시에 관찰하는 지혜가 필요하다.

균형감각을 찾아라

'보수는 부패로 망하고 진보는 분열로 망한다'

왜 그럴까? 상기 그림에서 A가 아무리 부패했다 하더라도 추진하는 정책이 B에게 경제적인 이익을 준다면 B는 A를 지지할 것이다. 그래서 그들이 부패하였음에도 불구하고 B와의 연대를 통해 권력을 유지할 수 있다. 진보 진영이라고 할 수 있는 D부류는 가진 것이 없으므로 모두 나누자는 식의 주장을 한다. 이 주장의 과격함은 노력하여 재산을 모은 B부류는 물론, 앞으로 B가 되려고 노력하는 C까지 거부반응을 일으키게 한다. 그래서 진보는 그 안에서 극단적, 중립적, 보수적인 성향의 무리로 또 나뉘게 된다.

진보 성향이었던 B, C 중에서도 A로부터 더 큰 이익을 얻을 수 있다는 유혹을 받으면 스스로 보수 쪽으로 정체성을 바꾸기도 한다. 학생운동을 했던 사람들조차 이런 식으로 변절하는 이유는 돈 때문이다. 정치인뿐만 아니라 일반인들도 나이를 먹을수록 보수 성향을 띄는 것은 가진 것이 더 많아져 그를 나누는 것에 거부감이 생기기 때문이다.

참고로 그림에서 굳이 따지자면 보수는 B부류이지만 A부류들도 스스로를 보수라고 주장한다.

프레임을 벗어나는 한 가지 방법

가끔 나는 내가 화성에서 온 외계인이라고 가정하고 지구인들을 바라본다. 외계인의 시각으로 보면 당신 지구인들은 정말 어이없는 짓들을 많이 한다. 종교나 이념 등, 당신들이 진실이라고 믿고 있는 것에 이 개념을 대입해서 다시 바라보라. 새롭게 보일 테니.

당신의 영웅이 완벽하리라 기대하지 마라

법적, 도덕적으로 흠이 없는 사람이나 기업은 없다. 성인군자라도 생존을 위해서는 어쩔 수 없이 불의를 저지를 때가 있으며 그런 여러 가지 이유로 인해 누구에게나 정의와 불의가 섞여 있다. 비록 어떤 이가 대부분의 일생을 정의롭게 살았다고 하더라도 정적(에 충성하는 언론)에 의해 불의한 부분이 과장되어 지속적으로 노출된다면 대중들은 결국 "그놈이 그놈이다."라고 말하게 된다.

당신의 영웅이 보편적으로 좋은 사람인지 알고자 한다면 과거의 행적을 살펴보라. 결과보다는 의도를 살펴 정의로운 일과 불의한 일을 한 비율이 9:1인지 1:9인지를 보라. 과거에 불의한 일을 수없이 많이 했다면 그가 당장 당신의 자산을 늘려 줄 공약을 제시한다고 하더라도 그것이 이루어질 가능성은 극히 적다. 그의 공약 또한 거짓말일 가능성이 높기 때문이다.

그래서 지도자를 뽑을 때는 그의 과거 행적을 살펴보아야 미래를 예측할 수 있고 결과적으로 현명한 판단을 할 수 있다.

세뇌 VS 동화

에피소드 1

군대를 갓 제대한 후 운송회사에서 8t 카고 트럭을 운전하던 시절. 하역작업을 직접 해야 하고, 밤낮은 뒤바뀌고, 식사 시간도 제대로 지킬 수 없어 힘들었으며, 명색이 대형 트럭 기사인데도 급여는 50만 원밖에 안 되어 미래도 없었다. 그러던 어느 날, 군대 고참이 150만 원 월급을 받는 15t 카고 트럭 기사 자리가 있으니 같이 일하자고 했을 때 나는 보란 듯이 직장을 때려치우고 서울로 올라갔다.

서울의 한 주택가에 자리한 사무실. 깔끔한 양복을 입고 나타난 그의 차림은 트럭 기사와는 전혀 어울리지 않았고 주위의 양복 입은 사내들은 험악한 분위기를 풍겼다. 나는 3일간 피라미드 판매 방식을 교육받았다. 내가 그런 영업에서 성공할 수 없음은 자명한 일이었지만 같은 이야기를 3일간 들으니 긴가민가 싶었고 그럴듯해 보였다.

지금에 와서 생각해 보면 그것은 분명히 세뇌였다. 과학적, 논리적으로 말이 안 되는 이야기라도 끝없이 듣고 그 반대의 의견은 볼 수 없다면 멀쩡한 사람도 그 말도 안 되는 이야기를 진실로 믿는 상태. 즉, 세뇌를 당하게 되며 시키는 사람은 이익을 보지만, 당하는 사람들은 손해를 본다.

그에 반해 어떤 사람의 언행이 다른 사람을 긍정적으로 변화시키는 경우 이를 '동화(同化)'라고 할 수 있다.

동화에 있어서 중요한 것은 롤모델, 즉 대상이다. 그 대상이 올바른 사람이라면 그의 글을 읽고, 그와 대화하고, 그와 같은 방식으로 생활하여 나도 서서히 그와 같은 부류의 사람으로 변해 가는 것이다. 중요한 것은 나의 롤모델이나 사상이 결과적으로 나를 세뇌하는지 아니면 동화되게 만드는지를 스스로 깨닫는 것이다. 일방적인 주장을 반복적으로 듣게 된다면 한 번쯤 그 반대 의견을 제시하는 사람의 말에 귀 기울여 보라. 그러면 내가 세뇌되고 있는지 동화되고 있는지 알 수 있다.

정의가 승리하는 것이 아니라 승리하는 것이 정의이다

(*추천도서 마이클 샌델의 《정의란 무엇인가》)

민주주의는 완벽한 체제인가?

민주주의의 문제점

"기업은 인간의 모든 단점과 편견을 지닌 이른바 빅맨에 좌우되는 계층 구조인 반면, 시장은 거의 순수한 진화 기계와 같다. 기업은 시장이 가지고 있는 만큼의 다양한 사업 계획을 결코 갖지 못하기 때문에 본질적으로 불리한 위치에 있다."

—에릭 바인하커,《부의 기원》

　회사든 국가든 어떤 큰일을 할 때는 정확한 판단력과 함께 강력한 추진력이 절대적으로 필요하다. 대개 평균적인 사람들보다 훨씬 많은 경험을 하여 빅맨의 자리에 오른 사람들의 판단은 확률적으로 옳은 경우가 많고 잡다한 지방방송을 꺼 버리는(반대론자의 의견을 무시하는) 카리스마적인 추진력까지 가졌을 경우 조직은 엄청난 속도로 발전하게 된다. 그러나 능력이 아닌 상속이나 무력으로 그 자리를 차지한 빅맨이 사리사욕을 추구하거나 잘못된 판단을 내렸을 경우 그의 강력한 추진력은 조직을 더 빠른 속도로 몰락시키게 된다. 우리는 이러한 빅맨의 잘못된 판단으로 순식간에 몰락하는 기업이나 국가들을 보면서 독재의 폐단을 알게 된다. 대부분 실패하고 마는 이러한 독재의 반대 방향인 민주주의는 과연 완벽한 체제일까?

　"모든 민주주의에서 국민은 그 수준에 맞는 정부를 가진다."

—토크빌

　부패한 지도자들이 철창 뒤에 갇혀 있다. 당신들은 그저 당신들의 수준에 맞는 정부와 지도자를 가졌던 것뿐이다. 잘못된 선택은 국가를 병들게 했고 그들을 선택하지 않은 이들은 억울하겠지만 9명이 옳지 못한 판단을 하고 1명이 올바른 판단을 하였을 때, 1명은 나머지 9명의 의견을 따르도록 강요당해 왔고 우리는 그것을 민주주의라고 부른다.
　만약 철창 뒤에 갇힌 사람들과 동일 진영의 지도자가 현재의 권력을 잡았다면 지금의 상황은 어떻게 변할까? 언론의 보도는 같을까? 아니면 달라질까? 권력 쟁탈의 소용돌이 속에서 결국 끝까지 살아남은 자가 강한 자이고 역사는 그들에 의해 쓰인다. 그리고 우리는 그것의 진실 여부와 상관없이 여러 미디어를 통해 지속적으로 머릿속에 주입받게 된다. 언론은 진실을 보도하는 것이 아니라 대중이 진실이라고 믿어야 하는 것들을 보도할 뿐이다.

선거는, 특히 대통령 선거는 행정가를 뽑는 것이다. 내가 내는 세금으로 운영되는 국가라는 조직을 대신 관리해 줄 사람을 뽑는 것이고 주주인 내가 월급쟁이 사장인 CEO를 뽑는 것이다. 그런데 대중은 행정가가 아닌 정치가를 뽑는 실수를 저지른다. 누구의 아들, 누구의 딸, 잘생겨서, 연예인이라서 등등이 선택의 이유가 되기도 한다. 단 한 번도 스스로 돈을 벌어 본 적 없고, 서민의 삶을 살아 보거나 서민을 위해 일해 본 적도 없고, 조직을 관리해 본 적도 없는 이들이 대통령이 되거나 장관이 된다. 대중은 부자를 위해 일하는 이들을 뽑는 어처구니없는 실수를 하는 것이다.

나는 주변의 이들을 깨우쳐 주려는 시도를 여러 번 한 적이 있는데 그걸 이해하는 사람이 드물었다. 내가 어떡해야 할까? 서민 스스로가 서민을 위한 지도자를 뽑을 통찰이 없어 부자를 위한 세상이 영원하다면? 그렇다! 내가 부자가 돼서 그 시스템을 즐기면 되는 것이다. 우둔한 빈자들이 부자를 위해 일하고 투표하는 사회에서 가장 현명한 것은 부자가 되는 것이다.

한국에서의 정의

캐나다로 이민을 가기 전, 나는 전처에게 말했다.

"만약 한국에서 전쟁이 난다면 첫 비행기를 타고 한국에 돌아오겠소."

전처는 극심하게 반대했지만 전쟁으로 조국이 없어진 상황을, 그리고 내가 아무것도 하지 않았음을 견뎌 낼 수 없을 것 같았다.

몇 년이 지난 어느 날, 나는 한국 정부 고위 인사들과 그들의 아들 대부분이 군대에 가지 않았다는 것을 알고 지난날의 내가 얼마나 순진했었는지 깨달았다. 애국을 외치는 그들 스스로가 국방의 의무를 저버리는데 대다수의 국민은 이를 개의치 않는 데서 많은 배신감을 느꼈다. 의무를 저버리는 위선자들보다 그들을 선택한 국민이 더 미웠다. 내가 국가의 안위보다 아파트값 같은 자신의 이익을 먼저 생각하는 대한민국 국민, 탐욕적인 당신들의 부동산 투기를 위해서 목숨을 바칠 필요가 있을까?

화성에서 온 또 다른 자아에게 물었다(나는 객관적인 시각이 필요할 때 내가 화성에서 온 외계인이라고 가정하고 현상을 관찰하곤 한다.).

"위선자들은 대부분 건강 문제로 군대에 가지 않는다. 그럼 이 나라를 제 몸 하나 가누지 못하는 등신들이 다스려 왔단 말인가? 체중이 미달이면 잘 먹어 살찌우면 되고, 병이 있으면 고쳐서 가면 되지 않는가? 나는 1급 현역을 받기 위해 하던 운동도 더 열심히 했는데 말이다."

화성인이 대답했다.

"대한민국 국민은 그 수준에 맞는 지도자를 선택했고 그런 탐욕적인 사람들을 위해 네 목숨을 바치는 것은 지극히 어리석은 짓이지."

"그럼 난 어떡해야 하지?"

"탐욕적일수록 인정을 받는다면 그것이 네 나라의 정의이다. 너도 그렇게 해라."

"그래? 그것이 정의라면 나 또한 따르리라. 돈이 정의라고? 그래 벌어 주지. 애국심 따위는 잠시 벗어 두고. 지금 한국에 전쟁이 난다고 해도 내가 한국에 들어갈 일은 없을 것이다. 그러나 파괴된 조국을 바라보며 이를 악물고 눈물을 훔치는 것을 상상하는 나도 괴롭다."

"괴로워 마라. 평시에도 군대를 가지 않은 사람들이라면 전시에는 당연히 가장 먼저 도망갈 것이다. 국민은 그들을 지도자로 뽑았다. 네가 죄책감을 느낄만한 가치가 있는 존재들이 아니다. 그들은 스스로를 애국자라고 말하지만 애국은 행동으로 증명하는 것이다. 그들에게는 그것이 없다."

"괴롭다."

"방법을 가르쳐 줄까? 네 조국을 좀 더 나은 국가로 만들고자 한다면 네가 힘이 있어야 하고 돈이 곧 힘이다. 그 돈으로 정의를 사라. 그것이 네가 할 수 있는 최선이다."

"그렇게 하지. 내가 그들의 탐욕스런 돈을 벌어 주지."

정치적으로 온건 혹은 중립을 택하라

당신이 극좌 또는 극우 같은 극단에 빠졌다면 그것은 당신 개인의 인생에 해가 될 가능성이 크다. 극좌에 물들면 필요 이상의 과격한 투쟁을 할지도 모르고 극우에 빠지면 정의를 외면하는 편협한 사고방식을 가지게 될 것이다. 그리고 사회의 안정에 해를 끼치고 본인의 인생 또한 낭비한다는 점에서 그 둘은 사실 다를 게 없다.

온건주의자의 시각에서 극단이 위험한 것은 예측 불가하다는 것이다. 당신이 좌파적 성향을 가진 사장이라고 해도 극좌의 직원을 쓰고 싶지는 않을 것이고, 우파적 성향을 가진 사장이라고 해도 극우의 직원을 쓰고 싶지는 않을 것이다. 그들의 행동이 통제 불가하다는 것은 차지하고 그것만큼 조직을 위험하게 하는 것도 없기 때문이다. 일례를 들어 보겠다.

2009년 2월 중국의 원자바오 총리가 영국 캠브리지 대학에서 연설하고 있을 때 영국에 거주하는 독일인 유학생이 신발을 투척하는 사건이 있었다. 독재에 반대한다는 그의 생각이 맞고 안 맞고를 떠나 그 행위로 인해 중국은 유럽산 여객기 구입 계획을 중단하는 등의 보복 조처를 했다. 한 젊은이의 극단적인 행동으로 수많은 일자리가 위협받은 것이다.

극단적인 그들의 시간 낭비는 당신의 경쟁력을 높이는 기회가 된다. 상대 진영의 정치세력을 욕하느라 하루 4시간을 낭비하는 사람보다 그 시간에 자기계발을 한 당신의 경쟁력이 더 높은 것은 정말이지 당연한 것 아닌가?

우파의 정책이 모두 옳은 것은 아니며 좌파의 정책 또한 모두 옳은 것이 아니다. 어떤 때에는 우파가, 어떤 때는 좌파가 사회에 좀 더 기여하는 정책을 펼치겠지만 그것이 각 개인의 이익과 부합하는 것은 아니다. 당신이 좌/우파의 경계에 서 있다면 둘의 정책에서 유리한 것을 취할 기회가 많아지고 둘을 객관적으로 바라볼 수 있는 안목이 생길 것이다.

트리클 다운(Trickle Down)의 허구

부자는 낙수를 용납하지 않는다

어떤 고립된 경제 단위에 10명의 인구와 연 10억의 소득이 있을 때 각자 약 1억 원씩 나눠 가지고 80~90%씩을 지출한다면 활발한 소비가 일어날 것이고 그로 인해 경제는 빠른 회전을 보일 것이다. 그러나 9명이 각각 1000만 원씩, 나머지 1명인 9.1억의 소득을 올리는 부자에게 돈을 몰아주는 형태로 경제를 재편한다면 과연 트리클 다운이 잘 일어날까?

과거 정부에서 고환율 정책과 감세 정책을 펼치면서 했던 말이 트리클 다운(낙수 효과)이었다. 하지만 부자들의 삶의 방식을 이해한다면 그것이 얼마나 허구인지를 쉽게 깨닫게 된다. 한마디로 말해 부자들은 트리클 다운으로 돈이 내려가도록 함부로 소비하지 않는 것이다.

부자는 부자가 되는 시스템. 즉, 소득 대비 지출이 적은 것이 필수라는 것을 잘 아는 사람이다. 그래서 수입에 비해 소비의 규모가 보통 사람들보다 훨씬 적다. 예컨대 1억 원 소득자들이 8000만 원씩을 소비할 때 9.1억 원을 버는 부자는 기껏해야 1.6억 원을 소비할 것이고 기대하는 트리클 다운은 일어나지 않는다. 부자라고 하루에 밥을 네 끼 먹지는 않지 않은가? 설사 그들이 사치품을 구매한다고 해도 그 대부분이 수입품이니 국내에 생산 유발 효과를 주지도 못한다. 결국 9명이 각각 1000만 원씩 벌어 소비 성향 100%를 보이고, 나머지 1명이 9.1억의 소득을 올리는 경우 소비의 합은 9천만+1억 6000만=2억 5000만 원에 불과하게 된다.

대중은 간혹 부자들의 과소비를 욕하기도 하는데 부자들은 절대 과소비하지 않으며 그래서 부자가 되는 것이다. 연 1000만 원을 버는 사람이 100만 원짜리 가방을 구매하는 것이 과소비이지 9.1억 원을 버는 사람이 1000만 원짜리 가방을 구매한 것이 어떻게 과소비가 되는가? 그리고 그렇게 소비한다고 하더라도 소비 성향은 여전히 부자 쪽이 훨씬 낮다.

씨감자 이론

부를 상부로 과도하게 올려서 하부에 그것이 부족하게 되면 기대했던 부의 교환 자체가 줄어든다. 부는 교환의 횟수가 많을수록 증가하게 되는데 물리적인 양 자체가 적으면 당연히 교환도 줄게 되는 것이다. 예를 들어, 소작농(=하부 계층)이 밭농사를 지어서 지주에게(=상부 계층) 절반을 소작료를 내고 나머지 50%를 얻는다고 가정하자. 그중 40%는 식량이나 다른 물품을 사는 데 소비하고 10%는 씨감자로 사용해 왔는데 지주가 소작료를 55%로 올리면 남은 45%를 35% & 10%의 비율이나 40% & 5% 비율 등으로 소비를 줄이거나 씨감자를 줄여야 할 것이다.

35% & 10%(소비를 줄였을 경우)

지주는 늘어난 5%의 소작료를 투자금으로 주막을 열었다. 그런데 그 주막에서 술 한잔하며 지주에게 돈을 벌어줄 수많은 소작농은 이미 소비능력이 없다. 결국 지주의 주막은 손실을 보고 소작농의 삶도 피폐해지게 된다. 여기서 지주를 자본가로 보고 소작농을 소비 대중으로 치환하면 큰 그림이 보일 것이다. 자본가에게 집중된 부는 더 큰 부를 얻을 수 있는 곳에 투자되어야 하지만 그런 소비를 감당할 계층은 이미 사라진 것이다.

40% & 5%(씨감자를 줄였을 경우)

감자는 표면에 움푹 팬 여러 개의 눈이 있고 이 눈이 2~3개 포함되도록 여러 조각으로 분해하여 땅에 심으면 눈에서 싹이 나서 자라게 된다. 1개의 감자가 여러 개의 감자 줄기로 증식되는 것이다. 각 감자 줄기는 다시 몇 개의 감자를 만들어 내므로 1개의 감자는 수십 개의 감자를 만들어 내게 된다. 이렇게 내년 파종을 위해 사용해야 할 씨감자의 양이 절반이 되면 어떻게 될까? 당연히 생산량도 절반이 되고 지주나 소작농이나 모두 수익이 절반으로 준다. 지주가 지금껏 소작료로 받은 50%를 50개라고 하고 1개의 씨감자가 10개의 새로운 감자로 증가한다고 가정할 경우, 그는 올해 소작료를 올려 55개를 받게 되지만 5개의 씨감자는 50개를 생산해 내므로 다음 해에는 50개의 55%인 약 30개를 소작료로 받게 될 뿐이다.

그럼 소작료를 규제해 지주가 10%만 가지도록 하는 것은 옳은 일일까? 그렇게 된다면 지주는 10%에 만족하지 않아 소작을 주는 것 자체에 흥미를 잃게 되고 인력을 고용해서 놀고 있던 황무지를 개간하는 등의 활동도 중지하게 될 것이다. 사회 전체의 생산력이 급격히 줄어들게 되는 것이다.

당신은 왜 가난한가

사촌이 땅을 사면 왜 배가 아픈가

전동자전거를 타고 다니던 우리를 불쌍하게 쳐다보던 지인들은 우리가 호화 아파트를 한 채 더 매입하자 "비만 오면 그 아파트 지하주차장이 물에 잠긴다."라는 둥 여러 가지 악담을 했다. 맘대로 해라. 그게 너희를 기쁘게 한다면.

내가 투자 성공담을 이야기하면 대개 "운이 좋았네."라고 하거나 "한

턱내라. 그런데 어떻게 벌었는데?"라는 답이 돌아온다. 운이 좋았다고 평가절하를 받았을 땐 기분이 좋지 않았지만 나중에는 오히려 안도감이 들었다.

우리 부부는 오랜 기간 순수 소비액으로 소득의 5%만을 사용할 정도로 철저히 근검절약하였다. 팬티가 닳아서 구멍이 날 정도로 입었고 내복 바지가 늘어나면 옷핀으로 줄여서 흘러내리지 않도록 하기도 했다. 1억 중반대의 소득에도 불구하고 자가용은 당연히 없었으며 1위안(=한화 약 165원)을 아끼기 위해 몇 정거장은 걸어 다녔고, 택시비 12위안(=한화 약 2,000원)을 아끼기 위해 1시간을 걸었던 적도 있었다. 남들이 골프를 치고 쇼핑을 다니는 일요일에 우리는 주변 아파트 단지를 탐방하고 부동산 업자들을 만나 연락처를 교환했다. 주식 투자를 위해 수백 개 중국 기업들의 10년 치 재무제표를 분석하고 내년 수익을 예상하기도 했다. 주변 투자자들의 동향을 파악하고 주식이나 부동산 법규의 변화에도 귀 기울였다. 그런 치열한 노력의 결과, 월세만으로 중산층의 생활을 유지할 수 있게 되었는데 운이 좋았다는 말을 들으니 기분이 언짢을 수밖에 없었다. 그런데 그들은 더 이상 묻지 않았다. 운이 좋아서 돈을 벌었다고 생각하는 것이므로 자신들도 운만 기다리면 될 터이다. 내게 더 이상 질문을 하지 않는다면 미래의 경쟁자가 한 명 준 것아닌가? 고맙다. 스스로 도태되어 주어서.

투자 테크닉을 듣기를 원한다면 수업료는 듣는 사람이 내야지, 왜 선생인 내가 내야 하는가? 내가 그들이었다면 내게 밥이라도 사면서 어떻게 자산을 불렸는지 수첩에 적어 가며 물어볼 것이다. 실제로 나는 주식 투자를 크게 한다는 사람이 있어 찾아갔는데 나보다 아는 것이 적어서 그냥 돌아온 적이 있었다. 그때 그의 수준이 나보다 높았다면 나는 비싼 밥을 사며 그를 친구로 만들었을 것이다. 아직 아무도 내게 배움을 얻기 위해 밥을 사지는 않았다. 다행스럽게도.

자신에게 손실을 안겨주는 질투심

빈자들은 친구가 저보다 더 많이 가지는 것에 질투심을 감추지 않는다. 친구가 더 많은 것을 가지는 것을 막기 위해 자신에게 손실이 발생하더라도 그렇게 한다. 유명한 이야기 하나를 해 보자. 대충 이런 내용이다.

비행기를 타고 가던 부자가 옆에 앉은 두 사람 A, B에게 제안을 했다. "내가 A에게 100달러를 주면 A는 B에게 그 돈의 일부를 나눠 준다. B가 그 금액을 수락하면 제안은 성사되고 B가 금액을 수락하지 않으면 제안은 없던 것으로 한다."

A가 B에게 50달러를 주는 것이 가장 공정한 것이지만 욕심이 생긴 A가 60달러를 갖고 40달러만 B에게 주어도 B는 수락을 할 것이다. 그런데 9:1의 비율이라도 B가 수락을 하게 될까? 기분이 나쁜 B는 아마도 제안을 거절하고 A가 가지게 될 90달러를 못 받게 만드는 선택을 할 것이다. 합리적인 관점에선 B가 가질 수 있는 금액이 단돈 1달러라도 수락하는 것이 낫겠지만 대중은 감정에 휩싸여 합리적인 판단을 하지 못하는 것이다. 그리고 그런 기질이 모이면 부자의 길은 멀어질 수밖에 없다. 다른 예를 들어보자.

소똥이의 성공을 시기하며 신세 한탄을 하던 개똥이에게 어느 날 요정이 나타나 말했다.

"네가 원하는 것은 뭐든 다 주겠다. 단, 네가 가장 싫어하는 소똥이는 그 두 배를 가지게 될 것이다."

"그럼 제 팔 하나를 잘라 주세요"

금덩어리 10개를 달라는 말 대신 개똥이는 자신의 팔 하나로 소똥이의 팔 두 개를 잃게 하는 것을 선택한다. 남과 비교하고 시기하는 것보다 그와 친구가 되어 그를 도와주며 그의 노하우를 배우는 것이 더 현명한 선택 아닐까? 왜 부자를 시기하며 부자가 되기를 꿈꾸는가?

당신이 가난한 이유

당신이 가난한 이유에는 부자의 착취 때문이라는 좌파적 시각과 우둔하거나 게으르거나, 아니면 둘 다라고 생각하는 우파적 시각이 있다. 어떤 것이 맞을까?

비슷한 가정환경에서 성장하고 같은 학교를 졸업한 A, B, C, D, E는 같은 시기에 고만고만한 직장에서 비슷한 급여를 받고 사회생활을 시작했다.

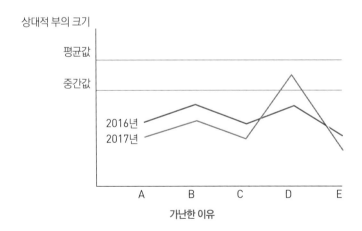

옆 표는 각자가 이룩한 2016년(파란색 그래프)과 2017년(검은색 그래프) 자산이다. 4명이 2016년보다 2017년의 자산이 줄었고 그들은(=빈자들은) "부자의 착취가 원인"이라 말한다. 그런데 D는 같은 조건에서 자산을 많이 늘리는 발전이 있었다. 부자들은 "D를 보라. 자산이 늘었지 않았냐? 너희가 게을러서 그런 거다."라고 말할 것이다. 누가 맞는 것일까?

답은 '둘 다' 맞다. 특정 계층의 자산이 전체적으로 감소한 이유는 사회문제(=부자의 착취)일 가능성이 크고, 그런 환경적인 문제에도 불구하고 D의 자산이 늘어난 것은 그가 평균보다 더 똑똑하고 부지런한 것이 이유일 것이다.

영화 〈인 타임〉을 보면 미래의 어느 사회엔 시간이 화폐 기능을 한다. 25세가 되면 1년이 주어지고 그 이후부터는 노동으로 벌어들인 시간만큼 생명이 연장된다. 노동으로 버는 시간은 겨우 하루를 연명할 정도여서 시간 관리를 잘못하면 여지없이 죽기도 한다. 어떤 부자 하나가 자살하기 전 주인공에게 110년이 넘는 시간을 적선하고, 주인공은 제 친구에게 10년을 선물한다. 그러나 친구는 1년이라는 화폐를 술 마시는 데 허비해 버린다. 그는 결국 9년이 넘는 시간을 남기고 과음으로 죽는다. 죽은 그 친구는 평소에 부자에 대한 불만이 가득했을 것이다. 그런 그가 갑자기 큰 부를 얻게 되자 그것을 탕진해 버린다. 주인공과 친구가 가난을 벗어나기 힘든 이유는 그런 시스템을 고착시킨 부자들의 착취가 확실하다. 그러나 발전해 가는 주인공과 재산을 탕진한 친구를 비교해 보면 우파의 주장 역시 합리적인 것을 부인할 수 없다.

그렇다면 이 글을 읽는 당신이 취할 행동은 무엇인가? 당신이 정의롭다면(이 역시 누구의 시각이냐에 따라 크게 달라질 수 있지만) 그런 시스템을 바꾸기 위해 사회활동을 하는 것이고, 그것을 바꾸고 싶을 만큼 정의롭거나 공리주의적이지 못하다면 주어진 여건에서 더 많은 노력을 하여 주인공처럼 신분 상승의 사다리를 타고 올라가는 것이다. 나는 젊었을 때 사회의 병폐에 대해 많은 문제의식이 있었지만 그것이 나의 노력으로 바꿀 수 없으며 설사 개선을 한다고 하더라도 노력에 대한 보상이 요원함을 깨닫고 부자를 욕할 시간에 내가 그들의 일원이 되는 것이 훨씬 현명하다는 것을 깨달았다. 당신 친구들(=특정 계층)의 가난은 당신들의 잘못이 아니지만 그중 당신이 가장 가난하다면 그것은 당신이 게으르거나 우둔하거나 둘 다일 가능성이 크다.

부유층 증세? 중상층 증세?

경제가 살기 위해서는 소비가 왕성한 중산층(中産層)과 중상층(中上層)이 많아야 하지만 한국뿐만 아니라—사회주의 정책을 펴는 국가들을 제외한—대부분의 선진국은 빈부 격차가 점점 커지고, 한국도 과거 정부가 부유층과 재벌에 몰아 준 부가 내려오지 않고 쌓여만 있다. 사상 최대의 유보금을 보유한 대기업들이 돈을 쌓아만 두고 설비 투자는 하지 않는다. 그로 인해 중산층은 하류층으로, 하류층은 극빈층으로 신분 하락 현상이 심화되었다. 그 때문에 세수와 보험료 징수액은 줄었는데 그것을 해결한다며 꺼낸 카드들이 고소득자의 소득세, 금융소득 과세강화, 의료보험료 증액이다. 한데, 사실 이것은 중상층(中上層)의 부를 걷기 위한 것이지 부유층의 부를 걷기 위한 것이 아니다.

잘 생각해 보라. 당신이 저 레벨 이하에 해당한다면 증세 정책이 마치 정의처럼 느껴질 것이다. 산기슭에 서 있는 당신의 눈에는 400m나 4,000m 둘 다 높아 보이겠지만, 400m에 있는 사람들 역시 4,000m의 사람들이 까마득하게 보이는 것은 매한가지이다. 금융 소득 과세는 200m 위에 있는 사람을 100m쯤 끌어내리겠다는 정책이다. 그러면 물론 세수야 늘겠지만 좀 더 공리주의적 정책을 생각한다면 200m는 그냥 놔두고 4,000m를 2,000m로 끌어내려 그 부를 나눠 주는 것이 맞을 것이다.

이제 이렇게 보면 이것이 얼핏 훌륭한 정책 같아 보이지만 4,000m를 발에 물집이 잡히도록 고생해서 올라간 사람은 도대체 무엇을 잘못했기에 자신이 노력하여 얻어낸 것을 뺏겨야 한다는 말인가? 만약 그것이 국가 정책의 방향성이라면 그들은 앞으로도 여전히 노력하여 오르려 할 것인가?

자본주의의 생산성은 공산주의의 5배

내가 중국에서 새로이 공장장을 하게 되었을 때이다. 기존의 생산 조직을 외주로 돌린 적이 있었는데 생산성이 순식간에 3배가 나왔다. 기존엔 현장 작업자들의 급여가 생산량에 비례하는 것이 아니라 근무시간에 비례하게 책정되어 있었다. 이 때문에 작업자들이 4시간에 끝낼 일을 12시간에 걸쳐서 한 것이다. 물론 그들의 소득은 높았겠지만 회사는 적자를 면치 못했고 결국 좋지 않은 결말을 맞게 되었다. 내가 그것을 바꿀 수 있는 권한을 갖게 되었을 때 나는 자본주의적 정책을 즉시 실행했고 엄청난 개선이 있었지만 살려 내기엔 이미 너무 늦은 상태였다. 오랜 기간 한국 사람들이 관리했음에도 3배 차이가 난다면 진짜 공산주의 체제와 자본주의는 도대체 생산성에서 얼마나 차이가 날까?

1978년 11월 24일 중국 안휘성 봉양현 소강촌의 농민 18명은 당시 집단 영농체제인 인민공사 제도에 반기를 드는 비밀문서에 서명하고 개별농가가 농지를 나누어서 경작하게 되었다. 반동으로 내몰릴 위험을 감수한 그들의 수확은 다음 해에 무려 5배에 달하게 되었다. 매일 배를 곯았던 그들이 드디어 배불리 먹을 수 있게 된 것이다. 그렇다. 자본주의 최고의 발명은 인센티브인 것이다!

소강촌민 1인당 연 100kg의 쌀을 소비하고 한 가구당 평균 4명의 가족이 있다면 연간 400kg의 쌀이 필요하다. 기존 인민공사의 생산량이 가구당 평균 200kg이라면 그들은 항상 배고픈 나날을 보내야 했을 것이다. 이제 1,000kg을 수확하게 된 그들은 400kg을 소비하고도 600kg이 남게 되고 그것을 팔아 생필품을 구매할 수 있었을 것이다. 바로 자본주의 생산성의 결과인 '잉여'의 탄생이다. 인간은 생존이 보장되면 즐거운 것을 추구하게 된다. 그들은 더 맛있는 반찬을 먹게 되었을 것이고 더 예쁜 옷을 입게 되었을 것이다. 그런 잉여로부터 발생한 구매력은 반찬과 옷을 만드는 사람들의 생산성을 자극하게 되고 사회는 폭발적인 생산성 향상을 이루어 내게 된다. 개혁개방의 결과로 수십 년간 연 10% 이상 성장하게 된 중국의 모습은 바로 이렇게 탄생한 것이다.

소강촌의 예에서 보듯 노력에 대한 적절한 보상은 사회의 폭발적인 생산성 향상을 불러온다. 그래서 자본주의는 빈부의 격차는 커질지언정 사회의 총 생산량은 공산주의의 그것에 비해 5배나 많게 되는 것이다. 그렇다면 개인 능력의 차이를 그대로 인정하는 것이 사회 전체 행복의 양을 최대로 만드는 최선의 방법일까?

시각에 따라 달라지는 정의

청관 2명을 죽이고 사형당한 노점상
중국에서 도시를 관리하는 공무원인 청관(城管) 2명이 한 노점상에게 살해당했다. 공무원을 2명씩이나 살해한 이 노점상은 절대 악(惡)인 것인가?

제대로 된 직업을 구하기 어려웠던 그는 노점을 하며 생계를 이어 가고 있었다. 도시 미화의 책임이 주어진 청관들은 여러 번 노점상을 쫓아내려 했고 노점상은 그때마다 물러나지 않아 싸움은 커져만 갔다. 노점이 유일한 밥벌이인 그에게는 생존이 걸린 문제였을 것이다. 청관들이 물러나야 했을까? 만약 그들의 상관이 노점상 문제를 해결하지 못하면 옷 벗을 각오를 하라고 했다면? 그렇다면 그것은 이제 청관들의 생존을 위협하는 문제가 되었을 것이고 그들의 대응도 점점 거칠어졌을 것이다.

공장에서 일자리를 구하기 위해서는 건강이나 신용 등 어느 정도 조건을 갖추어야 한다. 합법적인 시장 좌판의 경우 한 구역당 연간 수만 ~수십만 위안(수백~수천만 원)의 임차료를 내야 해 노점상에게는 큰 부담이 되었을 것이다. 그렇다고 이 노점상에게만 노점을 허락한다면 정당하게 임차료와 소득세를 내오던 많은 상인이 불평등을 주장하며 거리로 뛰어나올 것이다. 그럼 한 명의 노점상이 아니라 수천 명의 노점상을 상대해야 한다.

그렇다면 노점상을 쫓아내는 것은 옳은 것인가? 노점 활동이 불법이기는 하지만 사람을 죽인 것도, 물건을 훔친 것도 아니지 않은가? 도시 미화라는 작은 명분이 그의 유일한 생존 수단을 빼앗아 간다면 그가 할 수 있는 선택은 무엇이 있을까? 배움이 부족하고 가진 돈도 없어 자존감이 극도로 낮은 그는 더 이상 잃을 것이 없었을 것이다. 그에게는 굶어 죽으나 사형당해 죽으나 매한가지이므로 청관을 죽인 것이다. 공안에 잡힌 그는 결국 사형을 당했다. 그리고 그가 죽인 2명의 청관 가족들은 졸지에 아빠와 남편을 잃었다. 그들은 또 무엇을 잘못해서 가정이 분해되어야 하는가?

나 역시 도시 미관을 위해서 노점상이 분명히 그 자리를 떠나야 한다고 생각하지만 그것이 한 가족을 굶어 죽게 만드는 일이라면 쉽게 말하지 못할 것이다. 정의는 무엇일까?

정의가 승리하는 것이 아니라 승리하는 것이 정의다

가해자가 만든 법

범죄자를 단죄하는 법 집행에 대해 울분을 토할 때가 많다. 예를 들어, 어떤 사람이 음주운전으로 사람을 죽였는데 풍비박산이 난 피해자 가족의 손실을 뒤로하고 가해자는 얼마간의 돈으로 해결을 보고 기존의 생활을 그대로 영위해 나가곤 한다. 음주 후 어린이를 강간한 경우에도 심신미약을 이유로 겨우 몇 년 형을 선고받는 경우도 있고 아이 엄마가 보는 앞에서 아이를 베란다 밖으로 던져 살해했는데도 정신병이 있다는 이유만으로 별다른 제재를 받지 않는 경우도 있다.

도대체 법은 왜 가해자의 시각에서 해석되는가? 음주 운전 같은 경우는 불가항력적인 사고가 아니라 통제 가능한 실수이지 않은가? 그것이 치명적이라는 것은 누구라도 아는 사실이고 대리운전 같은 해결책 또한 있지 않은가? 법을 만든 국회의원들이 음주 운전의 가해자가 될 가능성이 큰 것이 이유인가? 스스로 빠져나갈 구멍을 만들기 위해서?

음주자에게 강간을 당하면 피해자는 그 공포와 수치가 사라지기라도 한단 말인가? 또는 가해자가 미성년자나 노인이거나 정신 질환이 있는 사람이면, 피해자의 고통이 반으로 줄어들기라도 한다는 말인가?

술을 마시면 심신미약으로 감형되는 판결이 계속된다면 범죄를 저지르고 나서라도 얼른 술 한 병 사서 마시는 사람들이 생겨날 것이다.

피해자의 손실은 가해자가 술을 마셨는지 안 마셨는지와는 전혀 상관이 없다. 도대체 왜 가해자의 심신미약이나 나이가 판결에 영향을 미치는가? 피해자의 고통이 죽음과 비견될 정도라면 가해자는 사형을 당해야 하는 것이 그나마 공평하지 않는가? 가해자를 사형시킨다고 손실이 회복되지는 않는다고 말하는 인권주의자들에게 피해자는 인권이 없는 사람이란 말인가?

동화의 폐해

대부분의 동화는 잘못을 저지를 사람은 벌을 받고 착한 사람은 행복하게 사는 것으로 끝난다. 순진하게도 우리는 '정의는 반드시 이루어진다.'라고 믿고 있지만 전혀 그렇지 않다. 권선징악은 동화 속 상상일 뿐이다. 위에서 보듯이 현실은 악이 모든 것을 통제하고 있을 뿐이다. 법이 바뀌어 어린이 강간범의 5년 징역 판결이 50년으로 바뀌어 그가 죽기 전에는 자유인이 될 수 없다고 한다면 정의가 이루어진 것처럼 보일 것이지만 피해자의 손실이 여전히 회복되지 못했다는 것은 변함이 없다. 어떤 경우에도 신체적, 정신적 손실을 입은 피해자를 그전과 같은 상태로 되돌릴 수 없다. 아리스토텔레스는 "정의란 사람들에게 그들이 마땅히 받아야 할 것을 주는 것"이라고 했다. 50년의 형벌이 가해자가 마땅히 받아야 하는 것이라면 피해자가 마땅히 받아야 할 것(피해 직전의 상태로 되돌아가는 일)은 어떻게 해결할 수 있는 것인가? 완벽한 정의는 이루어질 수 없고 언제나 패배하게 된다.

나는 정의가 실현될 것이라는 꿈을 버린 지 오래다. 애초에 당하지 않는 것이 당한 후 정의를 부르짖는 것보다 훨씬 낫고 그런 피해를 당하지 않기 위해 보안이 철저한 비싼 집에 살고, 더 튼튼한 자가용을 타고, 더 안전한 식품을 먹고 싶다. 그래서 돈이 내 삶의 목표는 아니지만 훌륭한 수단이 되는 그것을 많이 벌고자 한다.

우리가 돈의 노예인 이유

캐나다에서 카우보이를 하던 시절, 80마리의 암소와 5마리의 수소들은 정부 소유의 방목지에서 여름을 나야 했다. 암소의 발정기를 정확히 알 수 있다면 사람이 암소들을 쫓아다니며 인공 수정을 시킬 수 있겠지만 현실은 그렇지 않으므로 5마리의 수소들이 발정 난 암소를 찾아다니며 교미를 한다. 수소들은 성욕으로 포장된 종족 보존의 본능을 따라 암소들을 임신시키는 것이지만 목장주의 시각에서 보면 그 행위는 자본재의 재생산이 된다.

윗글에 소 대신에 인간들, 99%의 사회 구성원들을 넣으면 어떻게 될까? 목장주 대신 1%의 지배층, 특히 유대 금융가를 넣는다면 어떤 생각이 드는가? 소가 그러하듯 우리는 그들의 노예일 뿐이다. 우리가 먹고, 입고, 자고, 섹스하는 모든 일상은 그들의 부를 늘려주는 행위일 뿐이다.

우리가 그것을 깨달았다고 하더라도 소 떼가 그러하듯 기축통화인 달러가 통제하는 세상을 탈출할 아무런 방법이 없다. 목장의 울타리에 갇힌 소들은 교미하여 새끼를 낳든 안 낳든 구속을 벗어날 수는 없다. 그들이 지금의 쾌락을 위해 교미를 하듯 피지배 계급인 대부분의 우리 인간들도 그렇게 한다.

지배층의 통제를 조금이라도 적게 받는 가장 확실한 방법은 스스로 지배층이 되거나 그 계층에 가까워지는 것이다. 부든, 권력이든 상위에 가까울수록 지배당함으로부터 자유로울 가능성이 커진다.

기업 세계에서의 정의

승리하는 것이 정의라는 것은 기업 간의 경쟁에서도 마찬가지다.

에피소드 1

예전에 처제가 다니던 회사에서 어느 날 예비고객 3명이 방문하기로 하였다. 처제의 상관은 은행에서 9만 위안을 찾아오게 하여, 붉은 봉투에 각 3만 위안(한화 약 525만 원, 당시 환율 기준)씩을 넣었고, 상관은 고객 3명이 자리에 앉자마자 차도 마시기 전에 봉투를 돌렸다. 중국 돈의 가장 큰 단위는 100위안이고 그것이 300장이면 부피감으로 그 액수를 짐작할 수 있다. 그들이 6개월 치 월급을 뇌물로 받았을 때 어떤 반응을 보였을까? 검사하기로 했던 자재는 휙 훑어만 보고 경쟁사는 가지도 않았다. 이어진 술자리에서 '우리는 형제'라며 건배주가 오갔고 처제의 업체는 10억짜리 납품계약을 따냈다.

"처제네 상관 똑똑하네."

내가 저 이야기를 듣고 처제에게 한 말이다.

정의롭게 분개하기는 쉽다. 하지만 그 정의감 때문에 내 회사가 문을 닫고 딸린 직원들과 그 식구들이 굶어야 한다면 나도 저 방법을 쓸 것이다. 그의 상관은 승리했고 자본주의 사회에서 그것이 정의이다. 내가 전장의 지휘관이고 우리 부대가 고립되어 전멸할 위기에 처해 있다면 나는 내 앞에 놓인 적군을 향한 생화학 무기의 버튼을 누르겠다. 내

부대원 100명을 살리기 위해서 적성국 군인은 물론 민간인 10,000명이 죽더라도 나는 그렇게 하겠다.

당신이 전장을 지켜내지 못한다면 부대원 100명의 희생으로 끝나지 않음을 알아야 한다. 전선이 밀리면 우리 쪽 후방 민간지역의 초토화는 불을 보듯 뻔하고 우리 민간인 10,000명의 희생도 필연적으로 따르게 될 것이다. 전쟁에서 승리하면 나의 과오는 덮일 것이며 영웅으로 대접받게 될 것이다. 비정하지만 그것이 현실이다.

반대의 경우? 그 전투에서 이겼으나 전쟁 자체는 패한 상태로 끝나고 버튼을 누른 책임 때문에 전범으로 감옥에 가거나 처형이 되더라도 나는 최소한 그 기간만큼 더 생존해 있을 터이니 손해 볼 것도 없다.

정의가 언제나 승리한다면 애초에 국가라는 조직도 생겨나질 않았을 것이다. 따지고 보면 고대 한국도 옆에 있는 작은 씨족 사회나 부족들끼리 전쟁하여 국가가 형성되었을 것이다. 그리고 그때 죽어 간 사람들도 죽을 만큼 잘못을 하지는 않았을 것이다. 원주민(Native American)이 사는 땅을 백인이 침략하여 수백만의 목숨을 없애면서 만든 국가가 미국이건만 그들은 스스로를 지구의 경찰, 자유의 수호자라고 부른다. 그래서 미국이 틀렸는가? 아니, 그들은 정의가 맞다. 왜냐하면 그들이 승리했기 때문에.

에피소드 2

우리가 납품한 제품이 특정 고객의 손에만 들어가면 문제가 생겼다. 왜 그럴까? 그 고객사엔 경쟁사 직원이 상주하며 자신들의 제품 관리를 했다. 그럼 경쟁사 직원이 망치로 우리 제품을 깨부수는 등 장난칠 가능성이 있다. 그도 아니면 경쟁사 제품도 문제가 발생하지만 고객사 직원을 구워삶았을 수도 있다. 그럼 고객사는 누구를 도와줄까?

에피소드 3

오래전에 일하던 회사에서 납품한 제품에 지속적인 문제가 발생해 고객사에 가서 A/S를 해 줘야 하는 상황이 자주 있었다. 가보면 물론 우리 제품의 하자는 맞지만 아주 작은 문제이기 때문에 고객사 현장 반장의 역량으로 충분히 해결 가능한 것이었다. 내가 상관에게 말했다.

"현장 반장 밥 한 끼 사 줘야겠네요"

하지만 내 상관은 모든 것을 원칙대로 하라고 했고 그래서 나는 원칙대로 했다. 그 후 어떻게 되었겠는가? 나는 정말 사소한 문제로 불려 다니다 결국 주문이 끊겼다.

에피소드 4

다음 회사에서도 같은 문제가 생겼다. 고객사에 출장 간 직원이 자기 부서장에게 전화하여 현장 반장과 밥 한 끼하고 술 한잔하겠다는 허락을 묻자 부서장은 밥만 먹고 헤어지라고 했다. 옆에서 듣고 있던 나는 속으로 '이런 돌머리! 그런 상황이면 밥, 술, 2차까지 풀코스로 한 번 때려 줘야지! 부서장씩이나 되어서 머리가 그렇게 안 돌아가나?' 싶었다.

그 부서장은 나중에 영업 임원에게 그 이야기를 했다가 욕을 듬뿍 먹었다. 그럼 고객사에 어떤 일이 생기게 되었을까? 그 고객사에서 오는 클레임 때문에 머리가 아팠고 결국 일감이 끊겼다.

오해하지 말라. 나는 저런 것을 좋아하지 않으며, 내가 저런 것을 하는 부서장도 아니었다. 그러나 저런 것을 하지 않아서 회사가 파산할 경우라고 한다면 그것을 하는 사람을 탓하지 않겠다.

접대에 대해

말이 나온 김에 중국 대형 업체 현장 반장들의 접대에 대해 말해 보겠다. 경제 활황기 때만 해도 전 중국이 숙련된 인력 부족에 시달렸고 신조선 수요가 폭증한 조선업계에서는 특히 심했다. 중국에는 원래부터 조선소가 많았지만 폭발적인 수요에 힘입어 그 수가 수천 개로 늘어났다. 그 결과 기존 조선소에 있던 숙련공들은 신규 조선소에 반장으로 스카우트되어 가는 등 인력 이동이 심했다. 문제는 늘어나는 조선소에 비해 숙련공이 부족하다 보니 겨우 2~3년 하고 반장이 되거나 몇 개월 경험으로 숙련공 대접을 받는 경우였다.

이들은 하청업체 제품의 설치를 책임지고 있는 권한을 이용해서 꼬장을 부리곤 했다. 그럼 하청 업체에선 적당히 밥 사 먹이고 하는데 웃긴 것은 겨우 2~3년 전까지 촌에서 밭매던 사람이 얕은 경험으로 반장질을 하면서 그걸 과시하고자 외국 업체 고위 간부에게 밥을 사 달라고 해 놓고 사돈에, 팔촌에, 자기 동네 사람들을 다 불러와서 식사를 대접하는 것이다. 상상해 보라. 외국 사람이 업무와는 아무 상관 없는 너덜너덜한 옷차림의 중국 시골 사람들을 고급 요리 집에 잔뜩 모아 놓고 같이 밥 먹는 모습과 그 옆의 어깨에 잔뜩 힘 들어간 현장 반장을.

에피소드 5

내 친구 하나는 중소기업에서 QC를 하는데 어느 날 외국 고객이 검사를 하러 왔고 자신이 점심을 접대해야 하는 상황인데 밖에 나가서 5,000원짜리 국밥을 둘이서 아주 맛있게 먹었단다. 내가 말했다. "아니, 네 돈으로 내는 것도 아닌데 맛있는 것 사 먹으면 너도 좋고, 고객도 좋고, 결국 회사도 좋은 것 아니냐? 인당 20,000원만 돼도 음식 질이 확 달라지는데, 잘 먹이고 식당에서 시간을 많이 끌면(비싼 음식은 먹는 시간이 더 걸린다.) 고객은 검사를 대충해 줄 터이니 회사도 좋은 것 아니냔 말이다. 이 바보야!"

에피소드 6

나는 옛날에 다니던 회사에서 위와 같은 상황에 처한 적이 있었다. 50대 호주 고객과 그의 20대 말레이시아인 여자친구, 그리고 싱가폴 에이전트가 방문했을 때의 일이다. 검사를 마친 후에 경주 관광을 시켜 주기로 했다. 즉, 관광이라는 뇌물이 있으니 검사를 좀 소프트하게 해 줄 것 아닌가? 나는 경주에서 가장 비싼 한정식집에서 가장 비싼 세트 메뉴를 예약했다. 값비싼 식사를 대접한 보람이 있게 고객 일행은 맛있게 잘 먹어 주었으며, 제품은 문제없이 출고되었다.

오해하지 말아야 할 점은 애초에 제품에 큰 문제가 있기에 저렇게 하는 것이 아니라는 점이다. 아무리 제품을 완벽하게 만들어도 꼬투리를 잡으려면 문제없는 제품은 세상 어디에도 없다. 그러니 때에 따라 융통성을 발휘할 줄 알아야 한다는 것이다. 20대의 젊은이들이 혈기만으로 사업에 뛰어들었을 때 쉽게 망하는 이유 중 하나가 이것이다. 정정당당? 당신도 서너 번 말아먹고 나면 더 이상 그 말을 쓰지 않게 된다. 그리고 또 하나. 세상이 더러운 게 당신이 노력하지 않아야 하는 이유가 될 수는 없다.

세상이 바뀌기를 기대하지 말고 너를 세상에 맞추어라

게임의 룰을 모르던 때의 일화

옛날 여자친구와의 이야기다. 당시 우리는 반려자가 될 것을 기대했지만 서로의 가치관에서 큰 간극이 있었다. 나는 자유로운 영혼을 가졌지만 원칙을 중요시하는 사람인데 특히, 회사업무에서 공사를 구분하지 못하는 사람들을 보면 그것을 해결하고자 하는 경향이 있었다. 그때 나는 다니던 회사의 부패하고 무능한 동료들 때문에 많은 스트레스를 받고 있었고 어떻게든 그것을 터뜨리려 했다. 그리고 그런 생각은 은연중에 우리의 대화 속에 지속적으로 나왔고 그것은 현명하지 못한 일이었다. 당시 나는 게임의 룰을 몰랐다.

여러 가지 장사를 통해 풍부한 사회경험을 한 그녀는 세상의 어두운 면을 훨씬 많이 보았다. 그녀는 사사로운 일을 들춰내고 불만을 말하는 내가 철없어 보였는지 이별을 통보했다. 나의 방정맞은 입 때문에 헤어짐의 아픔을 겪은 것이다. 그리고 나의 정의감이 얼마나 부질없는 것인지는 ○○사를 스스로 퇴사하며 다시 한번 뼈저리게 느끼게 되었다.

중국에 있던 한국 기업인 ○○사에는 몇 명의 한국인이 간부로 일하고 있었는데 오너의 친인척이라는 이유로 경력이 미천한 A사원이 공장장을 하고 있었고, 1/4분기, 2/4분기 하는 분기의 개념이 뭔지 모를 정도로 무식한 현장 직원 B가 한국인이라는 이유로 생산 1팀장 자리를 맡았다. 제대로 된 경우라면 내가 공장장을 맡고, A는 생산팀 주임, B는 생산 반장 정도를 맡는 것이 조직 구성상 적당한 것이었다.

A는 회사를 일하러 다니는지 축구하러 다니는지 구분하지 못할 정도의 축구광이었다. 한국인 전원은 그가 운전하는 차를 타고 출근해야 하는데 일주일에 2~3번은 지각을 하거나 아예 차가 오지 않았다. 축구 부원들과 매일 K-TV(중국의 가라오케)에서 새벽까지 여자를 끼고 술 마시느라 새벽 5~6시에 집에 돌아오는 사람이 어떻게 제대로 출근을 하며 일을 할 수 있겠는가? 그의 입에서는 늘 역한 바이주 냄새가 나 옆 사람의 코를 쥐게 했다. 그는 부인이 아이들과 한국에 가면 술집 여자를 집에 끌어들여 잠을 자곤 했고, 급기야 부인이 침대에서 그 여자의 귀고리를 발견하기에 이르렀다. 사생활과 조직 생활 모두에서 너무나 많은 문제가 있었기에 총경리(CEO의 중국식 표현)는 그를 해고하였고 지역의 한국 업체에 재취업한 그는 얼마 못 가 그곳에서도 쫓겨나게 되었다. "회사 일을 하는 건지 축구를 하는 건지?"라는 비아냥과 함께.

이후 낙하산을 타고 새로운 총경리가 왔고 그는 A를 다시 입사시키겠다고 했다. 나는 "그를 들이면 내가 옷을 벗겠다."라고 말했지만 친인척의 관계가 업무 능력보다 더 큰 영향력을 발휘하였고 그는 다시 공장장이 되어 내 위에 앉게 되었다. 그러다 얼마 후, A는 아침에 출근하자마자 "지금 한국에 들어가야 합니다."라는 말을 남기고 스스로 회사를 떠나게 되었다. 나중에 들은 말로는 그가 지역의 경찰 간부 딸을 건드려 임신을 시켰다고 한다. 그것으로 그와 마주칠 일은 영원히 사라져 버렸다. 그는 대련에 있는 모 한국 업체에 다시 취직했는데 그곳에서도 악평이 자자하였다. 그리고 그런 자를 중용한 그 업체는 결국 파산을 하게 되었다.

무식한 B팀장 역시 한국에 있는 처자식을 뒤로하고 술집 여자 C를 현지처로 두고 있었다. 도덕적으로 비난받아야 마땅한 일이지만 공사만 구분하면 A나 B가 퇴근 후에 무슨 짓을 하는지 내 알 바가 아니다. 배움이 부족하고 한국에서 하급 직원으로 일했던지라 자존감이 낮았던 B는 중국에 와서 팀장이라는 직위로 수십 명의 직원을 거느리는 권력이 생기자 안하무인이 되었다. 그 역시 K-TV에서 술을 많이 마셨고 여러 번 사고를 쳤다. 생산팀 전체 회식 후 B의 현지처 C가 일하는 K-TV를 갔는데 중국인 현장 책임자 D와 C가 사소한 오해로 언쟁하게 되자 그 자리에서 D를 해고하려 하였다. D가 없으면 현장이 마비될 상황이지만 공사 구분을 못 하는 B는 그런 것을 고려할 그릇이 아니었다. 열 받은 D가 자리를 박차고 건물 밖으로 나가는 걸 내가 따라가서 수없이 다독여서 다음 날 출근하겠다는 약속을 겨우 받아 내고 보낼 수 있었다.

사무 능력이 없어 파일 하나 만들 줄 모르던 B는 자신의 책상이 내 것보다 작다고―그는 줄자를 들고 측정까지 하였다―공장장에게 가서 따지기도 했다. 공장장은 책상과 컴퓨터를 업무에 사용하지도 않는―그는 매일 만화만 봤다―그의 말을 존중해 더 큰 책상으로 바꿔 주기까지 했다.

B가 술을 많이 마신 날, 그는 업무 시간에 중국인 여직원 숙소에 가서 자기도 하는 등 자기통제를 못 하고 있었지만 술을 좋아하는 새로운 총경리는 술을 좋아하지 않는 나보다 술친구인 그를 더 신임하였다. 내가 하는 말을 시기심에서 나온 것이라 믿는 그를 설득하는 것은 불가능해 보였다. 총경리는 끊임없이 나를 못살게 굴었고 그 뒤에는 그를 조종하는 B가 있었다.

2년을 버티던 나는 동종 업체에 이직하였고 그것은 결과적으로 잘된 일이었다. 오랜 시간이 지난 후 ○○사는 밀수 혐의로 조사를 받았고 총경리는 옥살이까지 하였으며 직원들은 뿔뿔이 흩어졌다. 그곳에 남아 있었다면 나까지 고초를 당했을지 모를 일이다.

게임의 룰을 깨닫고 나서의 일화

그곳을 떠나 새로운 곳에 둥지를 튼 나는 존경하는 지금의 아내를 만났다. 독서를 통한 지식이 많은 아내는 높은 자존감을 가졌기에 사치나 낭비가 없었고 나의 말을 귀담아듣고 존중해 주었다. 나는 새로운 □□사에도 ○○사만큼은 아니지만 많은 문제가 있다는 것을 간파했다. 나는 이 회사가 5년 내 파산을 할 것이라고 예상했는데 그것은 몇 년의 시차를 두고 결국 현실이 되었다.

충성의 대상에는 상관, 조직, 일 3가지가 있다. 일에 충성하는 나는 언제나 남들 3배의 일을 하고자 했고 실제로 그렇게 했다. 나의 노력은 10여 개의 자격증, 4개의 특허와 실용신안 및 계열사와 경쟁사에 존재하지 않는 표준도 시스템을 구축하는 등의 결과로 나타났다. 자발적, 주도적으로 새로운 일을 찾아 해내던 나는 외주 처리하던 제품을 개발하여 25%의 절감을 이루어 내기도 했다. 쓰레기가 쌓여 방치되던 공장동을 대대적으로 정리하여 외주업체에 임대하여 임대 수익을 얻고 운반비까지 절약하는 시너지 효과를 내기도 했으며, 자재 반입 공정을 개선하여 무려 6,000%의 생산성 향상을 이루기도 했지만 거기까지였다. 능력보다는 학력과 학벌, 성실보다는 자신이 좋아하는 골프를 같이 칠 실력을 갖추었는지를 더 중요시하던 □□사의 총경리에게 나의 노력은 아무런 가치가 없었다.

○○사에서처럼 그와 부딪치고 때려치워야 할까? 그렇지 않다. 어느

조직을 가든 문제는 있게 마련이고 굴러온 돌인 내가 그것을 바꿀 수는 없다. 절이 싫으면 중이 떠나야 하지만 새로이 찾은 절 또한 문제가 있기는 매한가지일 뿐이다. 그럼 내가 그것을 바꿀 권력을 가질 때까지 새로운 절에 적응해서 버티는 것이 현명한 일이다. 나는 더 이상 그들에게 도전하지 않았고 다만 3배의 열정을 가지고 내가 맡은 업무를 완벽하게 만들려 노력했다. 그리고 최악의 상황을 준비하기로 했다. 바꿀 수 있는 권력을 가지기 전에 조직이 파산하거나 내가 권력을 가진 때가 너무 늦어서 겨우 파산의 속도만 늦출 수 있을 경우를 대비해 우산을 준비해 두기만 하면 될 일이다.

내가 속한 조직의 문제점을 심각하게 받아들인 아내는 나와 함께 파산할 때를 대비해 소득의 5%만을 소비하는 초절약을 하였고 딸아이의 국제학교 학비와 명절에 한국에 갈 때 소요되는 항공료를 제외한 80%의 소득으로 저축 및 투자를 하게 되었다.

동료들이 퇴근 후 술을 마시고, 주말에 골프를 치러갈 때 우리는 근처 부동산을 보러 다녔고, 부업을 하기도 하였다. 다른 부인들이 골프를 치거나 안마를 받으러 다니고 카페에서 브런치를 즐길 때, 내 아내는 세계적인 대기업에 스카우트되어 일하며 나와 함께 팬티가 닳아 구멍이 뚫릴 정도로 절약하며 미래를 준비하였다. 우리는 자가용을 구매하지 않고 비를 맞으며 전동자전거를 탔으며 버스나 택시비도 아까워 1시간을 걸어서 귀가하기도 하였다. 대학을 졸업해도 학위가 있는 사람이 드문 중국에서 학위까지 받은 엘리트 여성인 내 아내는 낡은 전동자전거 뒤에 내 허리를 껴안고 있어도 행복하다고 말하는 여자이다. 나는 그녀의 높은 자존감을 존경한다.

허름한 옷차림의 우리를 하찮게 여기던 주변 사람들의 냉소는 우리의 확고한 의지를 흔들지 못했다. 나는 언젠가 파산할 것이 분명한 회사를 다니고 있었기에 주변의 시선 때문에 우리의 소중한 돈과 시간을 낭비할 수는 없었다. 조직에서 불만을 터뜨려서 다른 사람들과 원수가 되는 것보다 고개를 잠시 숙이고 조용히 때를 기다리는 것이 현명한 판단임을 뼈저리게 느끼고 그렇게 했다.

그리고 나는 조직이 무시했던 실력을 밖에서 재테크로 증명하고자 했다. 중국에서의 주식 투자와 부동산 투자는 한 번도 실패하지 않았고 그 결과로 한국의 건물과 아파트를 제외하고도 중국에 3채의 부동산을 가지게 되었다.

야외수영장이 딸린 호화 아파트를 처음 봤을 때 아내는 그것이 우리의 것이 될 것이라는 상상을 하지 못했다. 나는 존경하는 아내에게 그것을 선물하고 싶었고 현실이 되게 만들었다.

계약 직후 실감하지 못하며 수영장을 바라보고 있는 아내. 그녀가 등에 멘 검은색 낡은 가방은 40위안(한화 약 6,600원)짜리이다.

나는 명품 가방을 사주는 대신 호화 아파트를 사주었다. 해마다 여름이 되면 우리는 아파트 단지 내 야외수영장에서 신나게 수영을 하며 즐긴다. 그리고 게임을 룰이 중요함을 다시 한번 되뇌게 된다. 이사 후 첫 여름을 맞았던 그해 수영장에서 튜브에 몸을 싣고 시원한 맥주를 마셨을 때는 정말이지 감격해서 눈물이 날 지경이었다.

나의 타고난 정의감과 완벽주의 기질은 다른 사람과의 관계에서 분명 마이너스적인 요소였다. ○○사에서 나는 그것을 컨트롤하지 못했고 결국 내가 스스로 그곳을 떠나야 했지만 □□사에서는 같은 문제에 대해 맞서기보다는 그들에게 고개를 숙였다. 그리고 아무도 파산을 예상하지 못할 때 혼자서 조용히 준비하였다. 내가 권력을 가졌을 때는 이미 되살리기에는 늦었기에 나는 열정을 다해 침몰하는 시기를 3년 정도 늦추었고 이미 많은 준비를 해 두었던 우리 부부에게 추가된 3년은 충분한 시간이었다. 부패하고 무능한 상관에 과잉 충성하여 먼저 승진한 동료나 공적을 훔쳐 승진한 또 다른 동료는 불경기에 어려움이 많을 테지만 우리 부부는 임대료만으로 중산층의 생활을 유지할 수 있는 자산을 이루었고 더 이상 두려울 것이 없다.

그리고 나는 다른 회사에서 스카우트 제의를 받아 중역이 되었고 그동안 터득한 노하우를(회사에 문제가 많을 경우 그것을 해결하며 더 많은 노하우를 습득하게 된다.) 맘껏 사용하고 있다. 어려운 일이 있을 때 나는 "이 일을 해결하지 못하면 죽는다."라고 되뇌곤 하는데 그러면 정말 대부분의 일을 해결되었다. □□사에서는 악성 재고를 수습해 컨테이너 한 개를 꽉 채울 만큼의 물량을 절감해 내었을 때 나는 욕을 들어야 했지만 이제 그런 어이없는 일은 더 이상 일어나지 않는다. 비록 회사는 작지만 그래서 나의 노력으로 크게 만들 수 있는 무한한 가능성이 있지 않은가? 매출 1조 원짜리 회사를 이끌어보는 목표는 내 노력으로 더 가까워질 것이다.

후배들에게

사랑하는 후배들에게 해 주고 싶은 말은 하나다. 나 한 사람의 노력으로 세상이 바뀌기를 기대하지 말고 나를 세상에 맞추어라. 세상의 더러움을 인정하라. 그럼 아주 쉬워진다. 당신이 부딪쳐야 하는 사람이 당신의 기준에 맞지 않는다 하더라도 효용 가치가 있다면 절대 적으로 만들어서는 안 된다. 그를 살갑게 대하라. 사람이 상대를 대할 때 느끼는 감정은 거울과 같아서 내가 상대에게 호의를 가지면 그것은 은연중에 나의 말과 행동에서 나타나게 된다. 그리고 경험 많은 상대는 그것을 곧 느끼게 되고 같은 호의를 베풀게 된다.

그리고 한편으로 조용히 칼을 갈아라. 그들이 요행으로 승진하고 당신은 그렇지 않다면 그들을 뛰어넘을 실력을 갖추어라. 당신이 세상에서 구두를 가장 잘 닦는다면 세상은 당신을 구두닦이로 내버려 두지 않을 것이라 하지 않았는가?

공직자 인사청문회를 할 때 그들의 재테크 수법을 보고 화가 났는가? 나도 그랬다. 한국은 가해자에게 유리한 법률이 존재하는 나라이고 그것이 바뀌지도 않을 것이 확실하다. 그러니 화를 내는 것보다 우리도 그들의 수법을 이용하면 된다. 그들의 수법이 나오거든 조용히 메모해 두어라. 부디 살아남길 바란다.

속고 속이는 세상, 제발 당하지 마라

세상은 당신을 어떻게 속이는가

에피소드 1(한국)

아주 오래전, 아버지는 어머니의 만류를 뿌리치고 이자를 많이 준다는-지금으로 치면 저축은행에 해당하는-금융기관에 돈을 맡기셨는데 만기가 되기 얼마 전, 그 기관은 파산했고 부모님은 겨우 5%만을 건지셨다. 원래부터 가난했던 집안이었지만 그 사건은 우리를 더 바닥으로 끌어내렸다. 우리는 쌀밥도 먹지 못하고 매일 밀가루와 보리밥으로 끼니를 때워야 했다.

그때의 경험을 말씀해 주신 어머니 덕분에 나는 터무니없이 높은 이익이 나는 재테크 상품은 한 번쯤 의심하게 되었다. 내겐 수익률보다는 안전이 우선이고 그래서 내 자산은 천천히 늘어나지만 망할 일은 없다.

또한, 투자에 있어서 반드시 부부가 합의해서 결정하는 원칙도 세웠다. 한 사람이 검토했을 때는 보지 못했던 오류를 다른 사람이 발견하는 경우는 정말 많다. 그리고 혹, 문제가 발생하더라도 공동책임이니 싸울 일도 없다.

에피소드 2(한국)

내가 어렸을 적, 덤프트럭이 항구에 들어온 미국산 콩을 싣고 10km를 달려 식용유 공장에 운반하는 것을 보곤 했다. 초기에는 그렇지 않았지만 나중에 식용유 공장 측은 도로의 코너마다 사람을 배치해 통과하는 트럭의 번호를 체크했다.

왜 그랬을까? 콩을 가득 실은 트럭이 운송 도중 통째로 사라져 콩을 다른 곳에 두고 U턴해서 항구로 돌아온 것이 발각된 것이다. 코너를 돌 때 떨어지는 콩을 빗자루로 쓸어 모아 먹었던 동네 사람들도 있었으니, 덤프트럭한 대 분의 콩이라면 몇 달 치 월급은 됐을 것이고 덤프트럭 기사들에게는할 만한 모험이었을 것이다.

에피소드 3(한국)

옛날에 먼 친척이 정육점을 해서 그가 어떻게 장사를 하는지 옆에서 볼 기회가 있었다.

원산지 속이기

어느 날 그는 호주에서 들여온 반 마리 분량의 소고기를 아랫목에놓고 이불을 덮어서 며칠 동안 해동을 시켰다. 워낙 꽁꽁 얼어서 그랬던 것 같았는데 어느 정도 해동이 되자 썰어서 국내산이라고 속여 팔았다. 고기 색상이 선홍색이 아니라 검붉어서 손님이 "한우 맞느냐?"라고 물어도 그는 태연하게 "맞다."라고 하였다.

살아 있는 소에게 물 먹이기

내가 알기로 소에게 물을 먹이는 방법은 두 가지가 있다. 하나는 살아 있는 소의 입에 호수를 넣고 물을 강제로 공급하면 소 배 속에 물이 가득 찬 소위 '물배'가 채워진다. 그럼 계근할 때 물의 무게만큼 더나오니 농민이나, 공급업자는 그만큼 부당이득을 취하게 된다. 이 방법이 선진국인 캐나다에서도 벌어진다는 것은 전처를 통해서 들었다.그런데 소비자의 입장에선 손해 볼 게 없다. 소가 물을 많이 먹었다고해서 소고기에 물이 차는 것은 아니니 말이다.

혈관에 물 넣기

두 번째 방법이 기가 막힌다.

㉮ 소고기를 수십 kg 큰 단위로 해체한다.

㉯ 호스에 빈 모나미 볼펜대를 꼽고 끝을 뾰족하게 만든다.

㉰ 이 볼펜대를 소고기의 굵은 혈관에 찔러 넣고 수도 밸브를 열
면 수돗물이 굵은 혈관에서 모세혈관으로 퍼져 나가 고기가
빠른 속도로 부풀어 오른다.

이 방법을 쓰면 중량이 족히 20~30%는 늘어나게 된다. 당신이 고
기를 썰 때 살얼음이 보인다면 이것을 의심해 볼 일이다.

에피소드 4(한국)

내가 고등학생 때, 한 지방 도시의 시외버스터미널 근처를 걷고 있었다. 초
면의 40대 남자 하나가 "지갑을 잃었는데 서울에 가서 갚아줄 테니 차비를
빌려달라."라고 했다. 나는 그가 못 미더웠지만, 내가 그 상황이 될 것을 생
각해서 돈을 건넸다. 그리고 그는 연락을 해오지 않았다.

위와 같은 사람들은 그 이후에도 나타났지만 나는 더 이상 호의를 베풀지
않았다. 그들이 당한 낭패보다도 내 실망감이 더 컸고 나는 그런 위험을 다
시 감당할 만큼 어리석지 않다.

에피소드 5(한국)

젊었을 적 잠깐 일했던 커피숍은 히터 연료로 등유를 사용했다. 어느 날,
사장이 등유를 주문했는데(당시에는 펌프가 달린 소형 유조차가 귀하던 시절이다.) 판

매업자는 기름을 말통에 넣어 가져와서 손으로 날라 커피숍의 드럼통을 채우는 식으로 배달했다.

말통이 20L이므로 그 숫자를 세는 것으로 셈을 하는데 하나둘 세다가 자세히 보니 말통의 기름양이 듬성듬성 절반만 채워져 있었다. 거기다가 기름은 등유가 아니라 경유였다. 당시에는 등유가 경유보다 비쌌기 때문에 판매업자는 그렇게 속이려 했다.

에피소드 6(한국)

앞서 〈프레임에 갇히지 마라〉에서 다단계 판매 회사에 끌려가 세뇌당한 이야기를 언급했다. 나는 그들의 주장이 사기라는 것을 어떻게 알았으며 그곳을 어떻게 빠져나왔을까? 그때의 상황을 보자.

교육관에게 내가 물었다.

"지금 몇 명이나 이 사업을 하고 있으며 몇 단계까지 진행되었습니까?"

"20,000명 정도가 하고 있고 26단계까지 진행되었습니다."

나는 몰래 연필로 계산했다. 그때의 계산을 정리하면 이렇다.

최초 1단계에서 1명이 시작했을 터이니 1단계에서 1명이며 최소 2명 이상을 가지치기해야 하므로 2단계에서는 2명.

같은 식으로 계속한다면 4명 → 8명 → 16명 식으로 2배수씩 늘어날 것이며 내가 참여하여 27단계가 되면 우리나라 인구를 넘어선다.

그런데 현재 참가 인원이 20,000명이라면 현재(26단계)까지의 생존 확률은 2만/3355만, 0.06%라는 결론에 이른다. 즉, 사기다!

단계	TREE	인원 수
1단계		1명
2단계		2명
3단계		4명
4단계		8명
5단계		16명
6단계		32명
7단계		64명
8단계		128명
9단계		256명
10단계		512명
11단계		1,024명
12단계		2,048명
13단계		4,096명
14단계		8,192명
15단계		16,384명
16단계		32,768명
17단계		65,536명
18단계		131,072명
19단계		262,144명
20단계		524,144명
21단계		1,048,576명
22단계		2,097,152명
23단계		4,194,304명
24단계		8,388,608명
25단계		16,777,216명
26단계		33,554,432명
27단계		67,108,864명

피라미드 영업 방식의 성공 가능성 분석

사기라는 결론을 얻었지만 나는 겉으로는 태연하게 고개를 끄덕이며 그들의 주장에 동조하는 척했다. 그들은 250만 원짜리 자석요를 사라고 강요했는데 나는 신용 카드도 없고 현금도 10만 원밖에 없었다. 나더러 돈을 내라는데 돈이 있어야 낼 것 아닌가? 그래서 고향에 가서 돈을 가지고 오겠다고 하니 계약을 하나 하고 가란다. 그래서 계약서에 사인하고 도망치듯 고향에 돌아왔다.

나는 고향에 와서 어머니께 자초지종을 말하고 그런 사람들이 오면 없다고 하라고 일러두었다. 며칠 후 그들은 나를 잡으러 내 고향 집에까지 왔지만 어쩔 것인가? 어머님이 문도 안 열어 주고 그런 사람 없다는데? 사인한 계약서는 어쩌냐고? 그게 내가 사인한 증거가 있나? 있어도 그게 무슨 상관이지? 난 계약금이나 기타 돈을 낸 적도 없다. 그러니 그걸로 상황 끝이다.

20년 가까이 지난 지금, 나를 등쳐먹으려 했던 군대 고참과 그 다단계 인간들이 얼마나 큰돈을 벌었을지 정말 궁금하다.

이 일 이후로도 나는 몇 번 네트워크 마케팅 업체의 감언이설을 들을 기회가 있었지만 아무도 나를 설득시키지 못했다. 그렇게 좋으면 너희가 해라! 사실 네트워크 마케팅의 허상에 대한 데이터는 인터넷에서도 손쉽게 접할 수 있다.

상위 1% 이내의 사람들이 월 500만 원인가 정도를 벌고, 5% 이내는 월 몇십만 원 수준, 나머지는 몇천 원~몇만 원 번다고 하였던 것 같다. 도대체 그딴 것을 왜 하나? 그 시간에 영어공부를 하는 것이 당신들 미래에 훨씬 큰 도움이 된다.

에피소드 기(한국)

어머니께서 오래된 관사집(옛 일본군이 거주하던 관사를 고향에선 그렇게 불렀다)을 매입하신 적이 있었다. 돈이 없는 어머니는 지붕이 붙어 있는 중간 집, 그것도 앞쪽이 폭이 넓고 뒤쪽은 폭이 좁아서 모양이 사다리꼴인-그래서 가격이 싼-집을 사셨는데 때문에 이 집은 옆집과 합치지 않으면 직사각형이 나오지 않았다. 그럼 두 집주인 중 오래 버티는 사람이 나머지를 싸게 살 수 있는 치킨 게임을 하게 되는데 이게 소위 '알박기'이다.

결국 어머니는 먼 곳으로 이사 가는 옆집을 헐값에 매입하셨고 집 모양은 직사각형이 되었다. 그런데 합쳐진 땅은 또 다른 사각형의 1/4을 차지하고 있었기에 또 다른 알박기가 시작되었다. 물론 의도적으로 하신 것은 아니었지만 현실은 알박기였다. 어느 날 4각형의 3/4 땅을 산 건축업자가 빌라를 지으려고 어머니 집을 매입하려는 움직임을 보이자 같은 일가 성씨이며 동네 부동산 업자인 노파가 나섰다.

"너희 집은 한쪽 귀퉁이라서 가격이 싸다. 내가 잘 받게 소개해 줄게"

부동산 노파와 그 남편은 항렬(行列)이 높다는 이유로 지난 수십 년간 우리 부모를 종 부리듯 대했고 이번엔 우리의 자산을 훔치려 한 것이다.

그녀는 3/4 토지가격의 90% 선을 우리에게 제시했지만 어머니는 안 판다고 잡아떼고 건축업자를 직접 만났다. 건축업자 연락처를 알고 있는데 왜 소개업자를 중간에 끼워 넣나? 그리고 알박기인데 돈을 더 받아야지 왜 싸게 파나? 현명한 어머니는 업자에게 이렇게 말했다.

"우리는 팔 의사가 별로 없다. 굳이 원한다면 120%의 가격을 받아야 한다."

결국 어머니는 2800만 원짜리 관사집을 두 번의 알박기로 돈을 번 후 1억 몇천짜리 양옥을 구매하셨고 매달 나오는 월세는 훌륭한 노후 대책이 되었다.

이미 수십 년이 지난 일이지만 그때의 일을 생각해 보면—같은 성씨의 높은 항렬이라는 이유로, 오랜 기간 친하다는 이유로—비열한 거짓말로 우리를 속이려 했던 그 부부에게 당하지 않은 것은 정말 다행이다. 그 부부의 남편은 세상을 떠났고 우리는 겉으로 노파에게 친절하게 대하지만 더 이상 당하지 않을 만큼 현명해져 있으므로 그녀를 겁내지 않는다.

나는 안면이 있는 사람, 친인척, 형제간의 돈거래는 되도록 하지 않는 것이 현명함을 잘 알고 있다. 그 순간에는 매정할지 모르지만 그것이 피차의 관계를 유지해주는 최선임을 잘 알고 실천하고 있다. 가까운 사람 믿지 마라.

에피소드 8(한국)

예전에 중소기업에서 일하던 시절, 대기업 직원은 전화로 사양 변경을 통보하곤 했는데 나중에 문제가 생기면 그런 전화한 적이 없다며 오리발을 내밀었다. 그렇다고 원청업체 직원에게 증거 없이 따지기도 어렵기에 그냥 참았는데 나중에 요령이 생기고 나니 중요한 사항은 팩스로 넣어 달라고 해서 증거를 남겼다. 팩스를 받을 상황이 아니라면 나는 누가 언제 어떤 요구를 했는지를 메모를 했고 나중에 그가 오리발을 내밀 때마다 당신이 "몇 년, 몇 월, 며칠, 몇 시, 몇 분에 전화를 해서 이러 이렇게 말했다."라고 토씨 하나 틀리지 않고 답하였고 그러면 그들은 인정할 수밖에 없었다.

지금의 나는 그때의 경험으로 누가 중요한 업무를 전화로 요청할 경우 반드시 메일로 달라고 한다. 그리고 우리가 보낸 메일을 잘 확인하지 않는 업체의 경우는 직원들이 메일을 보낸 후 그 내용을 프린트하고 전화를 하여 내용 설명을 한 후에 언제, 누구와 확인 전화를 했는지를 적도록 한다. 이것도 내게 가져와 결제를 받는데 그럼 나는 그 종이 뒤에 사인을 해 둔다. 이중으로 확인하는 것이다.

말로 하는 약속은 절대 믿으면 안 된다. 내가 한두 번 당한 게 아니다. 부동산업자, 금융기관, 자동차판매상, 보험업자 등등의 사람들이 그럴듯한 말을 한다면 문서로 달라고 해야 한다. 그들의 말이 정말 맞다면 문서로 확인해주는 것이 어렵지 않을 것이다. 그리고 그 문서도 믿어서는 안 된다. 조작이 많으니 이중 확인이 필요하다.

에피소드 9(한국)

한국에 있는 영어 학원에서 일하는 일부 외국인 강사들의 자질이 얼마나 형편없는지 사람들은 잘 모른다. 강사 자격증은 대개가 없고, 심지어 고졸 학력자도 있다. 문제는 아동 성애자들인데 자신의 우월적 지위를 이용해서 어린애들 성추행하는 일이 자주 발생한다. 하지만 학원의 명성에 문제가 되는 것이 두려운 원장들이 그들을 국외로 추방하지 않고 단지 해고하는 것으로 마무리 짓기 때문에 이런 범죄자들은 학원을 옮겨가며 추행을 이어나간다.

에피소드 10(한국)

오래전, 나는 어떤 조직의 팀장이었고 직원 한 명과 출장을 갔다. 일을 마치고 한잔 생각이 간절한 직원은 단란주점을 가고 싶어 했고 나는 "그냥 호프집에 가서 맥주나 한잔하자."라고 했다. 그런데 마침 호객꾼 하나가 양주 2 + 안주 1을 97,000원에 파격 제공한다고 소리치고 있었고 내키지 않았지만 간절한(?) 부하 직원을 보고 같이 가게 되었다.

간판도 없는 무허가 주점에서(이때 눈치 챘어야 했다.) 제공된 양주는 아주 작았고 당연히 부족했기에 2병을 더 주문하여 마셨다. 충분하다고 느끼는 순간 옆에 있던 도우미가 다시 한 병 가져오더니 허락도 없이 병뚜껑을 땄다. 무언가 잘못됐음을 직감한 나는 제지하며 왜 함부로 술을 가져오냐고 소리쳤다. 그러자 나타난 120kg짜리 돼지 새끼 하나가 무슨 일이냐며 아주 정중하게(?) 물었다. 상황설명을 하고 계산을 하려니 계산서에는 100만 원이 넘는 돈이 찍혀 있었다. 왜인가 하니 술병 크기가 다르단다. 처음 먹은 양주는 17cm쯤 되고 새로 들인 2병은 17.5cm 정도 되어 보였는데 그 차이 때문에 가격이 10배가 된 것이다. 그렇게 돈을 날렸다.

외지에 가서 술을 마시려거든 간판이 번듯하고 사람이 많은 큰 업소를 가라.

에피소드 11(한국)

어떤 복덕방 업자가 내게 보여준 원룸의 수익률 계산식을 보라.

수익률이 16.8%! 장난하나? 이렇게 좋으면 업자 자기가 하지 왜 나한테 소개해 줄까? 업자의 계산 방식을 분석해 보자.

수익률 분석	매가	570,000,000
	총 보증금 / 월세	7천/420
	융자금액	200,000,000
	실 투자금	300,000,000
	연 수익금	5040만
	연 수익률	16.8%

복덕방 업자 계산 방식

연수익률 = 월세 × 12 / 매매가−전세금−융자금

즉, 연수익률 = 420만 × 12 / 5억 7천−7천−2억 = 16.8%

이게 뭐가 문제냐면? 융자금은 이자가 없냐는 거다. 그러니까 어떤 실성한 은행장이 내게 이자를 전혀 받지 않고 융자금을 빌려준다고 계산한 것이다.

일반적인 계산 방식

대개는 아래와 같이 계산한다.

연수익률 = (월세−융자이자) × 12 / 매매가−전세금−융자금.

즉, 연수익률 = (420만−108만(6.5%가정) × 12 / 5억 7천−7천−2억 = 12.48%

하지만 이것도 정확하지 않다. 수도세, 공동 전기세, 인터넷, 청소비, 각종 세금, 수선비, 소개비, 도배, 장판은 공짜인가?

실제 수익률 저런 비용들을 다 넣으면 일반적인 계산 방식에서 4% 정도를 빼야 한다. 그리고 정말로 운영해 보니 거의 6~7%를 빼야 했다.

즉, 16.8%는 사실상 기껏해야 5~6% 수준이란 말이다.

부동산이든, 은행이든, 증권회사든 아무도 믿지 마라. 또한 당신에게 투자를 권하는 사람이 있다면 그 사람의 포트폴리오를 요구해라. 투자를 권할 정도로 고수라면 아마 자신도 이미 부자가 되어 있지 않을까? 만약 가난한 당신 친구가 돈 버는 방법을 말하거든 그냥 흘려버려라. 최소한 스스로 증명하고 나서 주장해야 않겠나?

에피소드 12(가나)

내가 가나에서 썼던 일기를 보자.

2004. 10. 15 금

밤새 폭우가 내렸다. 택시를 대절하기로 하고 Kofi와 마을로 나갔다. 100,000CD가 적정가격이라고 이미 알고 있는 터인데 Kofi의 친구는 200,000CD를 달라고 했다. 차액인 100,000CD는 Kofi의 호주머니로 들어갈 돈이었다.

6주간이나 한집에서 살았던 그가 우리를 그렇게 속였다. 나는 전혀 놀라지 않았다.

결국 우리가 찾은 세 번째 택시 기사와 100,000CD에 합의하고 Akropong 을 출발, 2시간 후에 목적지인 Accra의 General Post Office에 도착했다. 이 택시기사 역시 기대를 저버리지 않고 돈을 더 내라고 했다. 120,000CD. 아무 말도 안 했으면 내가 10,000CD를 더 줬을 텐데 기분을 잡친 나는 100,000CD만 줘서 돌려보냈다. 난 팁으로 꺼내려던 10,000CD를 도로 호주머니에 넣었다. '가나에서 처음으로 돈을 추가로 요구하지 않는 기사 를 볼 것인가?'라는 내 기대는 그렇게 물 건너갔다.

나는 가나에서 수십 번이나 택시를 탔지만 단 한 번도 정직한 기사 를 보지 못했다.

에피소드 13(탄자니아)

탄자니아의 Dares Salaam(다르에스 살람) 공항. 범죄가 많은 동아프리카 지역이라 긴장된 마음으로 출국장을 나와 Arusha(아루샤)행 항공편을 물어보니 한 공항직원이 한구석으로 우릴 데려가더니 다른 남자에게 인계했다.

그 남자는 마침 2자리가 남았으니 종이에 이름을 적으라고 했다. 1시간 안에(4시) 출발하는데 요금이 $190/1인!!! 그만큼의 현금이 없어서 안 된다고 하니 190 → 150 → 135로 계속 내려가는 것 아닌가?

뭔가 석연치 않아 밖에 나오니 Local 항공사인 Air Tanzania가 고작 $100/1인. 국가를 막론하고 사기꾼 천지인 행성 지구.

에피소드 14(탄자니아)

탄자니아 거리의 노점상들은 점포가 있는 상인들보다 더 높은 가격을 받았다. 아니 임대료도 없고 세금도 없는데 왜 더 비싸지?

멋모르는 뜨내기 관광객들에게 덤터기 씌우려는 작자들. 그리고 이런 작자들은 지구 어디에도 널려 있다. 물론 한국도 예외는 아니다. 물건은 절대 충동적으로 구매하면 안 된다.

에피소드 15(탄자니아)

한편, 세렝게티 공원에서 지갑 속의 돈이 없어진 것은 하이에나의 짓이 아니었다. 옆에서 야영하던 호주에서 온 부자(父子)가 의심스러웠지만 증거가 없으니 어쩔 수 없었다.

아프리카 대초원 한가운데서 우리가 조심해야 할 것이 맹수가 아니라 사람이었다.

에피소드 16(탄자니아)

탄자니아의 킬리만자로 커피 농장에서 500g씩 포장된 원두를 살 때 손에 느껴지는 무게가 좀 가벼워서, '이거 실제 무게는 좀 적을 것 같은데?' 싶었다.

역시나 나중에 한국에 와서 재 보니 포장 봉투까지 합해도 450g밖에 안 되었다.

에피소드 17(태국)

태국에 혼자 놀러 간 적이 있었다. 저녁에 술이나 한잔하려고 호텔을 나섰다. 나는 낯선 지역에서, 특히 야간에 혼자 외출을 할 때는 준비를 단단히 하곤 하는데 이때도 그랬다.

복장은 간편하게 반바지를 입었고 운동화를 신었다 → 어떤 문제가 발생하여 싸우거나 달아날 때 가장 유리한 복장이다

여권, 지갑 등 귀중품은 호텔에 놔두었다 → 잃어버리면 낭패 볼 물건은 몸에 지니지 않는다

술값으로 지불할 현금은 양쪽 호주머니에 나눠서 담았다 → 소매치기를 당할 경우 한쪽의 돈은 남아 있게 된다

한잔하고 돌아오는 길에 매춘부로 보이는 여자들이 있었고 내가 그 앞을 지나가는 순간 한 명이 내 사타구니를 움켜쥐며 호객행위를 하였다. 순간 나는 엄지로 그의 합곡혈(合谷穴)을 누르며 손목을 꺾었다. 한 손을 제압당하자 손을 놓았고 나는 그 자리를 벗어났는데 호텔에 돌아와서 보니 한쪽 주머니에 있던 돈이 사라졌다.

한 손은 내 사타구니에, 다른 한 손은 교묘하게 약간의 시차를 두고 내 호주머니를 노린 것이다. 내가 사타구니만 신경 쓰다 호주머니에 손이 들어가는 것을 미처 감지하지 못했다. 그렇게 나는 한국 돈 4만 원을 잃었다.

에피소드 18(필리핀)

필리핀에 출장을 간 적이 있었다. 현지 작업자들을 통솔하여 그날의 작업을 마치고 내가 맥주를 사기로 했다. 그런데 한 병에 한국 돈 560원짜리인 우리가 마신 술과 2,400원인 여자들이 마신 술을(사실 술이 아니고 매상을 올리기 위한 생수이다.) 계산하려고 하니 전부 5만 원을 넘지 않을 것 같던 술값이 72,000원이라고 했다.

이곳에서는 마신 술병을 테이블 위에 올려놓아 그것으로 수량 파악을 하는데 병 숫자가 차이가 난다고 하자 빈 병을 옆의 상자로 옮겼다고 한다. 그래서 그 상자에 넣은 것까지 세어 봐도 여전히 맞지 않는 숫자. 억울해서 돈을 못 내겠다고 한참을 버텼다. 하지만 이곳은 총기를 휴대할 수 있는 국가이다. 필리핀 작업자가 "위험하니 돈 주고 가자."라고 하여 꾹 참고 그렇게 했다. 72,000원에 죽을 수는 없잖은가? 내려와 도로에서 택시를 기다리는데 3층에서 맥주병 하나가 날아왔다.

"Next time, Bring some money! Stupid Korean!" (다음에는 돈 가져와! 바보 같은 한국인아!)

에피소드 19(중국)

20년 전 베이징. 개방된 지 얼마 되지 않은 중국. 아직 어리숙한 대중들 틈에서 번뜩이는 잔머리를 굴리는 사람들이 눈먼 돈을 긁어모으고 있던 시절에 한국에 거주하는 외국인들만 모아서 베이징으로 투어를 갔다. 만리 장성에서 750CC 콜라 한 병에 20위안, 생수 10위안이라는 말도 안 되는 고가에 팔았다. 서양 사람들이 대개 그렇듯 산수에 약한 동료 외국인들은 그냥 사 먹었고 나는 그것이 엄청난 바가지라는 것을 간파하였지만 목이 말라 어쩔 수 없이 한 병 사 먹었다. 그날 투어에서 돌아온 후 알아보니 호 텔 앞 구멍가게서 콜라는 3위안, 생수는 1위안에 팔았다. 나는 당연히 그 것들을 샀고 다음 날부터는 바가지를 쓰지 않았다. 다른 외국인은 여전히 그 비싼 음료수를 사 먹었다. 20위안이면 당시 노동자들의 1주일 치 급여 는 될 돈이다.

베이징에 외국인들이 출입하는 바(Bar)가 있다는 정보를 들은 우리 일행은 택시를 타고 그곳에 가기로 했다. 택시 기사는 길을 뱅뱅 둘러 갔고 바에 도착한 우리는 택시 기사와 논쟁 끝에 돈을 적게 주었다.

10여 년 전만 해도 중국에선 외국인용 가격이 따로 존재했는데 택시 바가 지요금은 물론이고, 버스요금도 외국인들은 더 비쌌다. 혹 중국 공항 면세 점의 물건값이 더 싸다고 생각한다면 당신이 순진한 거다. 지금도 면세점 이 시중 슈퍼마켓보다 비싸고 가짜도 있다.

당시 베이징에는 'Silk Alley'라고 불리는 피복과 잡화를 파는 거리가 있었 다. 특히 외국인들을 대상으로 한 곳이기 때문에 빅사이즈의 옷들도 많았 다. 그곳에는 협상에 능하고 유창한 영어를 구사하는 중국인들이 판매를 하고 있었다. 흥정에 익숙하지 않은 서양사람들은 $100짜리 옷을 $80에 사면서 많이 깎았다고 흐뭇해했지만 나는 기본 $30에 시작했다. 그럼 $80 으로 내려 부르는데, 여전히 $30을 고수하면 그들은 $50으로 제시하며 "Rock bottom price!(최저가)"라고 말한다. 나는 "$30 Maximum!"이라 말하고 몸을 돌려 나간다. 그럼 등 뒤로 "$30 OK!"라는 외침을 듣게 된다.

그들은 그것을 얼마에 사 올까? 아마도 $10을 넘지 않을 것이다.

장사라는 것은 기본적으로 고객을 속이는 것이고 그것에 당하지 않는 것은 당신 몫이다. 내가 지불했던 금액은 최소 다른 사람들의 절반 이하였음에도 불구하고 나도 속았던 것을 깨달았다. 저곳에서 샀던 여행용 가방의 품질이 얼마나 조잡한지 한국 공항에 도착하자마자 터져 버렸다. 아무리 싸더라도 사용 불가한 것을 산 것은 내가 아둔했기 때문이다. 내구재를 사고자 하는 사람이 물건에 대해 잘 모른다면 일단은 비싼 것을 살 일이다. 그것이 결국 낭비를 줄이는 일이다.

에피소드 20(중국)

회사에서 안전화를 몇백 켤레 주문하였다. 샘플을 가지고 본물량을 확인하는 자리에서 납품업자는 보기에는 샘플과 거의 흡사한 짝퉁을 보여 주며 가져가라고 했다. 샘플과 짝퉁을 동시에 놓고 보니 피혁의 두께며 밑창의 고무 재질, 박음질까지 모두 달랐는데 같이 놓고 보지 않으면 모를 정도로 형상이 비슷했다. 그 자리에서 모두 다시 제작하라고 지시하고 나왔다.

에피소드 21(중국)

다른 회사, 동절기 작업복을 주문하고 샘플을 받아 두었는데 본물량은 무게가 가벼웠다. 내부 솜을 줄여서 납품한 것이다.

에피소드 22(중국)

내가 설계를 했던 중국의 한 공장은 3동의 건물이 들어서야 하는데 1차로 2동을 짓고 건축을 마무리하는 시점에-오더를 따내지 못한 동네 건축업자가 고용한-조폭들이 몰려와서 인부들의 연장을 다 빼앗아가는 일이 발생했다.

지역의 유지들과 관계가 나빠 봐야 좋을 게 없기 때문에 우리는 세 번째 건물의 오더를 준다는 약속을 하고 나서야 연장을 돌려받아 일을 마무리할 수 있었다. 결국 우리는 지역 협력을 위해서 그 업체와 건축 외주 계약서에 서명하였고 그들은 우리에게 저녁을 샀다.

얼마 전까지 조폭을 풀어 우리를 위협했던 그들에게 밥을 얻어먹는 아이러니가 일어나는 것이 현실 세계다. 먹기 싫은 50도짜리 마오타이를 맥주 컵에 따라 서너 잔을 억지로 마신 다음 날은 구토가 나서 출근할 수 없었다. 직급이 올라가면 더러운 일과 하기 싫은 일도 맞닥뜨려야 한다. 사회생활이란 그런 것이다.

에피소드 23(중국)

그렇게 준공된 새 공장으로 이사를 하기 시작했고 옛 공장에서 잔재로 남은 고철도 새 공장 야적장에 가져다 놓았다. 공장의 외벽은 벽돌로 쌓아서 내부가 보이지 않고 최대한 높게 만들어서 도둑이 넘어오지 못하도록 해야 하는 것이 기본이다. 하지만 총경리는 2m짜리 쇠창살로 외벽을 만들었으니 동네 사람들이 공장 야적장에 고철이 있음을 다 알게 되었고 낮은 쇠창살을 뛰어넘어 상당량의 고철을 도둑질해 갔다.

에피소드 24(중국)

우리는 그 지역에서 또 다른 큰 토목공사를 하게 되었다. 공기를 맞추기 위해 야간작업을 하는데 중간에 전기가 끊어져 작업등이 꺼져 버리는 경우가 자주 발생했다. 왜 그럴까? 도둑놈들이 전선을 끊어 가는 것이다! 현재 사용하고 있는—그래서 전기가 흐르는—전선을 끊어 훔쳐 가는 것이었다. 그뿐이 아니다. 그 공사현장에 외부 울타리용으로—가운데 철근이 하나 들어가 있는—콘크리트 기둥을 줄 세워 심어 놓았는데 동네 사람들이 밤에 오함마를 가져와 밤새 그걸 깨고 철근을 훔쳐 갔다.

에피소드 25(중국)

중국에서 위성 TV는 외국인들만 볼 수 있고 그것도 적잖은 돈을 내고 허가를 받아야 한다. 만약 허가를 받지 않고 달았다면 어느 날 퇴근 후, 사라진 접시안테나를 보게 될 것이다. 허가를 받고 다시 접시를 달려면 잃었던 접시를 업자로부터 다시 사서 달아야 한다.

무슨 소리냐면, 철거해 간 접시를 돌려주지 않고 업자가 꿀꺽했다가 돈 받고 달아 준단 말이다.

에피소드 26(중국)

유럽 고급 수입 가구 브랜드 '다빈치'. 침대 하나에 1000만 원씩 하던 그 제품은 사실은 중국에서 생산된 짝퉁으로, 광동성 선전에서 선적하여 이태리 항구를 경유하여 다시 중국으로 들여온 후 서류를 조작해 이태리 생산품으로 둔갑해서 초고가에 팔렸다.

중국인들의 허영심을 교묘히 이용한 이 사건으로 수입 통관이 강화되는 바람에 내가 근무하는 회사도 얼마간 피곤한 적이 있었다.

에피소드 27(중국)

내가 살던 도시의 백화점에 가면 이름 없는 이태리 브랜드 옷과 신발이 고가에 팔린다. 판매원들은 이태리에서 생산된 제품이라고 말하지만 사실 이것도 중국에서 만들어서 그냥 이태리제라고 사기 쳐서 팔거나, 중국에서 만들어서 이태리 항구만 찍고 돌아온 후 이태리제라고 팔거나, 중국에서 반제품을 만들어 이태리에 보낸 후 이태리에서 단추 하나 달고 나서 이태리제로 파는 것이다.

에피소드 28(중국)

중국에는 명주들이 많다. 나는 워낙 술을 안 좋아하는 편인 데다 중국술은 약품 냄새가 강해서 명주라고 해도 잘 마시지 않는다. 그런데 이런 고급술들은 높은 가격만큼이나 가짜도 많은데 그 방법 중에 이런 것이 있다. 공장에서 생산한 술을 실은 트럭이 한적한 도로에 정차하면 그 옆에 다른 트럭이 온다. 그 안에는 가짜 술 상자가 있다. 이걸 서로 바꿔 실으면 출발할 때는 진품이던 것이 도착하면 가짜가 되는 것이다. 영악하게도 그들은 모두를 바꿔치기 하지 않고 트럭의 눈에 띄는 곳은 진품을 그대로 놔둔다. 그래서 샘플 검사에서는 가짜인지 들통 나지 않는다.

에피소드 29(중국)

주변에 있는 한 한국업체의 사장이 몇 년 전에 마카오에 놀러 갔다. 회사의 매출이 급신장하던 때라 호기를 부렸던 모양이다. 베팅액수가 상당히 높았다. 한국 돈으로 무려 200억! 현금을 200억이나 들고 가지는 않았으나 현장에서 신용대출을 해 주었다. 마카오의 갱들은 중국 본토에서 간 사람의 재력이 어떤지를 잘 꿰뚫고 있고 그의 신변을 확보하고 있으니 돈을 못

받을 걱정은 하지 않는다. 결국 그 사장은 거액을 뜯기고 돌아왔고 확장 공사 중이던 제2공장은 공사가 중단되었고 직원들 급여는 체불되었다.

그들이 돈을 빌려 주었을 때는 아마도 황제처럼 대접해 줬을 것이다. 대우가 좋다면 뭔가 다른 꿍꿍이가 있음을 알아야 한다.

에피소드 30(중국)

얼마 전, 자재를 구하러 상가에 갔다. 나는 상인이 예전에 말했던 가격을 적어놓은 수첩을 펼치지 않은 채 지금 얼마에 줄 수 있는지를 물었다. 상인이 제시한 가격은 전보다 훨씬 비쌌고 나는 예전 가격을 말하고 값을 깎았다. 그중 하나는 새로 제시한 가격이 싼 것도 있었는데 나는 당연히 예전 가격을 말하지 않았다.

에피소드 31(중국)

어느 버스 기사가 길가에 쓰러져 있던 할머니를 도와줬더니 할머니와 그 가족들이 버스 기사가 차로 치었다며 병원에서 배상금을 요구한 적이 있었다. 적반하장도 이만저만이 아니었지만 다행히 버스 내의 CCTV로 해결을 봤다. 할머니와 가족이 뭐라 했을 것 같나? 늙어서 기억이 가물가물한다고 했다.

중국에선 길가에 교통사고가 난 것을 보고도 사람들이 그냥 지나친다. 중국인들 마음이 차갑다고 욕하지만 다친 사람 도와줬다가 무고한 사람들이 가해자로 몰린 경우가 한두 번이 아니기 때문에 그냥 지나치는 것이 상책이라 그렇게 한다. 혹 당신이 중국에 와서 그런 현장을 보거든 절대 도와주지 마라. 그리고 지구 어디서든 사람 조심하라.

세상을 믿지 마라

캐파는 보통 1.5~3배를 부른다

젊은 당신이 사업을 시작했다. 하청 업체를 찾아 생산을 맡길 예정이라서 그 공장을 방문하여 사장에게 묻는다.

"캐파(Capacity: 생산 능력)가 얼마나 되죠?"

1년에 100만 개라고 하는 사장의 말을 그대로 믿는다면 경험이 부족한 거다. 나라면 그가 말하는 캐파의 절반 이상을 잘라서 생각하고, 1/4 정도를-내가 그에게 물량을 줄 수 있는-안전선으로 본다. 같은 식으로 나도 우리 공장을 방문한 손님들에게 캐파 또는 연간 생산량을 살짝 뻥튀기한다. 정직하면 안 되냐고? 그럼 노련한 그는 그 값의 절반을 생각할 것이니 현명한 답이 아니다.

정보는 언제나 실제보다 과장되어 전달된다

예전에 언론들이 부동산 가격이 바닥을 쳤으니 빨리 사야 한다고 설레발을 친 적이 있는데 겨우 며칠 사이 하우스푸어 문제를 집중적으로 거론하고 있다. 그럼 그들은 그때까지 정말 몰랐을까? 그들 말대로 그 시점에 구매하는 것이 현명하다면 그렇게 떠들지 않아도 모두들 알아서 사지 않을까? 왜? 돈 냄새는 광고하지 않아도 알아서들 잘 맡으니까!

언젠가 내가 원룸 전문 복덕방에 가서 빌딩 투자에 대해 물었을 때 업자는 반대 의견을 냈다. 그렇다면 빌딩 전문복덕방에 가면 어떤 대답을 들을 수 있을까?

로버트 기요사키는 그의 책에서 부동산 가격 상승이 주가 상승률을 앞선다는 통계를 제시했는데 시골 의사는 그 반대 의견을 제시했다. 누가 맞을까? 이런 상반된 의견들을 받아들일 때 그들이 말하는 결론을 도출하기 위한 조건들을 잘 봐야 한다. 같은 자료를 두고서도 전문가들은 조건과 해석방법의 차이에 따라 상반된 결론을 도출할 수 있고 그것을 자신들의 주장들에 유리한 증거로 삼는다. 나는 두 사람의 의견을 모두 존중하며 그중 나에게 합당한 방법을 적용하는 것으로 중심을 잡았다.

자산 재설계 기사에는 언제나 ○○증권, ○○보험 등의 FP들이 등장한다. 그들이 정말 내 자산증식에 그토록 매달리는 이유는 뭘까? 만약 내가 그들의 상품을 사지 않는 것이 내게 더 이익이라고 하더라도 그들은 정직하게 그렇게 말해줄까?

보험사 FP들은 무조건 보험을 투자 항목에 넣지만 기본적으로 내가 손해 보는 것이 보험이다. 암에 걸리면 수술비를 준다고? 그럼 그 이상의 현금 자산이 있는 사람들이 보험을 가입할 필요가 있는가? 사람들은 말한다. "보험 하나는 들어야지." 그러나 왜 아무도 그 돈으로 건강검진을 받으려 하지 않는가? 그게 더 경제적이지 않나? 보험도 들고 암검진도 받으면 안 되냐고? 그건 결과적으로 당신 돈으로 보험회사의 보험금을 줄여주는 것 아닌가?

기억하라! 정보는 언제나 실제보다 과장되어 전달된다.

TV는 바보상자이다

중국 정부가 미얀마 출신 마약왕의 사형을 집행하면서, 그 과정을 TV로 생중계했다. 마약왕 나오칸과 부하 3명은 지난 2011년 10월 중국인 선원 13명을 살해한 혐의로 중국에 압송돼 사형 선고를 받았는데,

2013년 3월 독극물 주사 방식으로 사형이 집행된 것이다. 그에 대한 한국 TV 언론의 보도 내용을 보자.

> "사형 직전까지의 과정이 장시간 TV로 생중계되자 중국 인터넷에는 '공개 처형'과 마찬가지라는 비난 여론이 들끓고 있습니다. 마약왕에 대한 단호한 응징을 과시하려던 중국 당국의 의도가 여론의 호된 역풍을 맞고 있습니다."

비난 여론? 어디서? 글쎄······. 10,000명 중의 1명 정도는 그런 말을 할 수도 있겠지. 그게 호된 역풍이라고? 중국 인터넷이 들끓긴 했다. 왜 죽는 모습을 보여 주지 않냐고! 주위 중국인들에게 물어보아도 마찬가지다. 확실히 죽는 모습을 보고 싶다고.

그런데 한국 언론은 왜 사실과 다른 것을 보도하지? 위 보도가 나간 이유는 독자 스스로 알 수 있을 것이니 넘어가자. 내가 말하고 싶은 것은 당신이 보고 있는 TV, 신문 등이 언제나 진실을 말할 것이라 생각한다면 당신이 순진한 것이다. 특히 그 보도가 당해 정권의 국책 사업과 관련된 것이라면 정권과 정치색이 같은 언론은 우호적인 보도를 내보내고 정치색이 다른 언론은 적대적인 보도를 내보낼 것은 자명한 일이다.

언론을 그대로 믿지 마라. 내일 또는 몇 년 후면 그 반대의 기사가 나올 것이다.

상식이 진실이다

워렌 버핏은 파생상품을 대량 살상 무기라고 비판했다. 애초에 이런 것을 설계한 사람들은 물리학자들이고 그들이 대단한 천재인 것은 맞다. 그런데 물리학자가 계산하면 없던 돈이 생겨난다는 것이 무슨 논리인지 나는 도저히 이해할 수 없었다. 파생상품이란 쉽게 말해 썩은 생선을 비닐 봉투에 넣고 잘 묶어서 신선한 것처럼 팔아치운 것이고 우리는 그 생선을 묶은 사람들과 그걸 판매한 사람들을 전문가라고 여겨왔다. 《기요사키와 트럼프의 부자》에 이런 말이 나온다.

> "워렌 버핏은 이렇게 말했다. 투자를 하는 데 미적분이 필요했다면 나는 다시 신문배달원으로 돌아가야 했을 것이다. 나는 투자를 하면서 한 번도 수학의 필요성을 느껴본 적이 없다."
> 나는 그의 말이 "부자가 되는 데는 아주 간단한 수학적 상식만 있으면 된다."는 의미의 다른 표현임을 알고 있다. 이 말은 다시 명백한 문제를 제기한다. "어떻게 그토록 많은 지식인들이 논리적 수학이 아닌 엉터리 수학을 하는 회사에 투자하도록 설득당할 수 있을까?" 이 질문에는 워렌 버핏의 다음과 같은 말이 적절한 답이 될듯하다. "월스트리트는 롤스로이스를 타고 다니는 사람들이 지하철을 타고 다니는 사람들에게 조언을 구하러 오는 유일한 곳이다."

우리가 상식적으로 이해하지 못할 정도의 것이라면 그것은 우리를 속이기 위한 것일 가능성이 크다. 세상에서 벌어지는 일들, 특히 당신과 직간접적으로 관련된 일들을 상식의 눈으로 바라보라. 대박을 노리지 않고 상식이 진실임을 깨닫는다면 세상은 그리 어려운 세계가 아니다.

어리석은 다수와 반대의 길로 가라

이번 편은 주변의 대중이 어떻게 어리석게 행동하는지를 쓰고자 한다. 논란의 거리가 있는 부분도 있겠지만 나는 내 주장을 강요하지 않는다. 한 개인으로서의 의견이니 참고만 하면 되겠다.

주변에 흔한 대중들

에피소드 1

배추가격이 높으면 농민들은 그다음 해 모조리 배추씨를 파종한다. 그리고 배춧값 폭락을 경험한다. 그러면 그다음엔 아무도 배추를 심지 않아서 가격이 폭등한다. 실제로 한국에서 배추 품귀현상이 발생하자 중국산 배추를 수입하였는데 이때 재미를 본 중국 농민들은 다음 해 엄청난 배추를 심었다. 물론 결과는 처치 곤란할 만큼 생산한 배추를 밭에서 썩혀 버려야 하는 것이었다.

에피소드 2

언젠가는 마늘이 몸에 좋다는 이야기가 중국에 돌면서 너도나도 먹어대는 통에 마늘 품귀현상이 일어나 가격이 2배로 치솟았다. 업자들까지 가세해 사재기해 그나마 구하기도 어려웠다. 다음 해? 농민들의 대규모 경작으로 가격은 폭락했고 많은 양의 마늘은 판로를 찾지 못했다.

대부분의 농민들이 가난한 이유가 여기에 있다. 과거와 현재의 데이터만 있지 그걸 활용하여 미래를 예측할 줄 모른다. 과거 몇 년의 데이터를 분석해 보면 패턴이란 것이 나오고 그걸 잘 활용하면 남들과의 경쟁에서 이길 수 있음을 모르는 것이다.

에피소드 3

일본 후쿠시마 원전 사고가 나자 이번엔 소금 품귀현상이 일어났다. 이유는 바닷물이 오염되면 소금 생산을 못할 것이니 소금을 구할 수 없을 것이라는 유언비어가 나돌았기 때문이다. 소금은 원래 중국 정부 통제품(전매)이어서 걱정할 것이 아니었지만 소금 도매상 앞에는 아침마다 긴 줄이 생겼다. 어떤 이는 개인임에도 불구하고 무려 1t을 사놓았다. 그 파동이 있은 후에도 소금은 끊임없이 잘 공급되었고 사람들은 스스로가 얼마나 어리석었는지를 깨닫게 되었다.

부자의 길은 외로운 길

프랑스의 사상가 장자크 루소는 "성공의 길은 대중이 가는 길과 반대의 길"이라고 했다. 대중이 가는 길은 보편적으로 볼 때 안전감이 느껴지는데 이는 잘못된 길을 간다고 하더라도 군중심리가 모두의 불안감을 희석시키는 역할을 하기 때문이다. 잘못되더라도 나만 잘못되는 것이 아니니 그렇게 견뎌내는 것이다.

에피소드 1

내가 한국에서 캐나다 백인 여자의 남편으로 살 때 주위 사람들은 나를 대단한 능력자로 보았다. 사람들은 내가 최소한 영어는 할 테고, 매력과 재력이 있을 것이라 지레짐작을 하였다. 그럼 나는 나름 우쭐하곤 했다. 그때의 우리는 소득의 대부분을 소비하며 부유층의 흉내를 내고 살았다. 그러나 그것이 부자를 더 부자로, 동시에 우리 스스로는 더 가난하게 만드는 것인지를 그때의 나는 깨닫지 못했다. 나의 결혼 형태는 일반적인 것은 아니었지만 최소한 소비 형태는 대중의 평균을 벗어나지 못했다.

캐나다 전처와 살 때 우리의 자산은 겨우 몇 천만 원 수준이었고 수입도 지금보다 적었지만 우리는 과시욕을 부리며 사치하였다. 그리고 그랬기 때문에 그때의 우리는 대중의 굴레를 벗어날 수 없었다. 토마스 J 스탠리, 윌리엄 D 댄코의 《이웃집 백만장자》에 이런 구절이 나온다.

"대부분의 사람들이 미국의 부에 관해 완전히 잘못된 인식을 가지고 있다. 부(富)는 수입과 반드시 일치하지는 않는다. 만일 당신이 해마다 많은 수입을 벌어들이면서도 그것을 모두 다 써 버린다면 당신은 '부유'해지고 있는 것이 아니다. 단지 '부유층의 생활'을 누리고 있는 것일 뿐이다. 부는 당신이 축적하는 것이지 소비하는 것이 아니다."

우리는 그렇게 부유층 흉내를 내며 우월감에 도취된 것이다. 사실 나는 근검절약하는 성향의 사람이지만 전처의 과소비에 지쳐 나도 같이 소비한 케이스라고 할 수 있다. 부부 중 한 명이 과소비 성향이 강하다면 다른 한 명의 절약 의지가 꺾일 수밖에 없는 것은 당연한 일이고 그것이 우리를 대중의 한 사람으로 묶어둔 원인이 되었다.

에피소드 2
중국 여자와 사는 지금 한국에 가면 그런다. "요즘 그게 뭐 흉인가요?" 이

말 속에는 다문화가정을 아래로 보는 조소가 숨어 있다. 물론 나는 개의치 않는다. 그렇게 말하는 사람들보다 분명 내 연 수입이 많을 것이고, 더 많은 자산이 있을 것이고, 더 많은 나라에 가 보았을 것이고, 더 많은 책을 읽고 있으니 내가 그들보다 못한 것은 없다. 예전에 한국을 방문했을때 아동복 상점에서 세일을 하기에 딸아이 옷을 몇 벌 샀다. 옷가게 주인은 아주 친절했지만 가격을 일일이 확인하는 다문화가정 부부를 혹 불쌍하게 볼까 봐 내 연 수입을 살짝 말했더니 짐짓 놀라는 표정이었다.

지금 우리 부부는 대중이 가는 길과 반대의 길을 가고 있다. 항상 대중이 하는 행동에 물음표를 붙이고 그들의 잘못된 점을 답습하지 않으려 노력했고, 그 결과 자산은 급속도로 늘어나고 있다. 지금 주변에 우리와 같은 생각을 가진 사람들은 많지 않다. 그래서 지금의 길은 외롭지만 조금만 기다려 목표한 위치에 다다른 어느 날, 상위 레벨의 사람들과 친구가 되어 있을 것이다.

친구는 부자의 적이다

우리는 많은 종류의 친구를 가지고 있다. 소꿉친구, 학교 친구, 직장 친구……. 그런데 그런 친구들이 우리의 인생에 실질적인 도움이 되는 경우는 얼마 안 된다. 대개의 친구는 외로움을 잊게 해주는 것이 가장 큰 효용이지만 우리의 성공에는 그다지 긍정적인 영향을 미치지는 못한다. 인생에서 친구는 생각보다 중요치 않다.

자주 만나는 친구들 10명을 고르고 그들과 당신의 자산을 비교해 보라. 서로 비슷하지 않은가? 당신이 지금의 자산을 유지하고 있는 이유는 바로 당신과 같은 레벨의 사람들을 만나고 있기 때문이다. 당신이 만나는 사람들의 95%는 대개 비슷한 레벨의 사람들이고 그들 속에 있는 당신은 그 레벨을 유지하게 된다. 나머지 겨우 5%만이 당신에게 도움이 되는 사람들이다.

회사에서 문제가 있거나 애인과 싸운 후 누구와 상의하는가? 친구? 그래서 그의 조언이 진짜 도움이 되었는가? 회사의 부장이 당신한테 욕을 했다고 친구한테 말하니 뭐라던가?

"그딴 회사 때려치워!"

이러지 않던가? 부자가 되고 싶거든 친구를 만날 시간에 부자를 쫓아다녀라. 1억의 자산이 있다면 10억 자산가와 친구가 되고, 10억 자산이 있으면 50억 자산가와 친구가 되라. 그럼 몇 년 후 당신도 50억을 굴리고 있을 것이다. 어떻게 만나냐고? 그 방법은 스스로 찾아라. 그게 내가 말하고자 하는 포인트니까!

성공을 원한다면 먼저 성공적인 삶을 살고 있는 멘토에게 조언을 듣거나 그들을 벤치마킹하는 것이 친구를 만나는 것보다 훨씬 이롭다. 하지만 우리가 멘토라고 부르는 사람들의 추상적인 조언이 실전에서 무슨 도움이 되었던가? 우리가 필요로 하는 것은 그런 추상적인 좋은 조언이 아니라 실전적인 쓸모있는 조언이고 그것이 대중의 길을 벗어나는 가장 효과적인 방법이다. 실전 멘토를 찾아라.

외국에 사는 이유로 그나마 몇 안 되는 친구도 만나지 못하지만 레벨 차이가 벌어질수록 친구들을 만나기가 점점 꺼려진다. 사실 친구들은 내가 건물을 샀는지, 세후 소득이 1억을 넘는지도 모른다. 그나마 연락하는 친구는 레벨이 조금 되는 친구이고 아니면 다른 건물 오너 정도다.

내가 한국에 거주하게 되면 다른 건물 오너들과 접촉을 하려 노력할 것이고 그들의 노하우를 스폰지처럼 흡수하려 할 것이다. 내 빌딩이 10억짜리고 다른 사람이 50억짜리를 가졌다면 머리 숙이고 한 수 배우게 되겠지. 그들의 방법에서 내가 얻을 것이 있다면 나는 얼마든지 머리를 숙일 수 있다.

내각 인사가 발표되고 그들의 재산 내역이 공개되면 사람들은 입에 거품을 문다. 나는 욕 대신에 그 기사를 얼른 스크랩했다. 그들은 부자들이고 그들의 방법 중에서 도덕적이지는 않지만 불법이 아닌 테크닉들이 많이 있었다. 나는 그런 것들이 필요하다.

우유부단함은 부자의 적이다

에피소드 1

처 외사촌은 허우대는 멀쩡한데 하는 짓은 망나니 수준이다. 처자식이 있는데 지금까지 제대로 일을 해 본 적이 없다. 남 밑에서 일한 적은 아예 없고, 처부모가 운영하던 공장을 물려받아 운영하는데 출근은 하는 둥 마는 둥, 일확천금에만 눈멀어 여기저기 고리대금을 얻어 탕진했는데 그 빚이 한국 돈으로 억대를 넘어섰다. 그럼에도 불구하고 애인을 사귀고 자가용을 몰며 K-TV에서 오입질이 일과이다. 빚이 한계를 넘어 상환해야 하는 상황이 되자 그 어머니(처이모)는 언니인 내 장모님께 돈을 빌려 달라고 했다. 내가 화나는 것은 장모님의 자세 때문이다. 장모님은 남 밑에 일해 본 적이 없고 밭일 등을 하며 가정을 꾸려가기에 집안의 소득활동은 장인어른의 몫이다. 장인어른은 막노동판 반장쯤 되는 직업을 가지고 있는데 고생이 보통이 아니다. 한겨울이나 한여름에도 텐트나 침낭도 없이 공사 현장 바닥에 담요 몇 개만 덮고 자며 돈을 버신다. 그런데 그렇게 번 돈을 망종인 처외사촌에게 빌려주시겠다니?

처 외사촌은 본인 명의로 아파트가 있고, 자가용이 있으며 일도 하지 않는다. 거기다 처이모는 장모님의 옷보다 최소 10배는 비싼 옷을 입고, 더 큰 집에 살며, 자가용까지 타고 다닌다.

친척이 그에게 공장과 호텔의 일자리를 소개해 주자 "어떻게 그따위 일을 하냐?"라고 하는 놈에게 장인어른이 피땀 흘려 번 돈을 빌려주시겠다고? 먼저 처 외사촌 자신이 열심히 일해서 빚을 갚는 노력을 기울이고, 그래도 안 되면 자신의 자산을 팔고, 그래도 안 되면 그 부모의 자산을 팔고, 그래도 안 되면 내 장모님께 물어보는 게 순서 아닐까? 물론 그래도 빌려줘서는 안 되지만 말이다. 못 갚을 것이 뻔하기도 하고, 설사 갚는다고 하더라도 친구/친인척 간에는 절대 돈거래 해서는 안 된다.

그 집안이 콩가루 집안인 것은 내 알 바가 아니지만, 장모님의 우유부단함은 문제였다. 그것이 자신과 남편, 그리고 내 아내와 처제를 지금까지 가난하게 만든 원인임을 모르고 말이다. 장인어른과 아내, 처제가 돈을 빌려주는 것을 극구 반대하자 급기야 화를 내고 울며 통장을 들고 집을 나가기에 이르렀다. 다행히 장인어른 명의의 통장은 장인어른의 신분증과 장인어른 본인이 가지 않으면 안 된다는 것을 깨닫고 곧 돌아오셨다. 영리한 내 아내는 화를 낼 것이 뻔한 내게는 개입하지 말 것을 당부하고 장인어른의 신분증을 감춰둔 것이다.

나는 내 주위의 가난한 사람을 주의 깊게 살펴보곤 하는데 그들에게는 공통적으로 저런 우유부단함이 있었다. 돈을 빌려주건, 직장을 구하건, 어떤 일을 할 때는 확고한 의지를 가지고 타인에 의해 나의 이익이 침해되지 않는지? 지금의 선택이 나의 미래에 어떤 영향을 미칠 것인지를 숙고한 다음에 진행해야 훗날 후회하지 않게 된다.

다수의 의견이 반드시 옳거나 현명한 것은 아니다

다수결을 원칙으로 하는 민주주의는 현존하는 가장 바람직한 정치 체제이지만 그렇다고 그것이 언제나 옳은 결론을 도출하는 것은 아니다. 이것을 설명할 때 나는 이런 예를 든다.

에피소드 1

무인도에 추락한 비행기에 여자 하나와 남자 9명의 생존자가 있다. 남자 9명이 다수결로 여자를 겁탈하기로 했고 남자들은 그것을 민주주의라고 주장한다.

이처럼 세상에는 다수결, 민주주의라는 이름으로 행해지는 만행이 아직도 많고 우리는 다수결 또는 민주주의라는 이름으로 행해지는 무지나 횡포를 경계해야 한다.

어떤 지역의 부동산이 급속히 오르고 주식시장이 요동친다. 그것들을 사지 않으면 도태될 것 같은 분위기이다. 구멍가게 아저씨가 부동산 투기로 돈 벌었고, 옆집 아줌마가 주식 사서 돈 벌었다고 그 분위기에 휘둘리지 마라. 그보다는 그 돈이 어디서 왔는지를 생각한다면 내가 들어갈 타이밍인가를 판단하는 데 조금이나마 도움이 될 수 있을 것이다. 대중이 가는 길이 보편적으로 안전하기는 하지만 그것은 대개 평균을 밑도는 수익을 보장할 뿐이다. 그러니 항상 물음표를 가지고 세상을 바라봐야 남보다 앞서갈 수 있다. 아티미 히로유키 교수의 글귀가 좋은 인용이 되겠다.

"남들이 가지 않는 곳에 꽃밭이 있다."

당신은 대중에 영향을 미치는 위치에 있는 사람들의 말을 그대로 믿는가? 그런 위치에 있는 사람이라면 오히려 더 경계해야 한다. 구본형의 《그대 스스로를 고용하라》를 보면 정치가는 다 망해 갈 때도 최상이라고 말하지만, 학자는 가장 좋은 시절에도 의문을 제기하는 사람이라고 하는 내용이 나온다.

여기서 주목해야 할 것은 정치가의 말이다. 그들이 항상 진실을 말하는 것이 아니라는 것을 알아야 한다. 아니! 그들은 대개 거짓을 말한다. 그러나 망해 가는 상태를 그대로 전했다가 발생할 수 있는 엄청난 혼란을 고려한다면 내가 정치가라도 그렇게 말할 수밖에 없을 것이다. 당신이 그것을 깨달았다면 조용히 파도를 준비하라.

통계

나는 사람들의 주관적인 말보다 숫자가 나오는 통계를 믿는다. 그 데이터의 신뢰성은 별개로 하면 통계란 것은 과거에 일어난 일에 대한 결과이고 그것을 분석해 보면 패턴이라는 것이 나온다. 그 패턴의 방향을 보면 미래에 일어날 일을 예측할 수 있고 그렇게 하면 확실히 실수를 줄일 수 있다.

나는 5년 후에 내가 얼마의 자산을 가지게 될지 엑셀로 자세히 계산해 놓았다. 이는 과거의 데이터를 바탕으로 미래를 예측한 것인데 매달 수입과 각종 지출에 대한 예상은 물론이고 이자액, 이자 출금일까지도 정확하게 예측되어 있으니 잊어버리고 있다가 갑자기 급전을 써야하는 상황이 발생하지 않는다. 또한 당일의 환율을 넣으면 수천 개의 데이터가 자동 계산되도록 되어 있다. 나는 매주 몇 번씩 자료를 확인하고 아내와 합의해서 예산을 짠다. 계획은 보수적으로 해 놓았기 때문에 연말 결산을 해 보면 자산이 계획보다 더 늘어나 있는 경우가 많다. 당신은 그런 자료가 있는가?

통계에 기초한 서적이 이론서보다 현실에 더 가깝다는 것은《성공하는 사람들의 7가지 습관》보다《이웃집 백만장자》가 훨씬 유익한 데서 알 수 있다.

실제 통계와 다르게 우리가 얼마나 왜곡된 시선을 가졌는지는《이웃집 백만장자》의 〈이웃집 백만장자는 어떤 사람인가?〉라는 항목에 잘 나타나 있다.

> "이 사람들은 백만장자일 리가 없어! 백만장자처럼 보이지도 않고, 백만장자처럼 차려입지도 않았고, 또 백만장자처럼 먹지도 않고, 백만장자처럼 행동하지도 않으니까! 게다가 백만장자 같은 이름도 가지고 있지 않잖아. 도대체 백만장자처럼 보이는 백만장자는 어디에 있는 거지?"
>
> 이렇게 말한 사람은 어떤 회사의 신용 담당 부사장이었다. 우리는 포커스 그룹의 인터뷰 및 저녁 식사에 제1세대 백만장자 10명을 초대했는데, 이 모임이 끝난 후 그 부사장이 한 코멘트였다. 부자가 아닌 대부분의 사람들은 그 부사장의 백만장자에 관한 견해에 공감한다. 사람들은 백만장자가 비싼 옷을 입고 비싼 시계를 차는 등 사회적 지위를 잘 나타내 주는 비싼 물건들은 소유하고 있다고 생각한다. 그러나

우리는 실제로는 그렇지 않다는 점을 깨달았다.

사실 우리 친구인 신용 담당 부사장은 양복을 구입하는 데 미국의 전형적인 백만장자보다 훨씬 더 많은 돈을 쓴다. 또한 이 부사장은 5,000달러짜리 시계를 차고 있는데, 우리가 조사해 본 바에 의하면 대다수의 백만장자는 시계 구입에 5,000달러의 1/10도 절대 소비하지 않는다고 한다. 이 부사장 친구는 또 최신형 고급 수입 자가용을 몰고 다닌다. 그러나 대다수의 백만장자들은 그 해에 나온 최신형은 타지 않는다. 소수만이 수입산 자가용을 타고, 그보다 훨씬 적은 극소수만이 고급 수입 승용차를 탄다. 우리의 신용 담당 부사장님은 자가용을 리스(장기 임대)한 반면, 백만장자 가운데 자가용을 리스한 사람은 극소수였다.

그러나 평범한 미국 성인에게 이 두 가지 타입 중 누가 더 백만장자같아 보이는지 물어보라. 우리 부사장 친구일까? 아니면 우리 인터뷰에 참여했던 사람 중 하나일까? 대부분의 사람들이 이 부사장을 백만장자로 찍을 것이 분명하다. 그러나 보여지는 것은 눈속임일 수 있다.

이처럼 우리의 잘못된 고정관념과 다르게 현실의 백만장자들에 대한 실제 통계는, 백만장자들이 사실 전혀 백만장자같이 보이지 않는다는 것이고 그리고 그것이 그들을 백만장자로 만든 가장 중요한 요건이라는 것이다.

나는 그 책에 나와 있는 통계 자료를 읽으며-내 생활에 대비했을 때-내가 그 통계 내의 수준에서 생활하고 있다는 것을 깨닫고 내가 가고 있는 길이 틀리지 않다는 것을 확인하였다. 혹, 어떤 사람이 반대의 주장을 하는 책을 냈다면, 그것은 그 사람이 성공한 방법이지 당신이 성공할 방법은 아닐 것이다. 특정인 혼자만의 주장을 믿지 말고 통계적인 데이터를 믿어라.

탐욕을 버려라

천천히 한 걸음씩

오래전 일이다. 진해 육군 대학터는 그 규모가 제법 방대한데 그곳에 야구장이 들어오기로 한 적이 있었다. 때문에 주변 땅값이 들썩였다. 나는 그 소식을 접하기 2년 전, 주변 땅값을 알아본 적이 있었다. 도시의 한복판에 그렇게 넓은 땅을 영원히 묵혀둘 수는 없으니 그걸 활용하는 시점에 땅값이 오를 것이라는 예측을 했기 때문이다.

그리고 내가 주의를 기울인 것은 야구장이 아니라 대학 분교들이다. 야구장 뉴스에 묻혀 잘 드러나지 않았지만 그곳에 2개의 대학 분교들이 들어올 것이고, 때문에 주변 임대수요가 늘어날 것으로 생각했다. 그러나 나는 아무것도 하지 않았다. 그 정도 상황 같으면 한번 질러볼 수도 있겠지만 이미 한국/중국의 부동산에 대출이 있는 상황에서 100% 장담할 수 없는 미래를 위해서 당장 소득은 커녕 대출 이자를 내야 하는 물건을 보유할 만큼 모험을 좋아하지는 않기 때문이다. 대출이 있는 3개의 부동산을 가지고 있는 상태에서 직장이라도 잃는다면 그건 아주 치명적일 수 있다. 매달 대출 이자 내는 날마다 살얼음판 걷는 기분이 들 것이 분명하다.

내가 대출을 모두 갚은 상황에서(즉, 몇 년 후에) 다시 그 지역 물건들의 구매를 고려한다면 분명 수익률은 줄어 있겠지만 망하는 일은 없을 것이다. 또한 그동안의 대출을 갚은 신용도를 고려한다면 아마 대출 이자도 아주 저렴하게 얻을 수 있을 것이다.

물론 빚은 잘만 얻으면 자산 증식에 아주 큰 역할을 한다. 그러나 언제나 철저한 계산 뒤에 얻어야 하는 것이 빚이다. 사람들이 빚에 대해서 얼마나 안이하게 생각하는지 한번 살펴보자.

빚과 재고에 대한 나의 생각

이 부분은 내가 5년 전에 썼던 글이다. 그리고 나의 예상은 현실이 되었다.

내가 일하는 조직의 창고에는 자재 재고, 상품 재고들이 쌓여 있는데 그 재고의 양이 일반적인 경우를 넘어섰다. 그중에서는 악성 자재들도 많은데 어떤 것들은 무려 5년이 넘도록 먼지를 뒤집어쓰고 있다. 그동안 내가 그 리스트를 제공해줄 것을 요청했지만 자재부는 부처 이기주의 때문에 자료를 제공하지 않았다가 얼마 전 리스트를 받았는데 리스트의 정리 상태가 쓰레기 수준이었다. 비슷한 자재가 모여 있지도 않고, 품명도 뒤죽박죽, 같은 항목이 여러 페이지 중복에다가, 숫자도 맞지 않았다. 그걸 연구/조사해서 맞추고 보니 악성재고가 산더미처럼 나왔다. 자! 악성 재고가 무엇이 문제인지 살펴보자.

① 창고에 자재가 필요 이상으로 쌓여 있다면 결국 현금이 없어 하청업체에 대금을 지불하지 못하는 문제가 생기고, 때로는 이런 문제 때문에 회사가 흑자 도산할 수도 있다. 오래된 재고를 사용하면 그 액수만큼 신규 자재비로 돈을 지출할 필요가 없으므로 자재비만큼 현금 흐름이 좋아져서 회사의 재무상태가 개선된다.

② 모든 자재는 선입선출이 원칙이다. 오래 두면 가치가 떨어지기 때

문이다. 조사 중에 상당수의 자재에 녹이 핀 것이 발견되었는데 그럼 그냥 폐기해야 한다. 그 자재들은 B/S(Balance Sheet, 대차대조표)상에 자산으로 잡혀 있었지만 사실은 가치가 0이며, 이것도 일종의 분식회계이다.

③ 자재들을 창고에 가만히 놔두는 것 자체도 비용이다. 악성 자재들이 많지 않다면 창고의 공간 자체를 줄일 수도 있고 공간이라는 것은 그 자체가 비용이다. 물론 관리 인원의 인건비도 적지 않다.

④ 대개의 회사들이 그렇듯 내가 일하는 조직도 은행 대출이 있다. 그리고 창고에는 5년 된 재고가 산더미처럼 쌓여 있다. 이것은 아주 심각한 문제이다. 계산을 해 보자. 예를 들어, 이율 8%짜리 은행 대출 30억이 있고, 5년 동안 전혀 사용하지 않은 악성 재고의 가치가 10억이 있다고 하면, 애초에 20억만 대출받아도 된다는 이야기이다. 즉, 10억 원의 8% 이자를 지난 5년간 지불할 필요가 없었다는 이야기다. 10억 × 8% × 5년 = 4억!

그렇다. 은행 이자로만 지난 5년간 무려 4억 원이라는 돈을 허공으로 날렸고, −이 문제를 해결하지 않으면−앞으로 5년 동안 또 다른 4억 원을 허공에 날릴 것이란 말이다. 자재는 녹이 슬어 사용하지도 못하는데, B/S상에는 자산으로 잡혀 있을 것이며, 그것을 관리하기 위해 비싼 공장 건물과 인원을 유지한다는 말이다. 즉, 이자로 낭비한 8억 원에 각종 비용을 더하면 악성 재고는 10년 후 그 가치가 0이 되고 시간이 더 지나면 마이너스가 된다.

내가 자재창고의 자재에 대해 '재고리스트를 활용한 설계 시스템'을 만든 후, 생산현장 보관재고 현황을 보니 역시나 마찬가지였다. 현장 역시 최소 5년이 넘은 자재가 산더미처럼 쌓여 있는 것이다. 담당 부서 장에게 내가 물었다. "저 자재를 다른 곳에 활용하면 어떠냐?"라고. 그는 "가끔 주문이 들어오므로 재고가 있어야 한다." 하고 말했다. 그러니까 언제 들어올지도 모르는 오더를 위해서 재고를 산더미같이 유지해 왔으며 앞으로도 그러겠다는 말이다. 지금까지의 사용 속도를 보건데 소진에 최소 10년이 걸릴 것인데도 말이다. 그러나 그전에 회사가 파산하면 어떡하지?

도요타가 세계적인 회사로 성장한 배경에는 JIT(Just In time)가 있다. 쉽게 말해 자재가 필요한 시점에 하청 업체가 적정량만 반입하여 생산에 투입함으로써 공장 내 재고를 0으로 유지한다는 개념이고 그것은 내가 위에 설명한 이유로 해서 엄청난 원가 절감 효과를 낸다. 어리석은 내 주위의 이런 사람들을 볼 때마다 답답해 미칠 노릇이지만 그게 한국 회사들의 한계고 나도 생존을 위해서는 이런 사람들과 같이 일해야 한다.

위의 회사는 내 예상대로 결국 파산의 절차를 밟았다. 내가 문제를 바꿀 수 있는 권력을 가지게 되었을 때는 불행히도 너무 늦었기 때문에 조금 더 버티게 하는 수준밖에 할 것이 없었다. 자! 그럼 이 개념을 가정 경제로 옮겨서 생각해 보자.

가정 경제에 있어서 빚

지금 당신 집안을 살펴보라. 그리고 내가 위에 설명한 개념을 적용해서 생각해 보라. 적정량 이상의 물품, 예컨대 가격이 싸다고 1년 사용량을 사다 놓은 것들이 있다면 그것을 유지하는 데 드는 비용이 당신이 얻은 은행 대출금의 이자로 나간다는 것을 깨달아야 한다. 그 물품을 필요치만 사고 나머지를 빚을 갚는 데 투입한다면 아마도 좀 더 빨리 그 상태를 벗어날 수 있지 않을까?

탐욕의 끝

사기를 당한 사람에 대한 기사를 읽을 때마다 느끼는 것이 있다. 사기를 당하는 사람들의 상당수는 탐욕적이라는 것이다. 어떤 사람이 대박 투자처가 있다는 말을 믿고 투자했다가 사기를 당했다면 이는 불로소득을 얻으려는 그의 공짜심리가 원인이다. 누군가 전화를 해서 수익률이 10%를 초과하는 상품이 있다고 구매를 권한다면 그 사람은 자기가 투자하지 도대체 그 좋은 기회를 왜 당신한테 준다는 말인가? 제발 탐욕을 버리고 천천히 정도를 가라. 그래야 더 큰 것을 얻을 수 있다.

부자 아빠의 위험성

로버트 기요사키의 책들이 수천만 권 팔렸고, 나도 직접 산 것과 독자들이 보내준 것도 있다. 그런데 그의 책들 대부분이 사실 별 도움이 안 되었다. 그의 모든 책에서 금융지식을 쌓아야 한다고 말하지만 정작 그게 뭔지는 설명이 없다. 십자가를 그어 구분해 놓은 것과 사각형 4개로 개념을 설명했지만 그걸로 도대체 어쩌란 말이지? 그런 개념은 10페이지면 충분히 설명 가능하지 몇 십 권으로 나눠서 반복할 필요가 없는 것이다.

내가 읽은 그의 책 중에서 유일하게 가치가 있었던 것은 임대 부동산의 수익률 계산 방식이 나와 있는 책과 그것의 속편 격인 《부자 아빠의 투자 가이드》뿐이었다. 10%의 자기 자본을 가지고 90%의 대출을 받아 주택을 산 후 임대를 놓아 생긴 수익으로 대출 이자와 각종 비용을 내고도 돈이 남는데, 그게 자기 자본 대비 10~20%가 된다는 식의 이론이고 아주 유용한 아이디어다. 그리고 그 책을 통해서 나는 수익률을 산출하는 방법을 터득했지만 책 출판 당시 한국에 이 개념을 적용하기는 무리가 있었다.

한국의 단독주택은—은행이 전세입자보다 후순위가 되는 경우는 대출이 아주 어렵고, 선순위라고 해도 소액 전세금 최우선 변제제도 때문에—90%의 대출을 받을 수도 없을뿐더러, 설사 그게 가능하다고 해도 미국처럼 월세 수익이 많지도 않다. 즉, 개념은 좋지만 한국의 현실에는 맞지 않은 것이다. 그런데 원룸이라는 것이 보편화되기 전 나는, 원룸이 그 개념과 일치한다는 것을 깨닫고 추진을 하여 약간의 이익을 보게 되었다. 물론 지금은 원룸을 투자할 시기가 아니다. 도시형 생활주택이라고 쓰고 원룸이라고 부르는 주택이 너무 많기 때문이다. 당시 정부의 과도한 규제 완화 이후 신문에 난 기사에는 공실률이 50%나 된다고 하였다. 예상대로다. 수도권에서 가구당 0.5대로 주차장 기준을 완화한다면 그 많은 차들은 어디에 대나? 0.5대도 이중주차가 많을 터이니 실제로는 0.3대 정도밖에 안 될 것이고 주차 지옥은 불 보듯 뻔하다. 당연히 내가 차를 가진 세입자라도 입주를 꺼렸을 것이다.

그리고 미국의 모기지론 사태가 터졌을 때 나는, 기요사키의 방식으로 집을 수십 채 보유한다면 아주 위험할 것이라고 생각했는데 그는 이후 새로 출판한 책에서 모기지론 사태에서도 자신의 투자방식이 모기지론 사태를 이겨낼 수 있는 좋은 방법이라고 말했고 나는 혼란스러웠다. 아니! 주택 가격 자체가 폭락하면 주택의 LTV(Loan To Value ratio, 주택담보대출비율)가 90%가 아니라 100%를 초과하는 사태가 생길 것이고 은행은 곧 대출 원금을 회수하려 할 텐데 어떻게 괜찮다는 거지? 그럼 그렇게 호언한 그의 리치글로벌은 왜 파산했지? 표면적인 이유는 수익 및 임대료 미지급이지만 그걸 지급하지 못한 이유가 혹시 그것 때문 아닐까?

부동산 수익률의 함정

계산을 한번 해 보자. 1억짜리 오피스텔이 있다. 수익률을 계산할 때 아래와 같이 한다.

계산법 1-1(레버리지 O)

  − 은행 대출 : 5천(이율 6% = 300만/년)

  − 전세 : 2천

  − 자기 자본 : 3천

  − 매입 가격 : 1억

  − 월세 : 50만 × 12 = 600만/년

위의 오피스텔의 수익률은 600(월세) − 300(이자)/3,000(자기 자본) × 100% = 10%가 된다.

계산법 1-2(레버리지 ×)

  − 전세 : 2천

  − 자기 자본 : 8천

  − 매입 가격 : 1억

  − 월세 : 50만 × 12 = 600만/년

만약 대출을 얻지 않는다면 수익률은 600/8,000 × 100% = 7.5%가 된다. 그래서 업자들은 레버리지를 최대한 내서 2채를 사는 것이 유리하다고 말한다. 하지만 현실은 그렇지 않다.

계산법 2-1(레버리지 O, 비용 반영)
  - 은행 대출 : 5천(이율 6% = 300만/년)
  - 전세 : 2천
  - 자기 자본 : 3천

  - 매입 가격 : 1억
  - 월세 : 50만 × 12 = 600만/년
  - 공실률 10% : 600 × 0.1 = 60만/년
  - 세금 등 비용 : 100만/년

  - 수익 : 440만/년

실제로는 공실이 생길 수도 있고, 세금 등 비용이 추가로 발생한다. 숫자는 임의로 넣었다. 수익률 : 440 −300/3,000 × 100% = 4.6%이 나온다. 즉, 6% 은행 이자보다도 못한 수익률이 나오므로 대출이 많을수록 수익률은 떨어지고 손해를 보는 구조이다.

계산법 2-2(레버리지 ×, 비용 반영)
  - 전세 : 2천 + 월세(50만 × 12 = 600만/년)
  - 자기 자본 : 8천

‒ 매입 가격 : 1억‒ 월세 수익 : 600만/년

‒공실률 10% : 600 × 0.1 = 60만/년

‒세금 등 비용 : 100만/년

‒수익 : 440만/년

공실과 비용을 반영해서 다시 계산해 보자. 숫자는 임의로 넣었다. 수익률 : 440/8,000 × 100% = 5.5%가 나온다. 즉, 6% 은행 이자보다도 못한 수익률이 나오지만 대출이 없는 것이 수익률이 더 높다.

이렇게 수익률을 매도인, 소개업자, 은행 등 이해관계인의 말만 믿고 계산하면 손해를 볼 수도 있음을 알아야 한다. 그래서 모든 비용을 반영한 수익률이 은행 이자보다 높으면 레버리지를 유지하고, 그렇지 않다면 조기에 상환하는 것이 현명한 일이다. 참고로 위에 예를 든 오피스텔의 경우 은행 이자 6% 마지노선 수익률이 나오려면 공실+ 각종 비용의 합계가 120만 원이 되어야 한다. 즉,

‒ 월세 수익 : 600만/년

‒ 공실률 10% : 600 × 0.1 = 60만/년

‒ 세금 등 비용 : 60만/년

‒ 수익 : 480만/년

레버리지(O) : 수익률 = 480−300(이자)/3,000 × 100 = 6%

레버리지(×) : 수익률 = 480/8,000 × 100 = 6%

위의 오피스텔에 투자한다면 저런 계산은 한번 해 보는 것이 좋을 듯하다. 그러나 저 공식에도 장기수선 충당금, 가격 자체의 변동은 반영하지 않았다. 나머지는 각자 알아서 하라. 만약 지금까지 저런 비용들을 반영하지 않는 계산식을 가지고 있었다면 당신 역시 대중의 한 사람일 뿐이다.

인내심을 가지면 얻게 되는 것들

예전에 교통사고 가해자로 몰린 사람이 그 억울함을 벗기 위해 무려 1년 반 동안 본업을 접어두고 소송에 매달려 승소했다는 인간 승리 기사가 났다. 대단하다.

하지만 나라면 그러지 않겠다. 그 교통사고는 단순 차량파손이었고 보험 처리하면 내 보험료만 약간 오르고 말일이다. 향후 5년간 그로 인한 손실이 50만 원이라고 하자. 그러나 소송으로 보는 손실은 훨씬 크다. 시간손실: 1년 반, 금전손실: 월 소득을 150만 원으로 잡으면 150 × 18개월 = 2700만 원, 소송비용(변호사비, 각종 교통비 등등) 1000만 원 잡자. 그에 더해 기타 스트레스. 정리하면 이렇다.

① 소송을 안 해서 손해 보는 것

향후 5년간 50만 원

기분이 더럽게 나쁘다.

② 소송을 해서 손해 보는 것
　　1년 반의 시간 손실
　　3700만 원의 금전
　　소송 스트레스

50만 원의 푼돈을 무시한다면 기분이 더럽게 나쁜 것 한 가지를 해소하기 위해 엄청난 손실을 본 것이다. 부자들은 이런 감정을 컨트롤했기에 부자가 되었고 그래서 부자들은 대개 빈자들보다 현명하다.

남을 이용한 협상

상대방과 다툼이 생겼고 그 다툼에서 졌을 때 내게 금전적 손실이 크게 발생한다면 어떡해야 하나? 그땐 당연히 싸워야 한다. 하지만 무턱대고 덤비기보단 잠깐 생각을 해 보고 작전을 짜야 감정적인 대립으로 인한 손실을 줄일 수 있다. 특히 제삼자를 이용하여 싸울 경우 게임이 아주 쉬워진다.

에피소드 1

내 건물에 살던 세입자 남녀가 있었는데 남자가 시도 때도 없이 술 처먹고 행패를 부려서 다른 세입자들한테 주는 피해가 이만저만이 아니었다. 그들은 월세도 안 내어서 보증금을 까먹고 있었고 다행히 보증금이 0이 되는 시점에 이사를 했는데 이사 시에 도시가스비와 전기세를 안 내고 도망갔다.

이럴 땐 내가 그들에게 직접 전화를 할 필요가 없다. 도시가스와 한

전에 그들의 전화번호를 주면 되는 것이다. 집주인이라는 개인보다 그런 업체나 국가 기관들이 전화를 하면 압박감을 더 느끼는 것이 사람 심리이기 때문에 그렇게 처리하여 결국 대부분의 요금을 받아 냈다.

에피소드 2

예전에 썼던 글인 '여름 벌레 두 마리'에 등장하는 두 녀석과의 일화 이후에 어떤 일이 있었을까? 나는 회의 시간에 그 문제를 살짝 언급했고 해당 부서장은 약간 언짢아하며 창고 정리를 약속했다. 녀석들은 몇 주일 동안 창고 정리를 하게 되었고 물건들은 점점 짜임새 있게 정리되었다. 그렇게 하드웨어적 정리가 끝난 후 그것을 데이터로 만든 자료를 내게 제공했다. 내가 이곳에 온 지 5년 만에 받게 된–아직도 엉터리인–자료에는 단 한 번도 내게 언급하지 않은 자재들이 족히 6달분은 쌓여 있었고 그것들의 존재를 모르는 나는 그동안 신품을 발주한 것이다. 그렇게 나는 타 부서 직원들과의 직접적인 충돌을 피하고 제삼자인 그들의 부서장을 이용해서 내 목적을 달성했다.

에피소드 3

딸아이를 데리고 아내와 외식을 가면 금연 표시가 있음에도 불구하고 담배를 피우는 사람들 때문에 기분을 잡치기가 일쑤다. 머리에 스팀이 확 올라오는 내가 그 작자에게 말을 걸면 언성이 높아질 가능성이 많다. 그럼 어떻게 하나?

종업원을 부른 후 "이곳이 금연 식당이 맞냐?"라고 묻고 그렇다고 하면 "누군가 담배를 피우니 조치를 부탁한다."라고 전하면 된다. 애초에 담배를 피워도 제지하지 않은 종업원부터가 욕을 먹어야 하니 종업원에게 맡기면 된다. 그가 대화를 들어도 상관없다. 어차피 내가 지시한 것은 원론적인 것밖에 없고 특정인을 지칭하지도 않았으니.

국민연금

에피소드 1

주부인 어머니는 지역연금에 가입한 적이 있었다. 그때 아버지는 직장연금에 가입된 상태였지만 노후에 더 많은 연금을 타기 위해 추가 가입을 한 것이었다. 그런데 아버지가 사망할 경우 두 개를 동시에 타지 못한다는 규정이 있단다. 그럼, 개인의 의지로 지역연금에 가입하면 돈을 그냥 날리는 것인가? 이 불편한 진실을 아신 어머니는 해지를 할 테니 낸 보험료를 돌려달라고 했지만 뭐? 60세가 넘어야 돌려준다고? 그때 나는 깨달았다. 연금행정이 얼마나 주먹구구식으로 운영되는지.

어머니는 연금을 해지하고 60살이 되어 일시금으로 돌려받으셨고 아버지의 연금만을 타셨다. 그런데 아버지가 타는 연금액을 가만히 보면 납부액에 비해 제법 많은 연금액을 타는 것 같았고 이는 곧 누군가의 돈이 아버지에게로 간다는 말이다. 즉, 타지도 못할 지역연금을 이중으로 가입한 어머니처럼 아직도 그 사실을 모르는 어리석은 사람들의 돈이 아버지에게로 흘러가는 것이다. 물론 아버지가 연금을 많이 타는 것은 자식으로서는 당연히 좋은 일이지만 그건 곧 누군가는 그만큼 적게 탄다는 것이고 그 누군가가 내가 될 수도 있다. 이후 아버지는 돌아가셨고 그 규정은 오랫동안 바뀌지 않았다.

중복 지급이 되고 안 되고를 떠나서 나는 내 돈이 내 통제 밖에 있는 것이 싫다. 남이 내 돈을 관리하다 그 액수가 적어져도 하소연할 수 없다는 것이 말이 되는가? 나는 내가 대한민국 평균보다는 똑똑하며 내 스스로 재테크를 해서 그 이상의 수익률을 올릴 수 있다고 믿고 있다. 나는 내 돈의 주인이 되는 것이 훨씬 좋다.

에피소드 2

인터넷에서 어떤 이의 댓글에 이렇게 나와 있다. 시아버지가 65세 때 교통사고로 시어머니와 같이 돌아가셨는데 국민연금을 수십 년간 내기만 했지 한 푼도 받을 수가 없었다고. 만 18세 이하의 자녀와 배우자만 받을 수 있기 때문이란다.

즉, 연금이란 내가 내 미래를 위해서 저축하는 개념이 아니라 부의 재분배를 위한 세금일 뿐이다. 당신이 노후 대책으로 믿고 있는 것이 국민연금뿐이라면 다른 대책을 하나쯤 더 세워놓는 것이 안전하지 않을까?

혹, 기초연금 20만 원씩 나눠주겠다는 정책을 처음 들었을 때 흥분했는가? 당신은 그 이야기를 듣고 흥분하기 전에 그 돈이 어디서 나올 건지를 생각해 보았어야 한다. 결국은 제로섬(Zero-sum) 게임이므로 누군가의 주머니에서 그 돈을 빼내야 한다는 것을 알아야 한다. 당신이 20만 원의 수급자가 아니라면 당신 또는 당신 자식이 손해 보아야 한다는 것이니 주머니가 얇아지는 것을 기다려라.

에피소드 3

국민연금을 빼서 기초연금을 지급한다는 정책이 나오기 전 어느 날, 회사의 식사시간. 국민연금 이야기가 나와서 내가 말했다.

"그거 가입하지 마세요. 기금도 고갈된다는데"

그랬더니 내 상관은 내게 버럭 화를 내며

"대한민국 국민이 국민연금을 가입해야지!"

다른 사람들도 무조건 가입해야 한다는 이야기를 했다. 과연 맞는 말인가? 아니 그것이 현명한 것인가? 국민연금보험료의 절반은 회사에서 부담하므로 납부한 연금의 절반과 그 이자를 넘어선 금액을 연금으로 돌려받는다면 손해는 없다. 그렇다면 자영업자는? 자영업자나 퇴직자라면 생각을 잘 해 봐야 한다.

① 내가 재테크를 잘해서 연금의 수익률 이상을 벌 자신이 있다면 가입을 안 하거나 납부금액을 최소화하는 것이 내게 유리하다.

② 내가 재테크엔 무지하고 씀씀이가 헤퍼서 자산관리를 잘못한다면 최대한 많이 가입하는 것이 유리할 것이다. 이 경우 보험 들었다고 생각하면 될 일이다.

최소한 나는 국민연금 운용 수익보다 높은 재테크 수익률을 얻을 자신이 있었고 실제로도 그래 왔다. 어차피 나는 그동안 캐나다 영주권자 신분이었기 때문에 가입대상이 아니었지만(하고 싶어도 못한다) 영주권이 사실상 소멸된 이후에도 형식상 영주권을 계속 유지하며 가입을 하지 않았다(불법이 아니다.).

그러나 인내심이나 계획 능력이 부족한 대중은 보험, 연금, 퇴직금 등의 강제 적립이 그들의 은퇴 후 생활을 어느 정도 보장해 줄 것이고,

비록 그것들에서 손실이 발생하더라도 그렇게 하는 것이 사회적으로 봐서는 보다 안정적이다.

에피소드 4

얼마 전 나는 캐나다 영주권을 포기하고 한국의 주민등록을 회복하면서 국민연금 지역가입자가 되었다. 왜일까? 스스로 재테크하는 게 더 유리하다면서?

2013년 1월 17일 중국에 거주하는 외국인에 대한 사회보장 제도의 대변혁이 있었는데 무려 급여의 최대 41%에 해당하는 5대 보험(여성들은 생육보험이 추가되어 5개이다.)을 강제 가입해야 하는 제도가 생긴 것으로 그 비율을 보면 아래와 같다(지역마다 차이가 있는데 내가 사는 곳에 한하여 말하겠다.).

① 양로보험(= 국민연금) : 개인 8% + 회사 18%
② 의료보험(= 건강보험) : 개인 2% + 회사 8%
③ 실업보험(= 고용보험) : 개인 1% + 회사 2%
④ 공상보험(= 산재보험) : 회사 1%
⑤ 생육보험(= 출산보험, 여자 only) : 회사 1%

• 개인11% 회사29%(여자는 30%)
• 총합계 40%(여자 41%)

이 제도가 생긴 이유는 중국의 빈부격차가 커져 사회불안이 늘어나자 이를 해소하기 위해서 저소득층에게 연금을 퍼주고 있는데 그 기금이 고갈되자 중국 내 소득활동을 하는 외국인들로부터 강탈해서 자국민들에게 나눠주겠다는 발상이다. 왜 강탈이냐? 이걸 낸 외국인이 연금을 타려면 15년간 계속 연금을 납부한 후 중국에서 계속 거주해야(= 늙어 죽을 때까지 살아야) 한다는 것이다. 즉, 양로보험만 봐도 회사 납부분 18%를 공짜로 먹기는커녕 내가 낸 8%의 돈을 그냥 공중에 날린다는 이야기다.

다행히 한국인의 경우 한국에 국민연금이 가입되어 있으면 5년간 유예한다는 규정이 있다. 그래서 나는 더 큰 손실을 피하기 위해 국민연금에 가입한 것이다. 이는 내 개인에게 최선의 선택이고 한국이라는 나라에도 이롭다. 한국 내 국민연금 기금이 늘어났고, 중국 내 납부액만큼 내가 한국으로 송금하므로 외화획득도 하게 되는 것이다.

상기에 언급한 한국의 기초연금에 대해선 사회주의적 정책이라서 개인적으로 좋아하지 않는다. 거기다 부채를 탕감하거나 유예하는 하우스푸어 대책 역시 사회주의적 정책이며, 궁극적으로는—억대 연봉을 받는 은행원들의 직장인—은행을 보호하기 위해 국민의 세금을 퍼붓겠다는 정책이란 것이 내 판단이다. 즉, 나 같은 성실한 납세자의 돈을 그렇지 않은 사람들을 위해 쓰겠다는 것이다. 말이 되나? 《부자 아빠 가난한 아빠/로버트 기요사키》에 세금에 대한 부자들의 생각이 잘 나와 있다.

나의 두 아버지는 서로 다른 사고방식을 갖고 있었다. 한 분의 아버지는 부자들이 더 많은 세금을 내서 그렇지않은 사람들을 도와야 한다고 생각했다. 반면에 다른 아버지는 이렇게 이야기했다. "세금은 적극적으로 생산 활동에 참여하는 사람들에게는 벌을 주고, 그렇지 않은 사람들에게는 상을 주는 것이다."

그렇다. 기요사키의 부자 아버지 말이 맞다. 그러나 지금의 시점에서 성실한 당신이 취할 수 있는 것은 아무것도 없다. 억울하지만 그냥 당신의 길을 가면 된다. 그리고 게으르고 탐욕적인 사람들이 저런 혜택을 받는다 하더라도 몇 년 안에 원위치 된다는 것은 통계가 증명한다. 내가 걸음을 멈추지 않듯이 당신도 가던 걸음을 멈추지 마라.

복권

예전에 주택복권의 당첨 금액을 계산해 본 적이 있었다. 당시 600만 장 복권의 발행금액은 600만 × 500원 =30억 원이고, 꼴등 500원짜리를 포함한 당첨 장수는 발행 장수의 1/3인 200만 장이며, 당첨금액의 합계는 15억 원이었다. 그럼 세금을 내기 전에 이미 수익률이 −50%란 얘긴데, 도대체 이런 마이너스−섬 게임을 왜 하지?

사람들은 말한다. 심심풀이라고. 그래! 그 정도라면 나도 돼지꿈을 꾼 다음 날 두 장을 사본 경험이 있으니 이해할 수 있는 수준이지만 그걸 정기적으로 사는 사람들도 많고 무슨 연구까지 하는 사람들도 있다. 그래서 그 모든 사람들의 수익률을 합하면 +가 나는가? 그걸 연구하는 시간에 나는 영어단어를 하나 더 외우겠다.

그럼 운 좋게 복권에 당첨된 사람들의 인생은 어떨까? 그들의 인생이 필 것 같나?《나는 샌프란시스코로 출근한다》를 보면 로또 당첨자의 3분의 1 이상이 당첨 5년 이내에 당첨 이전보다 재정적으로 궁핍해지거나 파산한다는 통계가 있다고 한다. 이는 그만큼 돈이 사람을 지배하기가 쉽다는 것을 증명하는 것이다.

도대체 복권을 왜 사는가?

주식

몇 년 전 이야기다. 부동산의 경우 정부가 시장 활성화를 명분으로 매매를 촉진하려고 한다. 왜일까? 그것은 그래야 세금이 많이 걷히기 때문이다. 즉, 정부라고 하는 집단 역시 국가를 운영하고 스스로 생존하기 위해서는 민간 기업과 동일하게 돈이 필요하고 그 방법으로 세금을 걷어서 쓴다. 또한 시장이 활성화되면 중개업자, 이삿짐업자, 인테리어가게들도 먹고 살며, 이들 역시 세금을 내므로 세수는 더 늘어나게 된다.

한편 주식은 부동산만큼 높은 세율이 적용되지 않으니 정부의 세수에 그리 많은 보탬이 되지는 않겠지만 우리는 여전히 주식을 사야만 할 것 같은 광고를 접하게 된다. 보통 '100억 주식 고수' 식으로 나오고 그것을 하면 마치 나도 큰 부자가 될 것 같은 착각에 빠지게 된다. 하지만 '부는 제로-섬 게임'이므로 내가 100억을 벌기 위해서는 다른 수많은 누군가가 100억을 잃어야 하며 그 누군가가 자신이 될 가능성이 99%라는 것도 깨달아야 한다. 그러나 그것보다 더 크게 우리에게 영향을 미치는 것은 바로 수수료이다. 증권회사가 운영되고, 펀드 매니저 등의 고연봉이 나오는 것은 바로 당신이 그토록 많은 단타 매매를 하거나 펀드에 가입함으로서 수수료를 지불하기 때문이다. 《이웃집 백만장자》에는 "과연 적극적인 주식 거래가 더 좋은가?"라고 자문하는 대목이 나온다. 백만장자 중 소위 적극적인 투자자라고 할 만한 사람들을 찾아내기란 쉽지 않으며 실제로 백만장자 중에서 적극적인 투자가는 극소수라는 것이다. 실제로 우리는 백만장자 중에서보다는 백만장자가 아닌 사람들 중에서 적극적인 주식 중개인을 더 많이 볼 수 있다. 왜 그런 것일까? 그 이유는 매일, 매주, 매달 주식을 사고파는 데는 아주 많은 돈이 들기 때문이다."

또, 《기요사키와 트럼프의 부자》에는 이런 말이 나온다.

> "누군가에게 물고기 한 마리를 주면 그는 하루를 먹고 살 것이다. 누군가에게 고기 잡는 법을 가르쳐주면 그는 평생을 먹고 살 것이다." −중략−그러면 어째서 몇몇 사람들은 다른 이들에게 물고기 잡는 법을 가르치려고 하지 않는 걸까? 그 이유는 그들이 생선을 파는 사람들이기 때문이다. 그들 중 많은 사람들이 증권중개인, 부동산중개인, 재무설계사, 은행가, 보험대리인 등이다. 그들의 직업은 파는 일이지 가르치거나 기부하는 일이 아니다.

주식중개인의 자산이 얼마인지 물어보고 주식을 사야 하는 이유가 위에 있다. 당신은 스스로는 자산이 전혀 없으면서 남에게 주식을 추천하는 사람의 말을 믿고 있지 않는가?"

중국 주식 투자를 하고 있는 나는 위의 이유로 그리 활발하게 매매를 하지는 않는다. 나는 가치가 있는 회사의 주식을 장기간에 걸쳐 보유하는 것을 선호한다. 그것이 나의 수익을 중개인이나 증권회사에 넘겨주지 않는 현명한 방법이니 말이다.

보험

에피소드 1

동료 A와 차를 타고 가면서 대화가 있었다. 아는 사람이 연락해 왔는데 아마도 보험에 가입하라고 하는 것 같다. 이미 3개의 보험료로 60여만 원을 지출하고 있고 나머지 돈으로 적금을 드는데 하나 더 가입하면 적금을 해약해야 하기 때문에 더 이상 가입하지 않을 거란다.

그럼 여유가 있으면 지인을 위해서 가입을 하겠다는 말인가? 자신을 위해서가 아니고?

에피소드 2

며칠 뒤 동료 B가 노후 대비로 생명보험에 가입했다고 말했다. 이미 여러 개 가입한 것으로 아는데 또 가입한 것이다. 그런데 노후 대비라면서 죽어야 돈을 내주는 생명보험에 왜 가입했지? 죽어서 타는 돈으로 어떻게 노후 대비를 하지?

나는 사람들이 보험에 잔뜩 많이 가입했으면 좋겠다. 그래야 보험사 직원도 먹고 살고, 보험회사도 먹고 사니 말이다. 또 그렇게 돈이 돌게 해주니 나는 간접적으로 그 혜택을 보게 된다. 하지만 나는 보험이 싫다. 내 계산은 이렇다.

① 보험의 손해율을 70%라고 하면 내가 보험료로 100만 원을 납부하면 70만 원을 보험금으로 돌려준다는 말이다. 그런데 같은 돈을 은행에 3.5%짜리 예금에 들었다면 1년 후 소득세 15.4%를 빼고 약 103만 원을 돌려받는다. 즉, 기댓값의 차이가 70:103이란 말이다.

② 거기다가! 보험사가 보험금으로 지불한 금액 중 상당액은 보험사기로 나간 돈일 테고 그게 5%라고 가정하면 정직한 내가 받을 금액은 70만 원이 아니라 65만 원이란 말이다.

③ 또 거기다가! 보험금 지급을 받으려면 그걸 증명하는 게 어지간히 어려운 게 아니라서 많은 스트레스를 받아야 한다. 아주 오래전 나는 보험금 몇만 원을 받으려고 시도했다가 포기한 적이 있었는데 그땐 이미 보험료로 수백만 원을 납부한 후였고 그 경험 이후 더 이상 보험은 안 들기로 하였다.

④ 또한, 예금이라면 해약해도 원금 손실 없이 당장 빼낼 수 있지만 보험은 많은 손실을 감수해야 한다.

⑤ 사람들은 병원비를 보장하는 보험에 가입하면서 술, 담배를 한다. 그렇게 걱정된다면 왜 술, 담배를 하지? 보험료로 운동하고 규칙적으로 건강검진을 받는 것이 더 효율적이지 않을까? 보험도 가입하고 건강검진을 받으면 안 되냐고? 암 보험에 들었고 검진 후 암이 발견되었다면 아마도 검진비를 지원받을 수 있을 것이다. 그런데 스스로 검진을 받는 행위는 결국 보험회사를 도와준 것 아닌가? 조금이라도 일찍 암을 발견하여 보험지급액을 줄였으니 말이다.

⑥ 물론 보험은 말 그대로 만약을 위한 것이고 그렇게 만약의 사태가 발생했을 때 대개의 사람들은 대처가 어렵다. 어떤 병의 수술비로 수천만 원이 필요하고 매달 치료비 및 생활비로 적지 않은 돈이 필요한 상황이 내게 발생한다면 어떡할 것인가? 그 상황이라면 나는 기천의 목돈은 변통할 수 있으며 부족하다면 추가로 아파트를 매각하고(그럼 수억의 현금이 생긴다.) 매달 치료비는 월세로 충당하면 된다. 그렇게 금전적인 부분을 스스로 해결 가능하다면 65보다는 103이 낫다는 것이 내 생각이고 그 차액 38을 재테크에 투자해왔고 나는 성공을 했다.

억대 연봉을 받는 보험회사 영업사원 기사가 떴다면 무얼 생각하는가? '그 사람 대단하네?' 맞다! 그는 대단하다. 그런데 나는 이렇게 생각한다. '그의 연봉은 어디서 나왔는가?' 그리고 보험회사 빌딩들은 다들 엄청나게 크다. 그럼 그 돈은 어디서 나왔을까?

⑦ 보험이라고 다 손해 보는 것은 아니다. 예컨대 10년짜리 상품의 경우 대개 계산상 수익률이 은행 이자보다 높다. 문제는 10년을 유지하는 사람이 얼마 안 된다는 것이다. 보험은 시작 시점부터 보험사의 관리비용 따위를 제한 금액을 원금으로 하는데, 예를 들어; 100만 원을 내면 7만 원을 사업비로 쓰고 93만 원이 원금이 되는 식이다. 가입하자마자 마이너스??? 그러니 중간에 해약하면 원금은 커녕 왕창 까여서 받게 되는 것이다. 그러므로 이런 상품은 10년 안에 돈 쓸 일이 없는 부자들이 가입하는 것이 맞다. 당신 부자인가?

⑧ 그럼에도 불구하고 나중에 내가 가입하려고 하는 상품이 1가지 있다. 내가 사망 후 내 딸이 보험금을 수령하는 상품의 경우 비과세가 되거나 과세 비율이 상속세보다 낮다. 즉, 내 재산을 보험의 형태로 변환함으로써 상속세를 줄이는 효과가 있는 것이다. 이 상품의 경우 보험사와 나는 WIN-WIN이고 정부만 세금 수입이 줄어든다.

종교라고 불리는 보험 상품

나의 어머니는 남묘호렌게쿄(불교의 한 종파), 무교(巫敎, 샤머니즘), 불교를 믿으셨고 현재는 개신교를 믿으신다. 어머니의 종교가 여러 번 바뀐 이유는 무엇일까? 그건 어머니의 자존감이 부족하기 때문이다. 사람이 확고한 자존감이 없어 스스로 중심을 잡지 못하면 외부의 절대자에 의지해야 안정감을 얻을 수 있는데 그 대상이 신(神)일 경우 우리는 그것을 종교라 부른다. 그리고 세상 대부분의 사람들은 스스로 중심을 잡지 못하기 때문에 주위 분위기에 쉽게 휩쓸리곤 한다.

에피소드 1

아주 오래전, 아버지가 이름 모를 병에 걸려서 사경을 헤매실 때 어머니는 수백만 원을 들여 무당을 불러 집에서 밤새도록 징을 두드리고 굿을 했다. 나는 동네가 시끄러워 민망해 죽을 맛이었지만 당신의 마음이 편하다면 그렇게 하시라 했고 굿을 한 후 아버지의 병은 씻은 듯이 나았다. 어머니는 굿의 효험을 믿으셨다.

만약 그때 어머니께서 개신교 신자였고 기도를 한 후 병이 나았다면 분명 하나님의 은혜라고 생각했을 것이다. 아닌가? 나중에 밝혀진 병명은 쯔쯔가무시였고 병이 호전된 원인은 역시 병원 치료였다.

에피소드 2

해마다 석가탄신일이 되면 어머니는 절에 돈을 주고 연등을 다셨다. 크고 화려한 3만 원짜리 대신에 1만 원짜리를 구매한 어머니는 말씀하셨다. "아들을 위해 비싼 걸 사면 좋을 텐데. 돈이 없으니 만 원짜리를 살 수밖에……."

지금에 와서-무신론자인-내가 평균 이상의 소득과 자산과 행복을 가지고 있는 이유가 그때 달았던 연등 때문인가? 아니면 나중에 다니시는 교회의 기도 때문인가?

내가 무교인 이유

나는 여름 성경학교를 다닌 적이 있고, 절에서 템플스테이도 참가해 보았고, 예전에 사귄 인도 여친은 힌두교 신자였다. 어머니 종교들의 간접 체험과 더불어 스스로도 여러 가지 경험을 해봤지만 사실 나는 한 번도 종교를 가진 적이 없고 현재도 무교(無敎)이다. 내가 종교를 가지지 않는 이유는, 단 한 번도 사후세계를 내게 증명한 사람을 못 만났기 때문이다. 나는 내 눈으로 보지 않으면 믿지 않는다.

에피소드 3

예전에 외국인 선교사와 대화 중 내가 물었다.

"신이 있다는 증거가 있습니까?"

그는 대답 대신 되물었다.

"당신 어머니가 당신을 사랑합니까? 그럼 그걸 어떻게 증명하죠?"

나는 말문이 막혔다. 지금 생각해 보면 그는 그런 질문을 수없이 받았을 테고 그런 상황을 위해 준비된 프로그램대로 말했을 뿐이며, 내가 그의 질문에 대답하지 못했다고 해서 내가 그에게 한 질문이 해결된 것은 아니다. 그는 증거가 없었다!

종교의 불편한 진실

누군가 말했다.

"종교를 믿는 사람이 죽어서 천국에 간다면 잘된 것이고, 천국이 없다고 해도 잃을 것이 없으니 종교를 믿어서 손해 볼 것은 없다."

이 말은 사실인가? 종교를 믿는 당신은 과연 생전에 아무것도 잃지 않고 있는가?

많은 수의 사람들은 각자의 종교를 가지고 있고 각 재단에 많은 금전을 헌금한다. 여기서 중요한 것은 헌금이다. 당신이 돈을 내지 않아도 환영하는 종교는 없다. 종교를 산업적인 관점에서 바라보면 서비스업으로 분류할 수 있는데 내가 돈을 내고 그곳에 가서 마음의 평안을 얻는다는 데에 그 의미가 있다. 그리고 이 사업으로 돈을 버는 사람들은 당연히 성직자들이다.

지인이 내게 물었다.

"하나님을 믿는 어머니는 천국에 갈 것이지만 믿지 않는 당신은 지옥에 갈 것이니 어떡합니까?"

내가 말했다.

"자식이 지옥불에 빠져 고통스러워하는 것을 보고 있는 어머니가 계신 곳이 과연 천국인가요?"

나는 논리로써 천국이 없음을 증명할 수 있다.

에피소드 4

예전 내가 살던 동네에 태풍으로 부모를 잃은 어린 남매와 할머니가 생활 보호 대상자가 되어 배급을 받고 살았다. 할머니가 다니는 교회에 어느 날 초청 목사가 와서 설교를 하였다. 설교의 마지막. 목사는 신도들에게 눈을 감으라고 말한 후

"이 교회 목사님 차가 오래된 똥차입니다. 이래서야 되겠습니까? 여러분! 목사님 차를 바꿔 드려야 되지 않겠습니까? 자~ 300만 원 내실 분 손 드세요!"

사람들이 손드는 소리가 들려왔다. 금액은 점점 내려갔고 여러 사람들의 손드는 소리를 들었다. 목사가 마지막으로 말했다.

"그럼 마지막으로 30만 원!"

그 가난한 할머니는 죄책감에 손을 들어야 했고 그렇게 생활보호 대상자가 헌금한 돈으로 구매한 고급 차를 타고 목사는 설교를 다녔다.

우리 동네에 살았던 저 할머니 가족의 실화처럼 교회의 성직자들이 모이면 돈벌이에 대한 것이 그들이 나누는 대화의 상당 부분이라는 것을 나는 잘 알고 있다. 물론 그들도 신학대학을 졸업한 청년기에는 그렇지 않았을 것이다. 그러나 세속적인 삶을 살면 누구나 변심을 하게 되는데 성직자 역시 마찬가지다. 정치적인 신념을 바꾸는 사람들 못지 않게 그들 역시 변심하고 사리사욕에 눈이 멀게 되는데 이것 역시 돈 때문이다. 스스로 신이 된 양 왕관을 쓴 권위적인 그들을 지적한다면 신성모독이라는 소리를 들을 것이다. 그러나 그들을 그렇게 만드는 것은 바로 그런 탐욕적인 인간을 신봉하는 어리석은 군중들이다. 신을 믿어야 하건만 성직자를 믿는 이런 어리석은 사람들이 주위에 의외로 많다. 그러나 그것 역시 스스로 선택한 일이니 나는 그것을 탓하고 싶지는 않다. 그러니 그런 선택을 하지 않은 사람도 탓하지 마라.

기요사키가 어렸을 적 겪었던 일화를 보자.

> 나는 주일학교 선생님에게 "기독교랑 천주교는 뭐가 달라요?"라고 여쭤보았다. 당시 여덟 살이던 나는 부모님을 따라 개신교회에 다니고 있었는데, 두 종교의 차이점이 궁금했다. 선생님의 대답은 충격적이었다. "그러니까 두 종교 모두 예수 그리스도를 믿지만, 천주교도는 천당에 가지 못한다."
>
> ―후략―

그 주일학교 선생에게 묻는다. 그러니까 천주교도가 천당에 가지 못하는 증거가 어딨냐는 말이다. 그는 천주교를 믿어 봤을까? 그리고 다른 모든 종교를 믿어 보고 나서 그런 말을 한 걸까? 한 번도 경험해 보지 않은 것을 그는 어떻게 그토록 쉽게 단정할 수 있지?

한편, 지동설을 주장했다는 이유로 사형을 당한 코페르니쿠스는 지옥에 갔고, 그를 사형시킨 천주교 종교론자들은 천국에 갔을까?

그리고 아프리카의 에이즈 만연에 천주교가 일조했다는 사실을 아는가? 교황이 나서서 콘돔 사용을 금지하는 바람에 많은 사람들이 에이즈로 죽어 갔다. 교황이 신인가? 왜 자신의 신념 때문에 사람들이 죽어야 하는가? 왜 사람들의 목숨을 일개의 인간이 좌지우지하는가? 그는 왜 자신이 옳다는 독선에 빠졌지? 그리고 교황의 지시에 따라 행동한 죄로 에이즈로 죽어간 아프리카 사람들은 천국에 갔을까?

에피소드 5

내 옛 지인의 친구는 스스로 머리를 깎고 절을 세워 포교를 했다. 오랜만에 지인을 만나 친구는 지인을 데리고 식당에 가서 냉면을 시켰다. 고기를 어떡하냐는 종업원의 질문에

"밑에 깔어~."

친구는 지인과 대화를 하며 삶이나 종교적인 이야기는 하나 없이 절 사업을 하며 돈을 벌었고 다시 절을 짓는 데 투자할 것이라는 이야기를 했다.

에피소드 6

한국에 살 때 내가 가끔 가던 산사가 있다. 그 산사는 국립공원의 일부인데 산사 앞을 지나쳐서 산만 오르려고 해도 국립공원입장료 외에 문화재 관람료를 내야 한다.

나는 그 산사가 좋다. 그러나 한 번만 보면 족하다. 매번 산을 오를 때마다 산사에 돈을 내야 하는 이유는 무엇인가? 그 돈은 도대체 어디로 가는가?

세상을 움직이는 피라미드 조직들

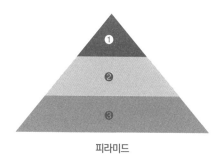

피라미드

기성 종교 집단을 자세히 관찰해 보면 피라미드 조직으로 구성되어 있다.

종교 집단
① 성직자
② 엘리트 교인
③ 하층 일반 교인

많은 수의 성직자들이 종교집단을 운영하는 가장 큰 이유는 바로 먹고살기 위해서이다. 특히 성직자들의 결혼이 허용된 종교의 경우 자녀에게 상속하기 위해-교세를 확장해-많은 돈을 벌려고 혈안이다. 내

말에 거부감이 들겠지만 그게 사실이다. 당신이 다니고 있는 종교시설 전임 성직자의 차량이 소나타보다 좋거나 그 자녀들이 헌금으로 해외 유학을 간다면 그건 바로 종교를 돈벌이에 이용하고 있다는 증거다.

엘리트 교인들은 종교집단 내의 권력을 이용해 정치, 경제적 이익을 보며 이러한 증거는 아주 많다. 정치 권력자가 된 경우도 많고, 종교 인 맥을 이용해 장사를 하는 경우도 있으며, 기부를 하여 세금 환급을 받은 후 나중에 기부금의 일부를 환불받는 식으로 세금을 탈루하는 경우도 있다. 물론 성직자들은 약간의 편의를 봐주고 기부금을 얻을 수 있으니 그렇게 한다.

위와 같은 피라미드식 시스템은 세상 모든 것에서 발견할 수 있다.

보험회사
① 보험 회사 오너(= 주주)
② 보험 판매인
③ 보험 가입자

정수기
① 정수기 회사 오너(= 주주)
② 정수기 판매인
③ 정수기 구입자

영양제와 운동기구
① 영양제와 운동기구 회사 오너(= 주주)
② 홈쇼핑 판매자

③ 운동기구 구입자

네트워크 판매조직
① 조직 창립자
② 상부 관리자
③ 하부 가입자

기업
① 기업의 오너(= 주주)
② 상위 임직원
③ 일반 직원

국가
① 정치인
② 거대 기업가
③ 일반 국민

봉건사회
① 왕
② 봉건 영주
③ 일반 백성

위의 1번 항들은 시스템(=룰)을 만들고 그 시스템을 소유하는 계층으로, 직접적인 이익을 취하는 계층이다. 2번항들은 시스템을 운영/유지하는 서비스를 제공하는 계층으로, 간접적인 이익을 취하는 계층이다. 3번 항들은 시스템의 자원을 공급하는 하부 구성원들이고 대중들이다.

세상은 위와 같은 시스템에 의해 운영되고 있으며 대중은 3번에 중복 가입해 있다. 중복으로 가입되어 있는 곳이 많을수록 당신은 여러 방면에서 동시 지배당하고 있다는 말이 된다. 위에 예로 든 몇 가지 중에서 당신의 생존에 직접 필요치 않은 것이 많이 있다면 그건 아마도 시스템 창조자들의 과장된 광고에 당신이 속았기 때문이다.

죽은 조상 때문에 살아 있는 가족이 싸워야 하는 제사를 왜 지내지?

에피소드 7

어머니께서 개신교로 개종하고 몇 년이 지나서야 우리 집은 제사를 지내지 않았다. 어머니께서는 당신의 종교가 개신교이지만 아버지를 존중해서 처음 몇 년간은 제사를 치렀다. 그러다 어느 해인가부터 준비하지 않았는데 그건 아버지 때문이었다.

아버지는 제사의 참석 여부, 제사에 임하는 자세 따위로 역정을 내시곤 했는데 죽은 조상을 위한 제사가 산 가족이 다투는 원인이라면 왜 제사를 지내야 하는가? 어머니께서는 말씀하셨다. "죽은 조상께 제사 지내지 말고 살아 있을 때 맛있는 것 사드리는 것이 효도"라고.

종교적인 관점을 떠나, 제사의 좋은 점은 가족이 모인다는 것이다. 그래서 어머니께서 제사 중단을 선언하셨을 때 나는 쓸쓸함을 감출 수가 없었다. 그러나 그 죽은 조상을 위해서 지내는 제사 때문이 살아 있는 가족이 싸운다면 그것은 현명하지 못한 것이고 나는 어머니의 의견을 조용히 받아들였다. 당연히 종교적인 것이 이유가 아니라 가족의 행복이 이유였다.

에피소드 8

가까운 지인이 작년에 세상을 떠났다. 그런데 가족들은 무려 1200만 원을 들여 절에서 49제를 지냈다. 문제는 가족들의 가장 큰 소득원이 없어졌음에도 죽은 사람을 위해서 그 큰돈을 들여 49제를 지냈다는 것이다. 그 집안의 자금 사정을 자세히 알진 못하지만 대단한 부자가 아닌 것은 확실하다. 그럼에도 불구하고 남의 눈과 스스로의 위로를 위해서 49제를 치른 대가가 큰 금전적 손실로 이어진 것이다.

지인은 죽은 자신을 위해서 돈을 쓰는 것에 행복해할까? 아니면 그 돈으로 자식들이 맛난 것을 사먹는 것에 행복해할까?

종교가 가족의 행복에 앞서서는 안 된다

화성에서 온 자아에게 내가 물었다.
"종교란 무엇인가?"
그가 말했다.
"종교란 지옥이라는 공포를 파는 보험 상품이다."(여기서 종교/지옥 대신에 보험/사고, 영양제/건강 이상, 정수기/오염된 물 따위를 넣어도 비슷한 느낌이 날 것이다.)
"사람들이 종교를 믿는 가장 큰 이유는 사후에 천국을 가기 위한 것이다. 그리고 그들은 종교를 믿으면 현실 세계에서 아무리 나쁜 짓을 하고 살았어도 천국에 가고, 아무리 착하게 살아도 지옥에 간다고 말한다. 즉, 이 말은 그들이 파는 것이 면죄보험증권이라는 것이다."

어머니는 연세가 많으시고 건강이 좋지 않으시다. 당신이 살아 생전 원하는 것은(물질적인 것만을 의미하지 않는다) 최대한 가질 수 있도록 나는 노력한다. 자주 전화드리고, 예전에 고생하시던 이야기를 반복해서 하셔도 묵묵히 들어드린다. 같은 이야기를 100번쯤 들어서 내 귀에 딱지가 앉아도 그게 무슨 대수인가?

나는 무신론자이지만 어머니께서 믿는 종교를 존중하고 교인들과도 좋은 친분을 유지하고 있다. 어머니께서 돌아가신다면 당신의 바람대로 교회 절차대로 장례식을 치를 것이다. 그것이 어머니 당신을 행복하게 한다면 난 뭐든 할 수 있다. 내가 혹 불교 신자가 되더라도 그건 마찬가지다.

편견은 없다

내가 한국에 갈 때마다 선물을 사 들고 찾아가는 분은 아이러니하게도 현직 목사님이다(사실 목사라는 직함을 쓰지 않는다. 그 교파에는 세속적인 계급이 없다.). 이야기 도중 교회 나오라는 말씀은 괴롭지만 나머지는 좋은 대화가 오고 가고 나는 그를 존경한다. 그 교회는 헌금함에 돈을 넣을 때 누군지를 밝히지 않는데 바로 이게 포인트다. 면죄부 장사를 하지 않는 유일한 교회(교파). 하지만 기성 교파들은 이들을 이단이라고 부른다. 나는 그의 신세를 많이 졌지만 그 미안함 때문에 신념을 버릴 수는 없다. 물에 빠진 그를 스님이 구해줬다고 해서 그에게 불교로의 개종을 강요할 수 없듯이 말이다.

영양제와 운동기구

영양제

예전의 못살던 시절에는 영양제 한 알이 건강에 상당한 도움이 되었고 아직도 아프리카에는 영양결핍으로 죽어 가는 아이들이 수없이 많다. 그러나 현대의 발달한 국가에서 대부분의 사람들이 먹는 영양제는 사실 별 필요가 없다. 그것은 그것을 생산/판매하는 업체들의 이익을 위한 것일 뿐이다. 그들의 과대 선전이 맞다면 영양제를 먹지 않는 나와 내 아내는 비실거려야 할 것이지만 우리는 건강검진에서 별 이상도 나타나지 않았고 나이를 뛰어넘는 체력과 정력을 가지고 있다.

인스턴트 음식을 피하고 신선한 야채와 고기를 스스로 조리해 먹는 것. 그것이 최고의 영양제라고 믿고 있고 그것이 틀리지 않음을 나는 안다.

운동기구

TV에 나오는 운동기구 광고를 본 일이 있는가? 그 광고에 나오는 몸짱들이 그 기구로 운동을 해서 그렇게 되었다고 생각하는가? 1년 후 그 운동기구들을 실제로 사용하는 사람들은 과연 몇 %나 될까? 당신이 산 러닝머신은 빨래 말리는 용도로 사용되지 않는가?

당신은 다른 사람들과 똑같은 소비 형태를 보이면서 부자가 되기를 바라지 않는가? 당신 주위에 있는 광고는 당신을 위한 것이 아니고 그 제품을 생산/판매하는 업자들의 자산 증식을 위한 유혹일 뿐이다. 그리고 나는 당신이 앞으로도 계속 그런 소비 형태를 보였으면 좋겠다. 그래야 내가 소비하지 않아도 경제가 돌고 나는 점점 더 부자가 될 것이니 말이다.

예전에 나의 아버지는 시험 삼아 벌통 2개를 사서 벌을 키우셨다. 흰색 덮개를 열면 10개 남짓한 얇은 판 양쪽에 인공으로 만든 하니컴 몰드가 있는데 벌들은 그것을 기초로 셀을 짓고 일부는 알들을 부화시키는 공간으로, 일부는 꿀을 저장하는 공간으로 사용했다. 그리고 꿀을 채취한 후 먹을 것이 없는 벌들을 위해서 벌통의 맨 양쪽에는 설탕물을 가득 채운 얇은 통을 두었다. 꿀벌들은 열심히 꽃가루를 날라 수없이 많은 셀들 속에 꿀을 채워 나갔고 우리는 그것을 채취하고(=꿀벌들의 자산을 훔치고) 대신 값싼 설탕물을 채워서 그들을 속였다.

자신이 저 꿀벌이 아닌지 생각해 보라. 부자들을 위해 윙윙거리는 꿀벌로 사는지, 벌꿀을 훔치는 부자로 사는지. 나는 물론 당신이 계속 꿀벌이기를 희망한다. 벌통 주인은 한 명일 수밖에 없으니 말이다. 그러나 당신이 현명하다면 꿀벌이 아니라 벌통 주인이 되는 길을 찾아야 한다.

춘절 연휴의 일상

현명한 구매
나는 한국에 갈 때마다 소량의 참깨를 사서 가져갔다. 그럼 어머니께서 일부를 팔거나 선물로 이웃에게 나눠준다. 한국에서 비싼 물건을 사는 대신-우리는 중국에서 저렴하게 샀지만 한국 시중가는 비싼-참깨를 선물함으로써 선물비를 절감하는 것이다. 나는 중국의 도매시장에서 사는데 그 가격이 한국의 1/4 수준이다. 2013년 2월 춘절 연휴를 앞두고 미리 필요량을 선 구매했는데 1근(중국은 500g이 한 근이다.)에 6.8 위안을 줬다.

내 동료들은 중국에 온 지 아주 오래됐음에도 불구하고 말이 어눌해 외국인임이 표가 난다. 춘절 마지막 휴일에(원래 피크 때는 뭐든 비싸다) 그들은 1근에 9위안을 주고 샀다. 한 가족당 10kg(20근)을 샀다고 가정하면 그들은 9 × 20근 × 175(당시 환율) = 31,500원. 나는 6.8 × 20근 × 175(환율) = 23,800원, 즉 내가 7,700원을 싸게 샀다.

실전 지식의 습득

내 건물의 계단 센서등 몇 개가 안 들어온다고 세입자가 연락해 와서 전구 몇 개를 스스로 교환했다. 그런데 2개는 전구를 바꿔도 불이 들어오지 않았다. 센서 자체에 문제가 있어서였다. 스위치가 따로 없기 때문에 메인 전원을 내려야만 전기 차단이 가능해서 전기 기사를 불렀다. 그의 차를 타고 현장으로 가는 길에 상황설명을 하며 센서 또는 센서 등 기구 전체를 바꿔야 할 것 같다고 하자 그는 자신의 단골 철물점에 가서 나더러 물건을 사게 했다. 왜 이 점포를 이용하느냐고 물으니 상품이 다양하고 싸단다. 싸다고? OK! 가게 명함을 받아두었다. 다른 사람이었다면 무심코 넘어갈 일이었지만 전등 기구를 살 일은 앞으로 또 있을 것이기 때문에 잘 확인해 두었다(나중에 확인해 보니 인터넷이 더 쌌다. 다만, 며칠을 기다릴 상황이 안 될 때 요긴하게 쓰였다.).

그는 익숙한 솜씨로 전기가 흐르는 전선을 까서 새로운 센서등을 설치했다. 옆에서 보조해 주며 감전되지 않는 이유를 물었다. 약간의 상식이 있기에 그의 설명을 즉각 알아들었다. OK! 다음엔 나 혼자서 할 수 있겠다.

그렇게 전기기사의 작업을 옆에서 보고 내가 할 경우를 대비한 지식을 습득한 후 또 물었다. 그럼 센서등 기구 전체를 교환하지 않고 문제가 된 센서만 교체 가능하냐고 물으니 가능하지만 번거로워서 전체를 바꾼단다. 나중에 센서 가격을 철물점에 물어보니 2개에 11,000원. OK! 그럼 다음에는 내가 센서만 구매해서 직접 교체하면 더 절약되겠네?(나중에 인터넷에서 확인해 보니 3,100원이면 구매가 가능했다)

이번 센서등 기구 전체 교체에 소요 비용은 아래와 같다.

전기기사 인건비 : 30,000

센서등 기구(2개) : 18,000

___

합계 : 48,000원

그럼 앞으로는

전기기사 인건비 : 0

센서(2개) : 11,000

___

합계 : 11,000원

이렇게 37,000원을 절감할 수 있다. 떼어낸 센서등 기구는 잘 보관해 두었다. 다음에 문제가 되면 부속을 빼 쓸 수도 있고 센서만 바꾸면 다시 사용할 수도 있기 때문이다.

내가 여기서 말하고 싶은 것은 이런 사소한 것들을 잘 알아 두면 내게 적잖은 이익으로 돌아오는데 대중들은 대개 이런 것들을 무시한다는 것이다. 이번에 나는 여러 가지 정보를 얻었다.

- 업자들이 이용하는 저렴한 철물점
- 흐르는 전기 결선 방법
- 센서의 단독 구매가 가능하다는 점

돈은 제로섬 게임이다. 이번에 나의 호주머니에서 48,000원을 빼서 전기기사와 철물점 주인의 호주머니에 넣어 줬지만, 다음에는 11,000원으로 줄어들 것이다.

지인 집 페인트

몇 년 전, 설 연휴에도 일을 했다. 물론 설날 아침은 가족들과 식사를 했고 저녁엔 친지도 찾아뵈었지만 낮 시간을 TV보며 낭비하진 않았다. 나는 예전에 많은 신세를 진 어머니의 지인 집을 페인트칠했다. 지인은 교통사고로 전신마비가 된 지 오래되었고 그의 부인은 온종일 간호를 해야 되기 때문에 임대로 내놓고 있는 집의 수리를 할 여건이 안 되었다.

어머니와 나는 퍼티(Putty)로 틈새를 메우고 집 구석구석 페인트를 칠했다. 깨끗해진 덕분에 주택은 바로 임대가 나갔고 지인의 부인은 고맙다며 과일이며 아내 화장품을 사 왔다. 물론 선물은 내 인건비에 한참 못 미치지만 내가 좋아서 대가 없이 했던 일이니 뜻밖의 선물에 나와 아내는 기뻤고 어머니도 좋아하셨다.

이렇게 약간의 노동으로 좋은 이웃과의 관계를 꾸준히 유지할 수 있게 되었고 덤으로 선물도 얻었다.

종합소득세 환급

몇 년 전, 건물 한 채 있다고 종합소득세가 부과되었다. 그런데 세법에는 1가구 1주택 9억 이하는 소득세가 면세된다. 그럼 한국에서의 소득이 0인데 웬 종소세? 중국에서 연락을 받았기에 대처가 안 돼서 어머니께 일단 내시라고 하고 1월에 한국 갔을 때 세무서에 찾아가서 관련 자료를 조목조목 짚어가며 따졌다.

그 결과 국세를 돌려받았는데 국세의 10%인 지방세는 지자체에 직접 연락을 해서 받아야 한단다. 걷어갈 때는 자동이더니 돌려줄 때는 수동이냐? 설 연휴 한국에 있을 때 연락했고 결국 받아 냈다. 법은 무지를 용서하지 않는다. 모르고 넘어가면 그걸로 끝이다. 내 권리는 따져가며 받아야 한다.

생필품 구매

중국에 있는 한국 마트에 가면 한국 식품이 있는데 수입품이기 때문에 한국에서 사는 것보다 50% 정도 비싸다. 그래서 한국에 갈 때마다 목록을 만들어서 사 가지고 온다. 물론 1인당 짐을 맡길 수 있는 한도 내에서 사고 짐을 싸기 전에 저울로 달아서 무게를 확인한다.

다른 사람들은 집에서 무게 확인을 하지 않아서 공항에서 짐을 옮기느라 난리다. 경우에 따라서는 몇십만 원의 추가 요금을 내야 한다는 것은 내가 당해봐서 안다. 캐나다를 탈출할 때 가져온 짐이 규정을 초과했었는데 그 요금이 비슷한 무게를 가진 사람의 비행기 푯값보다 비쌌다.

TAX FREE

몇 년 전, 한국에 갈 때마다 동네 롯데 마트에서 물건을 사곤 했는데 지난 몇 년 동안 출국 시 세금환급(TAX REFUND)을 받을 수 없는지 여러 번 확인했지만 안 되었는데 나중에 TAX FREE 마크가 조그맣게 붙어 있는 것을 발견했다. 그해(2013) 1월에 생긴 제도라 직원들도 잘 모르는 것을 좌충우돌 끝에 자료를 작성해서 공항에서 세금을 돌려받았다. 내가 구매한 금액의 약 6%를 돌려받았는데 그 금액이 26,000원이다. 내가 투자한 시간을(30분) 고려하면 충분한 가치가 있었다. 어차피 노는 시간이었으니 말이다. 그런데 동료들 중 세금 환급을 받은 사람은 한 명도 없었다. 그 이유는 3가지가 있다.

① TAX FREE라는 영어를 모르는 사람들이 많다

비행기를 수십 번 타 본 사람들조차 우습게도 이런 기초적인 영어를 모른다. 영어뿐만 아니라 연배가 있는 사람들은 다 나만큼 세상 물정을 안다고 생각했지만 그게 아니었다.

에피소드 1

통근 차량(카니발)에는 나를 포함해 3명의 한국인이 탑승한다. 한 사람은 40대 중반, 한 사람은 50대 후반인데 두 사람의 동문서답식 대화를 듣고 있으면 재미있다.

A : 김영삼이 대통령을 해 먹었어요?

B : 아마 했을걸? 안 했나?

A : 요즘 차들 연비 높인다는 그 신기술 뭐죠?

B : 하이드 브리카

김영삼이 전직 대통령인지도 확신하지 못하고, 하이브리드(Hybrid) 라는 단어를 모르는 지적 수준을 가진 사람들이 내 동료들이었다. 그 중 당시 40대 중반인 A는 나와 비슷한 급여를 받고 있고 50대 후반인 B는 나보다 직위가 높기까지 했다. 많은 사람들은 당신이 생각하는 것보다 훨씬 무지하다.

그들이 관리하는 부서는 겉으로는 잘 돌아가는 듯하지만 실상은 엉망임을 나는 잘 안다. 이미 5년이나 지나도록 사용하지도 않은 자재를 자산으로 쌓아놓고 있는 그들은 그 녹슨 자재를 20년이 지나도 그대로 쌓아놓고 있을 것이다. 그리고 그런 것들을 바꾸려고 노력했던 내가 진급에 누락된 경험을 한 이후로 나는 답답한 마음을 참고 있는 것이 내게 훨씬 유리함을 깨닫고 그렇게 하였다.

② 그런 것 자체에 관심이 없다

세상을 살면서 주위에 벌어지는 일들에 대한 관심이 없으니 자신이 볼 이익을 놓치는 것이다. 이런 사소한 것들이 모여서 큰 자산이 되어 돌아옴을 그들은 모른다.

③ 귀찮다

'겨우 몇 만 원 돌려받으려고 그 짓을 해야 하나?'라고 생각하는 것 같다. TAX REFUND를 받기 위해서는

1) TAX FREE 마크가 붙은 점포에서 물건을 구매한 후 받은 영수증을 가지고 점포 내 HELP DESK에 가서 서류를 작성해 받아 둔다.
2) 서류와 영수증을 받아서 출국 시 공항 내에 마련된 확인 창구에서

서류 + 영수증 + 현품을 확인받는다.

3) 확인 후 짐은 비행기에 싣거나 핸드캐리한다.

4) 출국장에 들어가면 환급창구가 있고 그곳에서 서류 + 영수증을 보여주면 현금으로 돌려준다.

위의 과정은 생각보다 아주 쉽다.

출국에 앞서 동료의 부인은 가지고 있던 중국 돈을 한국 돈으로 바꾸었고 그 돈으로 쇼핑을 하겠다고 했다. 그날 환율은 기준 환율: 174원, 인민폐 매입시: 191원, 매도시: 157.5원이었다. 인민폐로 구매가 가능한데 그녀는 왜 굳이 환전을 해서 돈을 잃는 것일까? 우리는 면세점에서 인민폐로도 물품 구입이 가능하다고 말했고 그녀도 그걸 알고 있었다. 그러자 그녀는 "그럼 다시 중국 돈으로 바꿀까?" 하였다. 허걱~! 결국 한 번만 바꾸고 쇼핑을 했다.

그녀가 1,000위안(174,000원의 가치)을 한화로 교환하면 157,500원을 받고 그걸로 면세점에서 모두 소비를 했다면 157,500원의 물건을 살 수 있다. 애초에 인민폐로 구매를 했다면 174,000원의 물건을 살 수 있으니 16,500원을 낭비한 것이다. 아니 이런 산수를 못하는 사람이 있다니?

우리 부부는 한국 방문 시 환전을 하지 않는다. 한국의 예금을 빼 쓸 뿐이지 절대 은행에 내 자산을 나눠주는 짓을 하지 않는다. 오히려 그걸 이용해 푼돈을 벌었다. 어떻게? 아내의 동료들이 인민폐를 주면서 한국의 화장품을 사달라고 부탁했다. 아내는 그 돈을 한국의 환전소에서 환전하면 수수료만큼 금액이 적어짐을 설명했고 동의를 받았다.

- 하지만 우리는 그걸 환전하는 대신에 내 예금을 빼서 물건을 샀다. 그럼 1,000위안당 16,500원을 벌 수 있다. 이게 끝이 아니다.
- 나는 화장품 숍의 카드를 만든 적이 있는데 구매액만큼 쌓이는 마일리지는 내 몫이다. 5%라고 잡자. 157,500원(실제 사용 가능 금액) × 5% = 7,875원을 벌 수 있다.
- 중국과 다르게 한국 화장품 숍은 샘플을 잔뜩 준다. 아내는 그렇게 받은 샘플을 쓰고 화장품을 사지 않는다. 그 가치가 5%라고 하자. 7,875원을 벌 수 있다.
- 최대 8%까지 TAX REFUND를 받을 수 있다. 금액이 적으면 6% 수준이니 6%로 잡으면 157,500 × 6% =9,450원을 벌 수 있다.

→ 합계 : 16,500 + 7,850 + 7,850 + 9,450 = 34,580원

원금이 174,000원(1,000위안)이었으니 34,580/174,000 = 약 20%의 이익을 남길 수 있다. 동료들에게 전혀 피해를 주지 않으면서도 말이다. 동료들은 우리들의 수고를 당연히 고맙게 생각하지만 우리도 돈을 번 것이 즐겁다. 왜 다른 사람들은 이런 것을 하지 않을까?

유혹

대중들이 부를 모으지 못하는 이유는 유혹에 약하기 때문이다. 한국에 잠깐 있는 동안에 TV를 틀면 최소한 3개 채널에서 보험 광고를 하고, 옷, 가구, 식품, 화장품 등의 광고를 지속적으로 내보낸다. 마트에 가보면 정말 사고 싶은) 물건들이 너무 많다. 우리는 그 모든 유혹을 뿌리치고 중국보다 저렴한, 그러나 필요한 것들만 구매했다. 그렇게 나

는 내 주머니의 돈을 부자들의 유혹으로부터 지켜 냈고 그 결과로 우리 는 그들에게 좀 더 다가갔다.

중국에 돌아온 후의 일상들

남은 음식

나와 아내는 회식을 하거나 가족끼리 식사를 한 후 음식이 남으면 그 것을 싸서 집에 가져온다. 드물게 그렇게 하는 사람들을 보곤 하지만 보통의 사람들은 대개 남은 음식을 그냥 놔두고 온다. 음식을 싸가는 것은 부끄러운 일이 아니며 사회적인 낭비를 줄이는 데 아주 효과적이 다. 나는 부끄러움보다 자산 증가를 더 중요하게 생각한다.

월말 정산

한국은 연말 정산제도가 있지만 중국은 매달 정산한다. 일정 금액의 생활비, 주택비, 교육비 등이 정산 가능하며 나는 그 모든 항목에서 세 금 환급을 받아낸다. 그러나 다른 사람들은 그렇지 않다. 주택비 하나 만 해도 내가 환급받는 세금이 한국 돈으로 연간 175만 원이나 되지만 다른 사람들은 그런 것을 모르는 것 같다. 왜 그런 것들을 알려고 하지 않지?

사고의 유연성

에피소드 1

몇 년 전, 딸아이와 비슷한 또래의 자녀를 둔 동료들과 우리 부부는 비슷한 고민을 해야 했다. 지역에 있는 국제학교 내 한국 유치원 수업료가 너무 비싸서 보내야 할지를 결정해야 했기 때문이었다. 우리 부부는 여러 여건을 고려해 내년 하반기부터 보내기로 결정을 했고 비용을 줄이기 위해 임대료가 비싼 우리 아파트는 연간 5~6만 위안(× 175 = 875만 ~ 1050만 원)을 받고 임대하고, 저렴한 학교 옆의 아파트를 연간 2만 위안(× 175 = 350만 원)을 주고 임차하여 525만 ~ 700만 원의 차액을 얻고 그걸로 수업료를 충당하는 계획을 세웠다. 더구나 학교와 아내의 직장도 가깝기 때문에 교통비까지 절약할 수 있고 나의 출퇴근은 회사 자가용을 이용하니 전혀 영향이 없다. 그리고 이때의 선택은 나중에 우리가 고급 아파트를 헐값에 매입하는 기회가 되어 돌아왔다.

나처럼 아파트를 소유한 비슷한 여건의 동료에게 말하니, 어떻게 자신의 아파트를 임대 주냐며 펄쩍 뛴다. 아니 왜 안 되지? 남의 집에 들어가 살면 누가 잡아먹나? 잠깐의 불편함이 자녀와 스스로의 미래에 도움이 된다면 그렇게 하는 것이 현명한 것 아닌가? 결국 그는 아들을 한국 유치원은 물론, 어떤 한국식 교육도 받지 않은 중국 아이로 키우겠다고 했다.

그의 아들은 현재 한국 국적만 가지고 있다. 비용문제 때문에 자녀의 선택권을 박탈한 그가 자가용을 사려고 하는 것을 어떻게 이해해야 할까? 그리고 나중에 그가 말한 내용을 그의 부인은 전혀 모르고 있는 것을 알고 우리 부부는 기겁을 했다. 아니! 그런 중대한 문제를 부부 간에 상의하지 않는단 말인가?

복수국적을 가지고 있는 내 딸은 중국에서 한국 교육을 받을 것이고 이것은 그녀가 향후 한국에서 살아가는 데 필요한 기본적인 지식을 보장해 줄 것이며 또한 중국에 살고 있으므로 중국어는 자연스럽게 할 터이니 향후 중국에 산다고 해도 문제가 없을 것이다. 내 딸은 그렇게 옵션이 있는 것이다.

에피소드 2

어리석은 대중들은 다양한 관점에서 발견할 수 있다. 어느 날 출근길. 우리 차량 앞에 '초보' 딱지가 붙어 있는 차가 있었다. 그 차 뒤에 바짝 차를 댄 기사는 앞차가 빨리 출발하지 않자 경음기를 울려 댔다. 그에게 묻는다.

그럼 앞차가 더 빨리 출발하게 될까? → 초보자에게 경음기를 울리면 당황하게 되니 더 늦게 출발한다.

왜 애초에 앞차를 비켜갈 수 있는 공간을 두지 않았는가? → 바짝 붙여 정차한 것은 당신도 초보의 범주를 벗어나지 못했기 때문이다. 내공은 운전 기술만을 의미하는 것이 아니다. 내공은 기술 + 안전 + 효율까지도 충족시켜야 하지만 당신은 겨우 기술만 있을 뿐이다.

현명한 사람들은 상대의 실수까지 고려해서 운전을 하고 특히 그것이 사고를 예방하는 경우 우리는 이것을 방어운전이라고 부른다.

세상이 바뀌기를 기다리지 말고 스스로 부자가 되어라

예전 회사의 동료들 중엔 SKY 출신도 있고 석사 학위자도 있다. 대개는 그런 고학력자들이 좀 더 똑똑하기는 하지만 학벌이 세상살이의 현명함과 반드시 일치하는 것이 아니라는 것을 나는 경험적으로 잘 알고 있다. 그들이 학벌만큼 현명했다면 왜 나보다 자산이 적은 걸까? 그들 역시 어리석은 대중의 일원 아닐까?

당신이 부자의 길, 보다 현명한 길을 가고자 한다면 대중이 선택한 길에 물음표를 달고 바라보아야 한다. 왜 저들이 저 길을 가고 있는지? 그 이유가 합당하지 않다면 당신은 그 반대의 길을 가야 한다.

세상이 바뀌기를 기다리느니 스스로 부자가 되는 것이 낫다

《기요사키와 트럼프의 부자》에 이런 대목이 나온다.

"법을 바꾸느니 부자가 되는 것이 낫다."

나는 기요사키가 말한 "법을 바꾸느니 부자가 되는 것이 낫다."를 "세상이 바뀌기를 기다리느니 스스로 부자가 되는 것이 낫다."라고 바꾸어 말하고 싶다. 예전 정권의 환율정책으로 대기업들의 원가 경쟁력은 아주 좋아졌고 수출을 많이 하던 우리 회사도 그 혜택을 보았지만 사실상 그것은 국민들의 호주머니를 털어 위로 퍼 올려 주는 행위였을 뿐이다. 그리고 정치인들은 교묘하게도 그것을 낙수효과라는 단어를 써서 위장하였고 대중들은 그렇게 쉽게 속아 넘어갔다. 문제는 당시 투표권이 없는 내가 그들을 선택한 것도 아니었지만 설사 내가 그들을 선택했고 그들이 국민들에게 불리한 정책(= 기업에게는 유리한)을 편다고 해도 일개 국민인 내가 그것을 바꿀 수는 없다.

그럼 어떡해야 하나? 바꿀 수 없다면 그걸 이용하면 된다. 나는 내가 개인적으로 처한 환경을 최대한 이용했다. 인민폐로 계약한 내 급여는 환율 급등의 영향으로 한국 돈으로 환전하면 무려 50%나 많은 금액이 되었고 나는 피나는 근검절약을 통해 최대한 많은 돈을 한국으로 송금하여 단독주택을 구매할 때 얻은 빚을 갚고, 남는 돈은 예/적금을 들어 실탄을 준비하였다. 당시 한국의 상황은 내가 사둔 단독주택이 있는 지역은 호재가 나서 부동산값이 급등하였지만 수도권의 상황은 그 반대로 침체를 면치 못해 취득세 감면정책을 펼치고 있었다. 나는 그걸 이용해서 내가 가진 주택은 고가로 매도하고 저렴하게 나온 건물을 준비한 실탄으로 구매하면서 취득세는 절반만 내었다. 해외 거주자라는 이유로 단독주택의 양도세를 2000만 원씩이나 냈지만(원래는 0원) 분명 그 거래는 남는 장사였다.

그러나 내 주위에서 그렇게 한 사람은 나밖에 없었고 동료 중 하나는 오히려 한국에서 돈을 가져와서 중국에 집을 사는 어리석은 선택을 하였다. 그는 이미 오를 만큼 오른 후에(가격이 쌀 때 사라고 여러 번 조언을 했지만 듣지 않았다.) 집을 샀고 최악의 환율 상황에서 중국으로 돈을 가져온 것이다.

왜 부자가 되어야 하는가

《기요사키와 트럼프의 부자》에는 부자가 되어야 하는 이유가 나온다.

바로 미국을 비롯한 많은 나라들이 양극화 사회, 즉 부자와 빈민이라는 두 계급으로 점차 나뉘고 있기 때문으로 부자가 되어야 하는 한가지 이유는 부자가 될 결심을 하지 않을 경우 가난해질 가능성이 크기 때문이라는 것이다. 우리는 '성공의 80%는 우리 노력의 20%에서 비롯된다.'는 파레토 법칙을 알고 있다. 이 법칙은 '세상의 20%가 80%의 부를 소유하고 있다.'로 바뀌어 불리기도 하는데 이젠 그것이 더 이상 맞지 않는다. 20%는 10%를 넘어 5%로 다가가게 될 것이기 때문이다. 그 이유는 현대의 자본주의 체제에서 벌어들일 수 있는 모든 돈을 긁어모은 부자들이 더 많은 돈을 긁어모으기 위해서 신자유주의를 주장하며 시장을 개방하고 있기 때문이다. 이는 결국 국경을 넘은 자본의 이동을 부추기게 되고 자본은 그 본연의 임무에 충실해서 이윤을 쫓게 되며 그들이 가져가는 이윤은 곧 대중의 호주머니에서 나오는 것이다. 바로 당신의 호주머니 말이다.

최고의 복수는 성공이다

불공평한 대우를 받았던 젊은 날의 일화

최고의 복수는 성공이다. 당신을 화나게 한 그놈보다 더 멋지게 사는 것이 최고의 복수이다. 상대를 해치려는 열정을 자신에게 투자하라!

파견직 근로자와 스타크래프트

1995년 9월, 난 조그만 설계회사 소속으로 한 대기업에 파견 나가 일을 하고 있었다. 파견회사 소속이 다 그렇듯 형편없는 급여를 받던 나는 자기 계발을 열심히 할 수밖에 없었다. 그전까지만 해도 난 추레라를 운전하거나 카센터에서 엔진오일을 갈고 있던 사람이었다. 블루칼라에서 화이트칼라로 신분 상승했지만 여전히 화이트칼라의 극빈층이었던 것이다.

건설기계를 생산하는 그 회사의 연구소에 파견 나와 있던 우리 회사 직원은 평균 17명 정도였는데 그곳에 근무한 4년 반 동안 난 그 17명 중에 가장 먼저 출근했으며 단 한 번도 지각하지 않았다. 가장 일찍 출근해서 영어공부하고 점심시간에도 영어를 공부했으며 퇴근 후에는 영어학원, 헬스클럽에 컴퓨터학원까지 강행군하는 생활을 계속 하였다.

우리는 그 대기업 직원들과 같은 일을 했지만 월급은 그들의 1/3 수준이었다. 대개 그들은 학력이나 학벌이 우리들보다 높았지만 그들 중에도 더러 고졸이 있었고 우리 직원 중에도 석사가 있었다. 하지만 우리는 그저 파견 직원일 뿐이었다. 열심히 하면 대기업 정직원이 될 수 있다는 감언이설을 흘리는 경우도 있었지만 아무도 믿지 않았다.

괜찮다. 원래 그런지 알고 취직을 했으니. 하지만 17명 우리 직원 중에서 설계실력이 상위권에 속하는 내 월급이 가장 적은 것은 이해할 수 없었다. 당시 우리 회사 소속의 과장 한 사람이 나머지 16명을 관리하고 있었는데 그 과장이 하는 일이라는 것이 월~금(격주 휴무 때는 목)까지 스타크래프트나 하고 놀다가 주말이 되면 우리 설계 실적을 정리해서 대기업에 전달하는 것이었다. 나는 근무 시간 동안 단 1분도 잡일을 해본 적이 없었고 나를 담당한 대기업 직원들의 평가도 좋았지만 그 과장은 내가 별로 열심히 하지 않는다고 생각했고 줄곧 그렇게 평가를 내렸다. 때문에 대기업에서 우리 회사에 지급하는—나에 해당하는—용역비는 다른 사람들보다 많았지만 나의 월급은 오히려 적었다. 열심히 하면 인정받는다는 내 생각은 너무나도 단순했던 것이다. 지각을 밥 먹듯 하던 동료의 월급이 나보다 20% 많고 하루 7시간을 인터넷으로 주식 투자 하던 동료는 40%가 더 많았다. 그들은 일을 마치면 항상 과장과 스타크래프트를 했다. 대기업 쪽에 몇 번 건의를 넣었지만 그들은 다른 회사 일이라서 어떻게 할 수 없다고 했다.

설계의 달인으로부터 트레이닝 받다
그러나 불평등은 계속되다

당시 내 설계 실력은 나쁘지 않았다. 처음에 나와 같이 일하던 대기업 직원이 1년 후 다른 사람으로 바뀌었는데 새로 온 사람은 기능올림픽 기계제도 부문 은메달리스트였으며 그가 트레이닝 시킨 사람이 금메달을 따기도 했다. 그는 나를 혹독하게 트레이닝 시켰다. 인내심이 강한 나도 한 번 대든 적이 있을 정도로 그는 정말 지독했다.

그에게 트레이닝을 받고 난 후 내 도면은 완벽해졌다. 그리고 난 그 대기업과 우리 직원을 통틀어 가장 빠른 작업 속도를 가졌었다. 난 다른 사람들보다 최소 2배는 빨랐으며 컴퓨터가 내 속도를 따라잡지 못했기 때문에 명령어 수십 개를 동시에 입력한 후 팔짱을 끼고 몇 초간 화면을 바라보며 기다려야 할 정도였다. 어떤 경우엔 컴퓨터 두 대를 한 손에 하나씩 잡고 한 적도 있었다. 신기에 가까운 속도였다. 나이 든 대기업 직원이 1주일을 해야 할 일도 그렇게 난 1~2일 안에 끝내곤 했다.

실력은 많이 늘었지만 난 스타크래프트를 할 줄 몰랐기 때문에 우리 회사 과장과 친하지 않았고 그는 내가 지각도 몇 번 했다고 착각하고 있었다. 열심히만 하면 되는 게 아니었던 것이다. 한번은 우리 회사 직원들이 대기업 내에서 재배치되면서 일주일에 두 번씩 지각하면서도 (당시 50만 원인 내 월급보다) 30만 원이나 더 많이 받던 동료가 은메달리스트 밑에서 나와 같이 일하게 되었다. 그는 내어준 업무를 어려워서 못 하겠다고 했다. 그 업무는 약간의 난이도가 있었지만 트레이닝이 되어 있던 내겐 아무것도 아니었다. 나는 나보다 월급이 많으면 반드시 나보다 실력이 낮다고 생각했는데 그런 것이 아니었던 것이다.

추운 12월의 어느 날, 회사 주차장에 세워둔 내 낡은 봉고차를 누가 박아서 다 찌그러뜨려 놓았다. 난 군 수송부에서 연마했던 기술을 살려 망치로 판금을 하고 퍼티와 경화제를 사서 작업했다. 퍼티가 마르고 나서 스프레이를 사서 페인트를 칠했다. 그게 눈 내리는 크리스마스 이브였다. 서글펐다. 월급이 50만 원이 아니고 그래서 용돈이 5천원이 아니라면, 지각대장처럼 80만 원만 되었어도 내가 할 필요가 없는 일이었다. 이를 악물었다.

IMF 정리해고, 그러나 또 이어진 불평등

그 후 2~3년이 지나고 IMF가 왔다. 대기업 쪽에서 칼을 들었다. 실적이 나쁜 우리 직원들이 잘려 나갔다. 정의의 심판이 내려진 것이다. 스타크래프트 과장과 지각대장, 주식 투자꾼을 포함해서 놀고먹던 동료들이 해고되었다. 17명 중 8명이 살아남았고 그중엔 나도 있었다. 그런데 사람들을 갑자기 너무 많이 자르니 이곳저곳에서 문제가 터졌다. 일할 사람이 없는 것이다. 우리 중에 일을 제일 잘하는 동료 하나에게 일이 너무 쌓이자 해고된 직원 중 하나를 다시 채용했는데 그가 바로 인터넷으로 하루 7시간씩 주식 투자하던 사람이었다. 그해, 일 잘하는 동료의 월급이 (보너스 없이) 120만 원 이었고, 주식 투자 동료가 140만 원, 내가 100만 원 이었다. 그는 다시 채용되고 나서도 주식 투자를 멈추지 않았다. 그곳에서는 어떠한 희망도 없었다. 난 평생 파견직, 그것도 최말단 임금을 받아야 하는 것이었다.

당시의 내 울분은 참기 어려울 정도여서 집에서 똥물을 퍼 와 뿌리고 한바탕하고 싶은 마음이 굴뚝같았다. 당신이라면 어떡하겠는가? 그때의 나는 불타는 복수심을 그들보다 더 멋지게 성공하는 것으로 승화시키고자 했다.

반드시 성공하리라!

그리고 위선적인 너희들을 위에서 내려다보리라

당시 그곳의 근무시간은 7시 출근, 4시 퇴근이었다. 야간 대학을 다니기에 좋은 조건이었다. 다니던 전문대를 졸업할 때까지 난 참았고 졸업과 동시에 회사를 옮겼다. 그만두기 전 대기업 부장님이 나와 면담을 하셨다.

"회사 입장에서 이야기하자면 신계장이 남아 있어 줬으면 좋겠네. 하지만 인생 선배로서 형 같은 심정으로 말하자면 잘 선택했네. 빨리 이곳을 떠나게."

파견직에서 소기업으로

나는 그곳을 그만둘 때 퇴직금도 없는 연봉 1200만 원이었고 2000년 2월, 전문대 졸업과 동시에 규모가 작은-선박과 육상 인테리어 관련- 제조업체 D사에 설계직으로 취직하였고 연봉으로 1530만 원을 계약했다. 오너 사장은 역시 달랐다. 설계 실력도 쓸 만하고 현장 일도 곧잘 따라 하고(자동차 정비 경력이 많은 도움이 되었다) 영어도 수준급이고 열정이 있는 나를 인정해 주었다. 다음 해 연봉이 1680만 원이 되었는데 나의 인상률이 가장 높았다.

소기업에서 대기업으로

우리 회사는 한 해 매출이 20억 원 정도였는데 자체 영업이 없어서 매출 3000억짜리 B사의 하청을 받아서 했다. 마침 B사에서 해외 육상 프로젝트를 우리 회사와 같이 추진했는데 기술적으론 내가 주도를 했다. 그 프로젝트가 가시권에 들어오자 B사는 우리를 배제하고 선박 쪽 경험만 있는 자체 설계 인원으로 미팅을 갔는데 육상 쪽 경험이 전혀 없으니 내용을 이해할 리가 없었다. 그리고 그 시점에 B사는 계열사를 하나 더 만들어 우리 회사에 주던 하청 물량을 모두 자체 생산하려고 했다. 결국 우리 회사는 몇 달 안에 문을 닫아야 하는 상황에 부닥쳤고 나도 직장을 잃어야 하는 것이다.

2001년 12월 31일 나는 캐나다 아내와 부산의 한 호텔에서 연말을 보내고 있었다. B사에서 연락이 왔다. B사 상무님이 비밀리에 보자고 한단다. 스카우트 제의였다. 며칠 뒤 나는 B사 상무님과 면담을 했고 난 2800만 원을 요구했다. 1680만 원에서 1120만 원(67%) UP, 2년 전과 비교하면 무려 1600만 원(133%)이 UP된 것이다. 그 금액은 나보다 2살 많은 B사의 핵심 K 대리가 2400만 원을 받는 것을 고려하면 분명 과도한 요구였지만 난 그 연봉을 받고 2002년 2월 직장을 옮겼다. 난 B사에서 열심히 일했고 발명특허를 1건, 실용신안 3건을 출원했고 3건을 등록했다. B사에서 보유하고 있는 7개의 특허와 실용신안 중 절반이 내가 출원/등록한 것이다.

사필귀정

젊은 날의 불평등은 나의 실력을 높이고 그 실력에 맞는 자리를 찾음으로써 자연스럽게 해결되었다. 10여 년을 외국에서 생활하다 올해 한국으로 돌아온 나는 한 기업의 부사장이 되었고, 설계를 가르쳐주신 스승을 찾아뵈었다. 열정적인 나를 위해 자신의 진급 기회까지 놓쳐가며 가르침을 주셨던 그의 헌신에 보답하기 위해 그와 그의 가족에게 풀코스 요리로 답례를 하였다. 그리고 그가 전하는 소식 중 하나는, 하루에 겨우 1시간 일하면서도 나보다 40% 많은 급여를 받던 주식 투자꾼이 지금은 음식 배달을 하며 연명한다는 것이었다. 죽도록 싫었던 그를 미워할 시간에 학원을 3개나 다니며 미래를 준비한 나의 열정이 결국 승리한 것이다. 건물주가 된 나는 내가 하기 싫어하는 일을 하지 않을 자유를 얻었기에 내가 원하는 일을 골라서 할 여유가 있었고 그래서 지금의 일이 너무나도 재미있다. 주식 투자꾼처럼 생존을 위한-어쩔 수 없는-선택이 아닌 재밌는 일을 선택하게 된 것이다.

불공평한 대우를 받았던 중년의 일화

월급쟁이 사장, 오너 사장

다시 몇 년의 시간이 흐른 뒤 중국에서 비슷한 경우의 일을 두 번이나 더 당했다. 첫 번째는 내가 바꿀 수 있는 것이 없어서 그곳을 떠나는 것으로 해결했는데 그런 부조리를 방치한 그 회사는 결국 문을 닫았다. 그리고 두 번째도 같은 문제로 문을 닫았는데 그 둘의 공통점은 오너가 아닌 월급쟁이인 CEO가 관리를 했고, 그들은 스스로 무능 또는 부패했거나 그런 부하들을 중용한 공통점이 있었다.

자본주의 최고의 발명은 인센티브라고 하였다. 대개의 인간은 자신에게 이익이 있을 것이라는 확신이 들어야만 남의 일을 자기 것처럼 해내게 되며, CEO에게 회사라는 조직은 자기 것이 아니므로 새로운 도전을 하기보다 자신의 임기 내에 아무 문제 없이 그냥 넘어가려는 경향이 있다. 오너라면 설사 3년 동안 적자를 보더라도 향후 10년 동안 큰 이익을 볼 가능성이 크다면 투자를 하겠지만 겨우 몇 년 임기의 CEO가 자신의 임기 동안 적자가 난 재무제표를 오너에게 제출하고 욕을 먹으려 하지는 않을 것이기 때문이다. 그래서 오너는 스스로 관리할 여건이 되지 않으면 그런 인재를 볼 줄 아는 통찰을 가져야 하며 그것이 부족할 경우 치명적인 결과를 맞게 되는 것이다.

무능하고 부패한 동료들이 먼저 진급한다면 똑똑한 인재는 나가고 쓰레기만 남는다

두 번째 회사에서도 무능하고 부패한 동료가 CEO에게 아부를 잘하는 것으로 먼저 진급하는 경우가 많았는데 그런 일이 계속된다면 진급하지 못한 똑똑한 인재는 나가고 쓰레기만 남게 되며 결국 조직은 망하게 된다. 나는 5년 후에 조직이 망할 것으로 예측했는데 그때쯤이 되자 회사는 보유하고 있던 토지를 매각하여 당장의 문제를 해결하였다. 그럼 그걸 다시 사들이겠다는 각오로 개선해야 했지만 부조리는 계속되었다. 그리고 2년 후 다시 위기가 오자 한국계 은행으로부터 대출을 받아 해결하고, 다시 1년 후 위기가 오자 중국계 은행으로부터 대출을 받아 해결하였다. 배 밑바닥 구멍은 커져만 갔지만 근본 원인을 해결하지 않았던 것이다.

조직의 발전을 막는 관료화와 이로 인한 동맥경화

어떤 문제에 대해 개선안이 있지만 그것을 시도했을 때 실패할 것이 두려워 불합리한 과거를 답습하는 경우를 나는 수없이 많이 보아 왔다. 실패한 자를 벌하는 조직은 결코 살아남지 못한다. 벌은 개선을 시도하지 않는 자에게 해야 한다. 실패를 벌한다면 누가 개선을 시도하겠는가? 그리고 그런 관료화된 조직은 동맥경화로 이어지고 결국 망하게 된다.

나는 조직의 문제를 몇 번 끄집어내곤 했는데 그것은 언제나 핀잔이

나 진급 누락 같은 벌로 되돌아왔다. 문제 제기로 나만 힘들어진다는 것을 알게 된 이후 나는 내가 그것을 해결할 수 있는 권력을 가질 때까지—재테크로 자산을 축적하며—기다리기로 하였다. 그러나 내게 권력이 주어졌을 때는 그 시기가 배가 침몰하기 직전이라는 것이라는 것이 문제였다. 이순신 장군이 그랬던 것처럼 당장 3개월 안에 파산할 것 같은 조직을 맡아서 무엇을 할 수 있을까? 나는 내가 상상할 수 있는 모든 방법을 동원해 조직을 개선시켰고 조직은 그 상태로 3년 가까이 더 버텼다. 내가 5년만 더 빨리 권력을 가졌더라면 조직이 파산하는 상황 자체가 발생하지 않았을 테지만 그것은 내가 컨트롤 할 수 없는 일이다.

복수의 칼을 갈아라. 그러나 절대 칼 가는 것을 들키지 마라

다른 사람 3배 정도의 업무를 해내고, 수많은 개선을 시켰음에도 연속으로 진급에 밀렸던 나는 더 이상 문제 제기하는 데 에너지를 낭비하지 않았고 내가 맡은 부서와 내 가족을 위해 더 많은 힘을 기울였다. 그들의 허물이 보여도 못 본 체하는 것이 쉬운 일이 아니었지만 괜히 건드렸다가 내가 퇴출되면 무슨 소용이란 말인가? 참고, 참고 또 참았고 결국 권력을 가지게 되었을 때 칼을 휘둘러 부조리를 없애며—3개월을 버티기 힘들어 보였던 조직을—3년을 버티게 함으로써 조직 구성원들과 나의 가족이 준비할 시간을 마련해 주었다.

최고의 복수는 성공이다

나는 보통의 사람들이 회사를 위해 가지는 열정의 3배 이상으로 일을 해 왔고 수많은 개선을 해 왔다. 그리고 나의 공적을 빼앗아 먼저 진급하고, CEO와 골프를 같이 친다는 이유로 먼저 진급한 무능력한 동료들이 휘파람을 부는 것을 보며, 조직을 위해 사용하던 열정을 2배로 줄이고 남은 1배를 나와 내 가족의 경제적 안정을 위해 사용하겠다고 마음먹었다. 조직에서 내 능력을 인정받지 못한다면 밖에서 증명하리라!

나는 세계정세에 대해 잘 이해하는 외국인이라는 것과 한족을 아내로 둔 것의 시너지 효과를 잘 이용하기로 하였다. 나는 OECD국가와 중국의 부동산 가격을 비교 분석하여 아직 비싸지 않다는 것을 계산해 내었다. 노무라 증권 등이 중국의 부동산이 비싸다는 평가를 내릴 때, 나는 그들이 '6개의 지갑을 가진 중국의 특성'을 간과한 것을 간파해 낸 것이었다.

오랜 1자녀 정책에 따라 A집안 부모 2명은 한 명의 아들을 두고, B집안 부모 2명도 한 명의 딸을 두었다. 그들의 아들딸이 결혼하면 새집이 필요할 텐데 아들딸 2명은 겨우 1명의 자녀를 낳으니 어지간하면 둘 다 일을 하게 된다. 그리고 각각 집안의 부모들은 아직 은퇴하기 전이므로(중국은 전통적으로 조혼을 하는 경향이 있고, 또한 자식이 한 명일 경우 부모는 아직 젊을 수밖에 없다.) 여전히 소득이 있다. 그렇게 부모 4명과 자녀 2명이 소득활동을 하여 손자 1명을 먹여 살리는 구조이므로 선진국의 계산 방식을 적용하는 것 자체가 이치에 맞지 않는 것이다. 그래서 우리 부부는 소득의 5%만 소비로 쓰고 딸아이 학비와 한국을 다녀올 때 드는 항공료를 제외한 모든 가용 자산을 총동원해-우리를 이해하지 못하는 주변인들의 목소리를 무시하고-중국에서 주택을 계속 매입하였고 모두 성공하여 적지 않은 자본이익을 얻게 되었다.

한국인이 중국의 주식을 직접 매매할 수는 없지만 한족인 아내는 당연히 아무런 문제가 없다. 상해 증시의 80%에 해당하는 중국 개미는 외부 소식을 접하기가 어렵고(중국에서는 구글, G메일, 카톡, 트위터, 유튜브 따위가 사용 불가하다.) 그래서 세상 물정에 대해 상상 이하로 무지하다. 그래? 그럼 그것을 이용해야겠군. 나는 중국 증시에 대해 연구했고 2014년 처음 투자를 시작할 당시 중국의 주식이 PER 기준 역사상 가장 저렴한 때라는 것을 알아내었다. 그리고 내 소득의 100%를 주식 매수 자금으로 투입했는데 다음 해 시장이 과열되었을 때 마침 침체한 중국 부동산 시장을 위한 부양책이 발표된 것을 이용해 갈아타기에 성공하여 큰돈을 벌게 되었다.

무능한 동료들이 부당하게 승진하고 삶을 즐길 때, 우리 부부는 절약하며 모은 자금으로 투자하고 성공하였다. 파산한 조직에 남겨진 그들이 미래를 걱정할 때 우리는 편안하게 여생을 보내게 된 것이다. 나는 그들을 시기하는 데 소모할 시간과 돈과 에너지를 가족을 위해 투입했고 그것이 그들을 해치는 것보다 훨씬 현명하다고 생각하였다. 그리고 그것이 최고의 복수라고 나는 믿는다.

보상의 수레바퀴가 돌지 않을 때

3년을 기다려라

내 정신적 스승이신 세이노 선생님은 "보상의 수레바퀴는 천천히 돈다."라고 하셨다. 때로 그것은 정말이지 너무 천천히 돌기 때문에 마치 돌지 않는 것처럼 보이기도 한다. 만약 당신이—친인척이 장악한 회사 등—아예 돌지 않는 조직에 들어가 있다면 딱 3년을 기다려라. 단, 그곳에서 무언가를 배울 것이 있다면 말이다(배울 것이 없다면 빨리 튀어나와라.).

3년이라는 시간은 내 경험상 나온 숫자인데 그것이 나름 근거가 있는 기간이라는 것은 나중에 알았다. 구본형 소장은 그의 책《그대 스스로를 고용하라》에서 이렇게 말했다.

"평범한 사람들이 가시적인 효과를 거두기 위해서는 3년 정도의 자기 계발 여정이 필요하다. 왜 3년일까? 참고 견딜 수 있는 가장 긴 시간이며, 성과를 낼 수 있는 가장 짧은 시간이기 때문이다. 현재의 온갖 제약과 한계에서 벗어나 자신을 새로운 시각으로 바라보기 위해서, 적어도 우리는 몇 년의 시간적 격리를 필요로 한다. 3년 정도면, 무엇인가 새로운 것에 입문하여 어느 정도의 성과를 가지게 될 것이라고 기대할 수 있는 심리적 길이로 적합하다. 3년은 1,000일을 조금 넘는다. 1,000일 동안 담금질을 통해 꽤 괜찮은 자기를 새로 만들어 낼 수 있다는 것은 좋은 일이다."

내가 그랬던 것처럼 당신도 그 기간 인내심을 가지고 그 조직에서 최대한 배워야 한다. 인내심에는 여러 가지가 있다.

- 때를 기다릴 줄 아는 시간의 인내심
- 불공정한 상황을 버텨내는 인고의 인내심
- 상반된 의견에 대해-비록 옳다고 하더라도-자신의 주장을 굽힐 줄 아는 절제의 인내심
- 복잡하고 어려운 상황을 견뎌내는 감내의 인내심
- 외부 유혹을 이겨내는 불혹의 인내심

• 육체적 고통을 참는 극기의 인내심

당신이 처한 각 상황에 맞게 인내하고 그곳에서 배울 수 있는 것을 최대한 흡수한 후에 더 이상 배울 것이(또는 얻을 것이) 남지 않았거든 그동안 배운 것을 밑천 삼아 이직을 하거나 창업을 하면 될 일이다. 잊지 마라. 보상은 지금 직장에서 이루어지지 않을 수도 있다. 그 시간이 문제일 뿐 노력에 대한 보상은 반드시 온다. 조급해하지 마라.

인내심(또는 내공) 공식

내가 힘들게 자산을 불려 가면서 느낀 것은 스스로 부자가 된 사람들은 인내심이 대단하다는 것이고 그것은 평균적으로 그가 가진 자산의 크기와 비례한다는 것이다. 10억을 만들어 내면 20~30억이 시야에 보이기 시작하고, 10억을 만들기까지의 고생의 크기에 비해 그다음 10억을 얻기 위한 노력은 앞선 10억의 절반에도 못 미친다는 것이다. 그동안의 시행착오는 노하우와 통찰이 되어 있고 이는 시간적, 금전적 손실을 줄여 더 빠른 성장을 하게 해주는 원동력이 된다. 10억을 가진 사람이 100억을 이루기 위해서 가져야 할 고생의 크기와 이를 견뎌내는 인내심은 과연 얼마나 필요할까?

10억을 이루기 위해 필요한 인내심을 10이라고 할 때 100억은 10배쯤 더 힘들까? 그렇다면 너무나도 힘든 것 아닐까? 내가 자산을 늘리며 느꼈던 인내심의 공식은 이렇다.

- 인내심(P) = $\sqrt{\text{목표자산/현자산}}$
- 1억으로 10억을 만들 때 필요한 인내심(P) = $\sqrt{\text{목표자산/현자산}}$ =

$\sqrt{}$ 10/1 = 3.162

- 10억으로 100억을 만들 때 필요한 인내심(P) = $\sqrt{}$ 목표자산/현자산 = $\sqrt{}$ 100/10 = 3.162

즉, 자산을 10배로 만들고자 하면 현재의 자산을 만들 때까지의 인내심(또는 내공)의 3배 가량의 인내심이나 내공이 필요하다는 것이다. 1억을 만들 때까지의 과정이 쉬운 일이 아니나 대개의 경우 아직 삶의 요령이 없어서 시간이 많이 걸리기도 한다. 1억을 넘어 10억을 이루면 자신만의 패턴이 생겨나고 그걸로 미래를 계산해 낼 수 있다. 내가 목표로 삼는 30억을 이루고자 하면 $\sqrt{}$ 30/10 = 1.7. 즉, 10억을 이룰 때까지의 1.7배만 견뎌내면 된다.

자존감이 부족한 사람들의 특징

내가 존귀한 존재라는 믿음인 자존감이 강하면 아무리 허름한 옷을 입어도 광채가 나는 법이다. 굵은 금목걸이를 한 부하직원이 내게 자랑하기 위해 목을 쭉 내밀었을 때 나는 그에게 이렇게 말해 주었다.

"조폭들을 봐라. 머리에 든 것이 없을수록 물질로 과시하려 들지 않느냐? 워렌 버핏이 신는 신발이 월마트에서 산 30달러짜리인데 그 앞에서 금목걸이를 주렁주렁 걸친 졸부가 1,000달러짜리 신발을 자랑한다면 우습지 않겠나?"

당신이 방금 산 명품 가방을 번화가에 가지고 가면 모두 쳐다볼 것 같지? 착각하지 마라. 아무도 관심이 없다. 당신 친구들이야 멋지다며 박수를 쳐 주겠지만 그것은 처음 한 번뿐이다. 빈자는 100만 원짜리 지갑에 만 원짜리 한 장을 넣는 것을 선택하고, 부자는 만 원짜리 지갑에

100만 원을 넣는 것을 선택하여 더 큰 부자가 된다. 그들은 높은 자존 감으로 남이 싸구려라고 홍보하는 만 원짜리 지갑을 자랑스럽게 가지고 다닐 수 있는 사람들이다. 즉, 부자는 명품 가방을 들고 다니는 사람이 아니라 스스로 명품이 되고자 하는 사람이다(물론 결국 명품 가방을 가지 게 되는 것은 사실이다. 그만큼 여유가 되었을 때 못 살 이유 또한 없지 않은가?).

사람들이 자살을 하는 이유

사람들이 자살을 하는 이유는 희망이 없다는 것 단 한 가지다. 나도 여러 번 죽고 싶다는 생각을 한 적이 있고 그때의 나는 아무런 희망이 없었다. 나보다 능력이 부족한 동료들이 나를 누르고 진급을 하고, 같 은 시기에 다니던 학교에서는 내 것을 컨닝한 사람이 더 많은 장학금을 받아 교수에게 상납한다는 것을 알았을 때 회사와 학교에 똥물을 퍼붓 고 죽어버릴까도 고민했었다. 내일이 오늘보다 낫다는 어떠한 확신도 들지 않을 때 우리는 현실 회피수단으로 자살을 택한다. 그 절망적인 현실을 초래한 이유가 스스로에게 있는 경우도 많지만 그들 중 상당수 는 사회에 그 책임을 돌리곤 한다. 물론 사회는 문제가 많다. 그러나 그 것은 오늘 내일의 문제가 아니며 100년 전에도 그랬고 100년 후에도 그럴 것이다.

또 하나의 문제는 그들은 상황에 매몰되어 객관적으로 현상을 파악 하지 못한다는 것이다. 제삼자가 봤을 때는 여러 가지 해결 방안이 있 음에도 혼자 고민하다 극단적인 선택을 하는 것이다. 잠시 숲 밖에 나 가서 뒤돌아 숲을 바라보라. 다른 사람의 시각으로 자신의 문제를 바 라볼 수 있다면 현실의 문제를 해결해 줄 방법이 떠오를지도 모른다.

그리고 잘못을 깨닫게 되었다면 머뭇거리지 말고 즉시 방향을 바꾸어라. 3시 방향으로 가야 하는데 4시 방향으로 향하고 있었다면 그것을 깨달은 그 즉시 방향 수정을 하는 것이 손실을 줄이는 가장 경제적인 방법이지만 대개 가던 길을 바꾸지 않는다. 그것은 개인은 물론 회사나 국가도 쉽게 저지르기 쉬운 오판이다. 망설이지 말고 바꾸어라. 그리고 불타는 복수심을 자신의 가치를 높이는 데 사용하라. 그럼 시간이 모든 것을 해결해 줄 것이다.

좋아하는 일이 아니라 잘하는 일을 직업으로 가져라

좋아하는 일 VS 돈을 많이 버는 일

예일대의 스톨리 브로트닉 연구소가 1965년부터 20년 동안 예일대와 하버드 대학 졸업생들을 추적 조사한 결과, 자신이 좋아하는 일을 직업으로 선택한 17%의 졸업생들(이하 A)이 당장 돈을 많이 벌 수 있는 직업을 선택한 83%의 졸업생들(이하 B)보다 백만장자의 반열에 오른 경우가 훨씬 많았다고 한다. 그리고 이 연구는 우리가 좋아하는 일을 해야 한다는 주장의 근거로 인용되곤 한다. 그렇다면 이것은 평범한 사람들에게도 적용 가능한 보편타당한 주장일까?

애초에 월등한 고등학교 성적을 가진 천재적인 그들은—성적에 따라 전공을 선택하는 보통의 학생들과 다르게—자신이 흥미를 느끼는 분야를 전공으로 택했을 확률이 높다. 그런 그들 중에서 상당수는 아직 세상에 발표되지 않은 첨단 연구 활동에 참여할 기회를 얻었을 것이다. 미래지향적적인 첨단 연구는 그들의 관심을 끌었을 것이고 결과적으로 그들은 그것을 더 좋아하게 되었을 것이다(A그룹이 되었을 것이다.). 전

세계의 수재들이 모인 두 대학의 학생들은 보통의 사람들보다 논리적 판단 능력이 뛰어날 것이고, 그들은 그들의 뛰어난 머리로 그것의 성공 가능성을 판단해 당장의 소득보다는 미래를 위해 인내심을 발휘하는 것이 훨씬 유리하다는 것을 파악해 냈을 것이다. 그렇게 A그룹의 상당수는 기업가 정신을 발휘해 창업을 결심하게 되고 좋은 머리라는 하드웨어가 좋아하는 일이라는 동기부여까지 만났으니 보통의 사람들보다 더 크게 성공하게 되었을 것이다.

그러나 위 사실을 우리 같은 평범한 사람들에게 그대로 적용하기에는 한계가 있다. 창업은 중박 없이 대박이 나거나 쪽박이 나는 확률이 높은 게임이기 때문에 A, B 양쪽 그룹에서 성공한 사람만을 추출하는 연구의 경우, 좋아하는 일을 택하여 창업한 경우에서 더 많은 백만장자가 나오는 것은 당연한 것이다. 하지만 위 케이스에서 상위 10%, 하위 10%를 제외한 보통의 경우를 비교해봤을 때 좋아하는 일을 한 사람의 소득이 더 높다는 보장이 없고 오히려 폭삭 망한 사람도 더 많을 것이다.

또한 명문 대학에서 연구하는 것은 보통의 사람들이 접근하기 어려운 분야(블루오션)일 경우가 많으므로 창업 같은 도전의 경우에도 보통 사람들의 그것보다 시작부터가 유리한 게임일 수밖에 없다.

이 글을 읽는 당신은 미국에 살지도 않고, 영특한 하버드 졸업생인 것도 아니다. 저 조사에 나오는 사람들이 처한 현실과 당신의 현실은 분명 다르기 때문에 같은 논리를 적용하는 것이 무리일 수밖에 없다.

판매 부수가 많은 책들 중의 상당수는 좌절하는 청춘들을 위로하는 좋은 책들이다. 그런 류의 책들은 예일대 연구소의 결과를 토대로 좋아하는 일을 하라고 주장할 것이다. 그러나 좋은 것과 쓸모 있는 것은 분명히 다르고 당신은 좋은 말 또는 좋은 책을 경계하는 습관을 지녀야 한다.

당신이 필요한 것은 당신의 생존에 필요한 쓸모 있는 실전 지식이다.

Like(좋아하는 것)보다는 Can(할 수 있는 것)을 선택하라

젊었을 적 나는 자기계발 도중에 발생한 스트레스를 풀기 위해 보디빌딩, 자전거, 모터사이클, 4×4, 여행 같은 취미들을 가지게 되었다. 20대 초에 취미로 했던 보디빌딩으로 아마추어 경기도 나간 적이 있었는데 성적이 그리 좋은 것은 아니었다. 그때의 나는 만약 내 신진대사가 보디빌딩과 잘 맞아서 성적이 좋으면 전업으로 하는 것이 어떨까 고민한 적이 있었다. 그래서 주위의 좋은 성적을 가지고 있는 사람들을 관찰했는데, 기업의 스폰을 받는 극소수의 경우를 제외한 대부분은 그것만 가지고는 충분한 소득을 올리지 못하고 있었다. 또한 성적을 올리기 위해서는 잘 먹어야 하는 데 식비가 한 달에 200만 원은 소모되었기에 상위 클래스까지 오르기까지의 비용 자체가 만만치 않았고 그렇게 한다고 해서 성공한다는 보장도 없었다. 그래서 대부분의 아마추어 선수들은 기왕 시작한 취미에서 얼마간의 명예를 얻는 데 만족하는 것으로 보였다.

'좋아하는 일을 직업으로 하지만 수입이 적은 경우'보다, '잘하는 일을 해서 수입이 많고 좋아하는 것은 취미로 가지는 경우'가 좀 더 현실적이기에 대부분의 사람들처럼 나도 그를 택했다. 그리고 그것은 현명한 선택이었다.

그러나 그것을 구분하지 못하는 사람도 많아, 좋아하지만 소득이 박한 일에 인생을 걸곤 한다. 가수, 연기자, 모델, 작가, 음악, 출판, 광고, 게임, 종교 등에서 최저임금에도 못 미치는 일을 하는 사람들은 너무도 많다. 그중에서 극소수는 많은 돈을 버는 스타가 되기도 하지만 그것은 희망 고문일 뿐이다. 심지어 그 스타들이 번 돈까지 포함해서 모두의 소득을 참여자 전체로 나누어도 일반 직장인 평균 소득보다도 낮으며 상위 10% 하위 10%를 제외한 중간 수준의 경우는 훨씬 낮은 것이 일반적이다.

일부 비인기 연예인들은 언젠가 성공할 것이라는 막연한 희망에 다른 일거리를 찾지 않고 가수나 연기자를 고집하다 우울증에 걸려 자살하거나 가족을 빈곤에 떨어뜨리곤 한다. 자신의 꿈을 위해(가족의 꿈이 아니다.) 가족의 일방적인 희생을 강요하는 자들은 애초에 결혼을 하거나 자녀를 두어서는 안 된다. 당신의 부인이 무엇을 잘못했으며, 부인이 그것을 감수하고 결혼한 경우라도 당신의 자녀는 무슨 잘못을 했기에 비참하게 살아야 하는가? 사지가 멀쩡하여 육체적 노동 능력이 있으면서도 알량한 자존심 때문에 헛꿈만 꾸고 있는 당신은 멋진 꿈을 말할 것이다. 꿈? 그거 없는 사람도 있나? 꿈은 누구나 꾼다. 하지만 그보다 중요한 것은 생존, 바로 가족의 생존이다.

숨겨진 가수들을 찾아내는 프로그램들이 홍수를 이룬다. 요즘은 미국, 영국, 한국, 중국 등등의 나라에서 같은 콘셉트로 진행하는 오디션 프로그램들이 많다. 그런 프로그램들을 보면서 노래 잘하는 사람들이 정말 많다는 것을 느낀다. 그날의 프로그램이 전파를 타는 얼마 동안 그들 중 일부는 벼락스타가 되기도 한다. 그러나 우리가 정말 대단하다고 느낀 그들도 극히 일부만이 아주 짧은 시간 그런 주목을 받으며 또 다른 재능인이 나타나면 잊혀지고 만다. 내가 궁금하게 생각하는 것은, 저렇게 많은 고수들이 먹고 살만큼 음악 시장이 그렇게 크냐는 것인데 팩트는 절대 그렇지 않다는 것이다.

물론 내가 그런 선택을 하는 사람을 평가할 자격이 있는 것은 아니다. 그들이 그런 일을 하면서도 행복하다면(여전히 소득 높은 다른 일을 하면서 취미로 그 일을 하는 것보다 더 행복하다는 보장은 없지만) 그 선택은 존중받아야 한다. 그러나 당신의 그 선택으로 당신의 부인과 자녀가 아파도 돈이 없어 병원을 못 가는 상황이 되었다면 나는 당신을 경멸할지도 모른다. 주제 파악 못 한 당신의 무모한 꿈 실현을 위해 선량한 가족이 희생당해야 한다면 당신은 이기적인 무능력자일 뿐이다.

자신이 꿈꾸던 사업을 하고자 했던 어떤 사람의 이야기는 시사하는 바가 크다. 그는 리스크가 적은 사업으로 얼마간의 돈을 벌었고 그것으로 부인이 자영업을 할 수 있도록 만들어 주었다. 자영업의 모든 권리는 부인 앞으로 해두고 수입이 궤도에 오르는 것을 확인한 그는 자신의 모든 역량을 투입해 리스크가 따르는 꿈꾸던 사업을 시작했다. 그가 사업에 성공했는지는 확인하지 못했지만 그의 선택은 정말이지 현명한 것이다. 그는 때가 될 때까지 기다리는 인내심을 발휘하여 가족에 대한 책임감과 자신의 꿈 모두를 최선으로 이끌었다. 만약 연예인이 꿈(Like)이고 결혼을 했다면 이 사업가처럼 가족이 살 방법을 마련해놓고 도전하면 어떨까?

Can으로 돈을 벌고 Like는 취미로 가져라

보디빌딩이라는 Like를 포기한 나는 여러 가지 자기계발을 하며 남보다 잘할 수 있는 것들(Can)을 여러 가지 만들었고 그것들을 이용해 돈을 벌었으며 결과적으로 경제적 자유를 달성하게 되었다. 여전히 취미로 체육관을 다니기는 하지만 젊었을 적 포기한 보디빌딩 선수는 지금에 와서 더 어려운 일이 되었다. 하지만 모터사이클을 타고 러시아를 거쳐 유럽까지 여행하는 것(더 멋진 Like)은 나의 새로운 소망이 되었고 그것은 머지않아 현실이 될 것이다.

2004년에, 가지고 있는 자산의 반을 팔아 세계 여행을 떠나자는 캐나다 전처의 요구는 분명 무모한 것이었고 우리들의 미래에 좋지 않은 영향을 미칠 것이 확실했다. 지혜로운 지금의 아내도 여행을 좋아하지만 우리는 그것을 조금 뒤로 미뤄 두었다. 여러 명의 세입자로부터 월세를 받고 있지만 빌려 놓은 은행 대출을 어느 정도 정리하고 여러 곳에 투자해 놓은 것도 수익이 발생하는 그때 우리는 돈 걱정 없이 편한 마음으로 모터사이클과 4×4를 타고 세계를 여행하게 될 것이다. 요즘의 나는 아내와 함께 요트 여행을 하는 꿈을 꾼다. 그리고 그것이 현실이 되도록 만들 것이다. 젊었을 적에 세계 여행으로 자산을 탕진하고 늙어서 폐지를 줍는 것보다, 젊을 때 아끼고 투자해서 자산을 늘려 그 수익으로 럭셔리하게 요트 여행을 하는 것이 훨씬 더 나은 선택이라고 나는 믿는다.

취미(Like/좋아하는 것)와 직업(Can/잘하는 것)의 차이

예전에 내가 헬스클럽에 운동하러 가면 아버지는 그럴 시간에 밭에 가서 땅을 파라고 하셨다. 몸을 움직여 에너지를 소비하는 관점에서 보면 운동과 노동은 비슷해 보이지만 근육을 사용하는 메커니즘 자체가 다르기 때문에 아무리 밭을 열심히 파도 몸짱이 될 수는 없다. 아버지의 시각에선 몸을 써서 돈을 벌 수 있는데, 굳이 돈을 내가며 몸을 쓰는 것은 불합리해 보였을 것이다.

사람마다 좋아하는 취미는 다르지만 그것의 공통점은 그것들을 즐기기 위해 기꺼이 비용을 지불한다는 것이다. 취미를 즐기는 행위 자체는 당사자에게는 어떠한 부가가치도 부여하지 못하지만 재미있다는 사실 하나만으로 동기 부여에서 많은 차이를 만들고 결국 취미에서 더 긍정적인 성과가 나온다. 그런 취미의 높은 생산성에도 불구하고 그것으로 성공하는 사람이 나오기 어려운 이유는 역설적으로 다른 사람들한테도 재미가 있기 때문이다. 재미가 있으면 돈을 써가면서도 즐기게 되고 더 많은 사람들을 불러 모으게 된다. 이는 곧 높은 경쟁을 의미하기 때문에 그중에서 최고가 되기는 정말 어렵고 그것을 직업으로 하기는 하늘의 별 따기가 되어 버리는 것이다.

헛꿈 꾸는 당신에게

당신이 짝사랑하는 사람과 당신을 짝사랑하는 사람 중에서 선택을 해야 한다면, 당신이 사랑하는 사람이 아니라 당신을 사랑하는 사람을 택하는 것이 당신을 더 행복하게 만들어 준다는 것을 알아야 한다. 당신에게 관심 없는 당신의 이상형을 당신의 것으로 만드는 것 자체가 힘든 일이기에 그 과정에서 많은 상실감을 맛보아야 한다. 그리고 그가 당신의 것이 되었다고 하더라도 당신을 공경할 확률은 그 반대의 경우보다 훨씬 낮다. 직업을 택할 경우에도 마찬가지다. 당신이 원하는 곳이 아니라 당신을 필요로 하는 곳을 택하라. 당신은 그들이 인정하는 기술을 가지고 있기 때문에 채용된 것이고 그래서 큰소리치며 일하면서도 더 많은 급여를 받고 승진하게 될 것이다.

같은 최저임금을 받더라도 번듯해 보이는 편의점 알바가 공장에서 일하는 것보다 당장은 나아 보이기 때문에 그런 일자리를 원하는 사람들이 더 많다. 하지만 남이 하기 싫어하는 것에는 경쟁이 없고 그래서 무주공산인 경우가 많다. 대개 그런 것들은 3D업종이고 폼이 나지 않고 재미가 있는 것도 아니지만 그래서 돈을 벌기가 쉬운 것이다. 몇 년만 허름하게 살며 노력하면 상대적으로 쉽게 부자가 될 수 있을 것이다. 그래서 '폼은 순간이지만 클래스는 영원하다'고 하지 않았는가? 지금 시작하라. 지금은 살아온 인생에서 가장 늙은 때이고 남은 인생에서 가장 젊은 때이다. 그러므로 삶을 통틀어 가장 많은 경험이 쌓인 때가 지금이고, 새로운 것을 하기에 좋은 가장 젊은 때가 바로 지금이다. 지금 시작하라. 현실성 있는 목표를 세우고 어떻게 그것을 이룰 것인지 방안을 세워라. 원대한 목표를 세웠더라도 그것을 해낼 방법이 없다면 공염불에 지나지 않는다. 실천방안이 없는 목표는 그저 몽상일 뿐이다.

누구나 노력하면 뭐든지 이룰 수 있다고 하는 말은 믿지 마라. 그런 말들은 반만 맞다.

질문 ① 열심히 공부하면 하버드에 갈 수 있다.
→ 가능성 0.1%
질문 ② 열심히 공부하면 영어를 잘할 수 있다.
→ 가능성 100%

질문 1을 만족하기 위해서는 소위 공부머리가 필요하다. 아무리 노력한다고 해도 되는 것이 있고 안 되는 것이 있다. 정말 열심히 노력했건만 하버드를 못 갔다고 해서 노력 부족을 탓할 필요는 없다. 공부머리를 타고난 것이 아닐 뿐이고 그건 잘못이 아니다. 공부머리가 없는 것이 확실하다면 장사머리가 있는지를 확인하고, 있다면 장사를 할 일이다. 그리고 장사머리조차 없다면 일머리가 있는지 확인해 보라. 맞지 않는 신발이 불편하듯 맞지 않는 일을 할 필요는 없다. 동일한 시간과 노력을 투자했을 때 가장 많은 아웃풋을 낼 수 있는 것이 무엇인가를 조사해보라. 그게 천직일 가능성이 높다. 나는 공부머리도 안 좋고 장사머리도 안 좋다. 그래서 남은 것이 일머리이고 그것에 매진하다 보니 제법 잘하게 되었다

질문 2는 왜 가능성이 100%나 될까? 열심히 했는데도 영어를 못한다고? 그건 그 '열심'이 '나태'의 수준이었기 때문이다. 한국어 실력은 어떤가? 말을 아주 잘한다고? 그 이유가 무엇인가? 열심히 공부해서 그런 것인가? 한국어를 공부하지 않고 단지 매일 쓰고 있을 뿐이다. 한국어를 영어로 바꾸고 같은 시간을 투입하여 보라. 반드시 잘하게 된다. 한국어를 충분히 잘한다면 머리가 나쁘다는 것은 게으른 핑계일 뿐이다. 다른 예를 들어 보자.

질문 ③ 열심히 운동하면 올림픽 금메달을 딸 수 있다.

→ 가능성 0.1%

질문 ④ 열심히 운동하면 살을 뺄 수 있다.

→ 가능성 100%

질문 3, 4의 답은 스스로 알 것이다.

업무시간에 주식 투자를 하는 사람들에게

업무시간에 주식 단타 투자를 하거나, 게임을 하거나, 인터넷으로 화장품과 원피스를 고름에도 불구하고 당신이 최상위권의 업무 능력을 보인다면 나는 당신을 존경해 마지않을 것이다. 절반의 시간으로 남보다 더 많은 일을 해낸다는 것은 당신이 속도가 엄청나게 빠르거나, 실

수를 전혀 하지 않거나, 효율적인 시스템을 만들었기 때문일 것이다. 그러나 나는 내 주위에서 그런 천재를 아직 본 적이 없다. 그 사람의 경력이면 이미 끝낼 수 있는 일을 아직 끝내지 못한 경우를 조사해 보면 100% 딴짓을 하고 있었다.

당신이 과장 이상의 직위이고(직위가 딱히 중요한 것은 아니다.) 부하 직원들이 대여섯 명 이상 되며, 그들이 효율적으로 일해서 다른 경쟁 부서보다 더 많은 아웃풋을 낸다면 당신이 업무 시간에 뭘 하든 상관할 바가 아니다. 팀장인 당신은 개인으로 평가받는 것이 아니라 팀의 실적으로 평가받기 때문이다. 그러나 그 정도 레벨도 되지 못한 당신이 주식 단타 투자 따위로 업무에 소홀하다면 실패할 가능성이 아주 높다.

여러 가지 경우의 수를 보자. 아직 직위가 높지 않은 당신은 업무시간에 주식 단타 투자를 하여 업무에 소홀하다.

Case ①
나 같은 상관을 만나면 당신은 즉시 해고될 것이다.

Case ②
우유부단한 상관을 만난 당신은 해고되지는 않지만 장기적으로 98%의 확률로 돈을 잃을 것이고 업무를 못하는 사람으로 낙인찍힐 것이다. 당신은 돈도 잃고 직장에서의 미래도 잃게 된다.

Case ③
우유부단한 상관을 만난 당신은 업무를 못하는 사람으로 낙인찍혔지만 2%의 확률로 돈을 딴 당신은 갈등한다. 그동안 당신의 업무를 대신한 우둔한 동료를 뒤로하고 당신은 전업 투자자가 된다. 당신은 자본주의의 꽃이라는 주식을 가장 비자본주의적인 방법으로 시작한다. 업무적으로 놀고먹는 사람이 가장 많은 소득을 가지는 것이다. 운이 좋다면 당신은 부자가 되지만 운이 없으면 돈을 잃게 되는데 그때 다시 취직하기는 쉽지 않고 취직해도 화면에는 주식이 어른거린다.

Case ④

업무시간에 게임과 쇼핑을 하는 당신은 일벌레 부장이 미워죽겠다는 글을 인터넷에 올린다. 사람들은 당장 때려치우라며 추천을 쏟다. 몇몇은 쿨하게 부장 욕을 써서 그만두고 이직을 하지만 새로운 회사는 더 개 같은 부장이 버티고 있다. 자영업을 택한 당신은 손님이 없는 시간에도 인터넷 고스톱으로 시간을 보낸다. 그리고 3년 내 80%의 확률로 망한다.

Case ⑤

팀을 구축하기까지는 힘들었지만 이제는 시스템이 팀을 돌린다. 당신은 시동 걸린 자동차에 가끔 연료를 보충하고 배터리 전해액을 확인하기만 하면 된다. 당신이 자동차의 라디오를 켜더라도(주식이나 쇼핑을 하더라도) 엔진은 멈추지 않을 것이다(팀은 잘 돌아간다.). 단타 투자를 하는 당신은 업무에 여유가 있기 때문에 훨씬 높은 확률로 Case 2의 돈을 딴다. 조직에서 인정받는 당신은 업계에서도 이미 평판이 높다. 현업을 떠나더라도 언제든지 다시 돌아갈 수 있다.

당신이 시스템의 운용자가 되기 전까지는 기다려야 한다. 상관보다는 조직에, 조직보다는 일에 충성을 다하라. 그리고 자기계발에 매진하라. 안정적인 직장을 구한 사람들 대부분은 게임으로 저녁 시간을 탕진하기 때문에 약간의 노력으로 쉽게 올라갈 수 있다. 부자가 되고 싶다면 당신은 자기계발을 해 두어야 한다. 최고의 재테크는 자기계발임을 믿어라.

공부는 왜 해야 하나?

학문적인 성공과 경제적인 성공은 별개의 문제지만, 학문적인 실패와 경제적인 실패는 밀접한 관련이 있다. 즉, 학력이 높은 것이 부자가 되는 것을 보장할 수는 없지만 사회현상을 이해하기 어려울 정도로 배움이 부족하다면 극빈자로 살 가능성이 현저히 커진다는 말이다.

한국이나 중국, 베트남 같이 급격한 경제 성장이 일어나는 시기를 맞은 국가들에서 눈치 빠른 사람들이 초기의 부를 거머쥔다. 그들의 학력은 아주 보잘것없는 경우도 많아서 성공과 학력은 아무런 관련이 없어 보이지만, 사회 밑바닥 구성원들의 학력을 조사해보면 저학력자의 비율이 월등히 높음을 알 수 있다. 이는 고학력이 부자의 보증수표는 아니지만 최소한 중산층의 생활을 보장해 줄 수 있다는 말이 되는 것이다.

많은 사람들이 열정적으로 자녀를 교육시키는 이유 역시, 후대의 성공이 곧 본인의 성공에 갈음하기 때문이기도 하고, 교육을 받을 경우 최소한 생존경쟁에서 도태되지는 않을 것이라는 것을 체험적으로 알기 때문이다. 그것이 공부(자기계발)를 꾸준히 해야 하는 이유이며, 당신의 위에 있는 개똥이를 추월하는 가장 확실한 도구이기 때문이다.

4장
제로섬 게임

이번 장은 본인이 2013년 6월 9일부터 2018년 6월 11일까지 포털사이트 다음의 '세이노의 가르침 카페'에 올렸던 글을 정리하고 보충한 것이다. 나는 내가 부를 늘리며 깨달았던 여러 가지 지식들을 후배들에게 들려줌으로써 부자가 되고자 하는 흙수저들이 겪을 시행착오를 줄여 주고 싶었다. 수백억 자산을 이룬 큰 부자들의 초인적인 방법이 아닌 실현 가능한 작은 부자의 경험이 그들에게 작은 도움이나마 되었으면 하는 바람이다.

바닥으로 내려감을 꺼리지 마라

빈자들의 공통점, 폼생폼사

에피소드 1

예전에 집을 살 때 얻은 1억 5천 빚 때문에 부인을 망치로 때려 살해하고 본인은 자살하려다 실패하여 징역을 살게 된 가장의 사연을 보았다. 안타까운 일이지만 나는 그를 동정할 수 없다. 도대체 그는 왜 그 지경이 되도록 미리 손을 쓰지 않은 것인가? 자신의 소득 능력을 벗어나는 대출을 받은 것도 탐욕이지만, 주택가격 하락이 계속되면 미리 손절매를 할 일이건만 그 시기를 놓친 것 역시 아직 꺼지지 않은 탐욕 때문이었으리라.

그 상황까지 이해한다고 치자. 나는 그에게 묻고 싶다.

- 집을 손해 보고 팔기가 싫었는가?
- 부부는 외벌이를 하였는가?
- 2잡/3잡 아르바이트를 하지 않았는가?
- 자가용이 있었는가?
- 아이는 학원에 보냈는가?
- 온돌은 따뜻했는가?
- 자주 외식을 하였는가?
- 스마트 폰을 가지고 있는가?
- 담배를 피우는가?
- 술을 자주 마셨는가?

위 물음에 하나라도 '예'라고 답한다면 나는 전혀 동정심을 가질 수가 없다. 남들 할 것 다 하면서 돈이 부족해지자 기껏 생각한 것이 부인을 망치로 때려죽이는 것인가? 그 정도 죽을 각오로 살면 몇 년 안에 문제는 분명히 해결될 것 같은데?

자신이 감당할 수 없는 빚을 가지고 있음에도, 그로 인해 매달 얼마만큼의 비용이 필요한지 계산하지도 않고 어떻게 소비를 할 생각을 하는지 나는 이해할 수 없다. 아마 집을 샀을 때는 한창 오르는 분위기라서 그 반대의 경우를 생각하는 것 자체가 바보처럼 보였겠지. 그러나 세상 모든 것은 상승-하강의 리듬이 있고 그의 집 또한 마찬가지임을 그는 몰랐으리라.

에피소드 2

내가 중국에서 일하던 시기에 부하직원으로 일했던 A군은 신혼집으로 중국에서 아파트 대신 오피스텔을 구매하였다. 중국의 아파트는 오피스텔에 비해 대출금리가 낮고 소유 기간은 70년으로 길다(대지에 대해서 임차 기간을 70년 갖는다는 말이다.). 그러나 그는 대출금리가 높고 소유 기간은 40년으로 짧으며 거기다 이미 착공한 지 4년이 지난 오피스텔을 사기로 하였다. 인테리어에 반년 남짓 더하면 남는 기간은 35년. 본인들이 10년을 살고 판다면 25년 남는데 누가 그걸 사려고 할까?

그가 산 오피스텔은 실 평수도 좁고, 대출금리가 높음에도 그가 그것을 구매하기로 한 것은 오피스텔이 마트와 붙어 있고 외장이 대리석이라 겉보기가 그럴싸했기 때문이다. 아파트의 지리적인 불편과 수수한 외관만 견딘다면 몇 년 후 훨씬 많은 경제적 이득을 얻게 될 것이지만 그는 그렇게 하지 않았고 그 오피스텔을 사야만 하는 변명을 하기에 여념이 없었다. 하지만 그가 말하고 싶은 것은 결국 아파트가 폼이 안 난다는 것임을 나는 잘 안다. 그 후 몇 년이 지나 시내의 다른 모든 주택이 2~3배 폭등을 했음에도 그의 집만 하락했는데 오피스텔은 학교가 배정되지 않는 것이 중요한 이유였다. 오르는 것은 고사하고 자녀가 다닐 학교가 배정조차 되지 않는다는 것을 깨닫게 되었을 때는 이미 큰 후회를 한 뒤였다. 나와 내 아내가 그 부부에게 해 주었던 조언을 철저히 무시한 대가를 치른 것이다.

에피소드 3

예전에 호프집을 하는 젊은이가 '20대가 BMW를 사는 것이 욕먹을 일인가?'라는 요지의 질문을 인터넷에 올렸다. 그는 부모의 돈으로 장사하면서도 '젊은 사람이 외제차 타면 남들이 욕한다'고 말하는 어머니를 구식이라며 나무랐다. '장사가 앞으로도 잘된다면 유지하는 데 문제가 없다'고도 하였다. 그의 질문에 '능력이 되면 사도 된다', '남의 눈치 보지 말라'는 답변들이 달렸다. 하지만 정작 중요한 것은 그런 것들이 아니다.

20대의 젊은이가 스스로의 능력으로 외제차를 사고, 앞으로도 그걸 유지하는 데 아무런 문제가 없다면 다른 사람들의 답변들이 맞다. 그러나! 그는 능력이 없고(부모의 돈으로 호프집을 하는 게 능력?), 그리고 '장사가 앞으로도 잘된다면?' 그럼 안 되면 어떡할 건데? 그때 가서 차를 팔 것인가? 그럼 그 손실은?

BMW를 타고 멋진 척하며 여자들을 꼬시겠다는 것이 그의 생각이겠지만 그가 스스로 돈을 모아 호프집을 열었다면 절대 이런 생각을 하지는 않았을 것이다. 스스로 고생하지 않고 공짜로 얻은 재물은 언제나 쉽게 쓰기 마련이고 이 젊은이도 딱 그 수준을 넘지 못하는 것이다. 만약에 그의 부모가 재산을 물려주지 못하고 사망했는데 호프집 장사가 몇 달 안 된다면 그는 얼마나 버틸 수 있을까? 아마 유보금으로 쓸 돈을 외제차에 쏟아 부은 대가를 치르게 되겠지. 딱 그와 같은 케이스가 내 세입자이다.

에피소드 4

오래전 내 건물에 살던 한 세입자 부부. 당시 월세가 몇 달째 밀렸다. 당연히 보증금에서 월세를 까 내려 갔고 보증금에서 제하는 금액만큼의 이자소득에 대한 손실이 있지만 아직 보증금이 넉넉하기에 나는 큰 걱정은 안 하고 있었다. 그런데 문제는 그의 차가 왜 벤츠냐는 것이다.

조그마한 식당 2개를 운영하는 그가 자신의 행복을 위해 벤츠를 산 것을 탓할 수 없다. 하지만 그가 샴페인을 너무 일찍 터뜨렸다는 것은 확실하다. 월세가 몇 달 밀렸다는 것은 식당 수입으로는 그달 생활비만 겨우 충족할 수 있고 여유 현금은 전혀 없다는 말일 것이다. 겨우 몇십만 원 월세를 못 내는데 외제차라? 정작 집주인인 나는 걸어 다니는데? 이 역시 허세가 아닌가?

허세 부리지 마라

여러 가지 허세

벤츠의 경우 등급이 낮은 C-CLASS의 삼각별 마크가 상위 클래스인 E나 S보다 훨씬 크다(아방가르드 모델을 말하는 것이고 소형으로 갈수록 그 비율이 높다.). 이것은 겨우 C-CLASS를 살 형편밖에 안 되는 사람들이 남에게 과시하기 위해 필요한 옵션이다. 그리고 영리한 벤츠의 사장은 그렇게 해서 과시욕 강한 빈자들의 돈을 번다.

중국에서 팔리는 자동차들은 같은 모델이라도 다른 나라에 비해 헤드라이트와 범퍼 앞부분을 과장되게 부풀려 실제보다 커 보이게 디자인하는데 이 역시 과시가 목적이다. 몇 년 전, 아우디는 아예 길이를 늘여서 차량을 만들기 시작했으며 모델명도 A4 → A4L로 달라진다. 참고로 당시 중국 공무원들이 가장 많이 탔던 차는 A6L인데 한국 돈 몇십만 원 월급으로 도대체 어떻게 1억이 넘는 차를 사는지??

새로운 전자 제품들이 나오면 얼리어댑터들은 비싼 값을 치르고 그것들을 사용하며 디지털 시대의 앞선 문화를 즐긴다. 하지만 이것은 사실 전자업체들이 만든 이미지일 뿐이다 당신은 스마트폰과 PDA를 가지고 도대체 얼마나 생산적인 일을 하는가? 영업사원같이 직업적으로 필요한 사람들에게는 그것들이 투자라고 볼 수 있고 그만큼 여러 가지 이점이 있을 것이나 대부분의 사람들이 이런 기기들을 사용하는 용도라는 게 기껏해야 게임이나 채팅 아닌가? 한 달 아르바이트비에 육박하는 그런 기기들을 산 비용이 결국 부자들을 더 부자로 만들어 주고 당신을 그 비용을 버는 노예로 만들어 버린다.

중국에서는 굵은 금목걸이를 한 사내들을 흔히 볼 수 있는데 하나같이 교육 수준이 낮고 지식이 부족하거나 가난한 집안 출신들이다. 왜 그럴까? 원래 교육 수준이 낮거나 과거에 가난했던 사람들은 자신들의 열등감이나 자격지심을 감추기 위해 자신을 과대 포장하고 과시하길 좋아하는데 대표적인 것이 손가락만큼이나 굵은 금목걸이다. 굵은 금목걸이는 그 크기로 값어치를 짐작할 수 있다. 크기는 즉 가격이라고 볼 수 있으니 같은 값으로 최대한 크게 보이게 하려 내부가 텅 빈 구조로 만든다.

중국의 담뱃값은 기겁할 정도다. 한 갑에 한국 돈 만 원이 넘어가는 것이 흔하다. 가장 흔한 것이 '중화'라는 브랜드인데 남들에게 과시하기 위해서 그 비싼 담배를 피워 대며, 돈이 없는 사람들은 '중화' 담뱃갑 속에 싸구려 담배를 넣어서 피기도 한다.

크리스마스이브가 되면 고급 레스토랑들은 만원이 되는데 싼 음식은 아예 주문을 받지도 않을뿐더러 음식값은 바가지를 씌운다. 사람들은 그날, 그곳에서, 그 음식을 먹어야 한다는 허영 때문에 알면서도 바가지를 쓴다. 약간의 낭만을 포기하고 며칠 뒤에 같은 레스토랑에 간다면 저렴하게 훨씬 좋은 서비스를 받을 수 있을 텐데도 그렇게 한다. 참고로 원래 서양에서 크리스마스이브는 연인끼리 외식하는 날이 아니라 가족과 함께 집에서 저녁을 먹는 날이다. 그리고 그게 더 낭만적이다.

돈도 없으면서 명품 가방을 메는 여자들의 경우 그 로고가 남들이 알아보기 쉬운 것만 쓴다. 내 처제의 경우도 가짜 루이뷔통 가방이나 한국 화장품 종이백에 잡동사니를 넣어 다니곤 했는데 다 과시하기 위해서이다. 우스운 것은 이런 명품 가방을 멘다 한들 지하철을 타거나 싸구려 차에서 내린다면 아무도 그들의 가방을 명품이라고 여기지 않는다는 것이다. 그러나 가짜 명품을 멘 여자가 세련된 차림으로 벤츠에서 내린다면 모두 그 가방이 명품이라고 생각지 않을까? 명품은 이렇게 전체적으로 분위기를 맞추어야 그 가치가 빛나는 것이다.

그리고 명품 가방을 가졌다면 그 속에 그 값어치에 걸맞은 현금이 들어 있어야 구색이 맞지 않나? 하지만 빈자들은 실속보다는 겉멋에 치중하기 때문에 명품 가방을 들고 라면을 먹는다. 즉, 빈자는 명품 가방 안에 마이너스 통장을 가지고 있고, 부자는 만 원짜리 가방 안에 백만 원이 들어 있는 것을 선호하며 그래서 그들은 더욱 부자가 된다.

TIP. 구매의 만족도를 높이는 우리 부부의 노하우

우리 부부는 물건을 구매할 때 점수를 매긴다. 특히 옷의 경우 구매 후 후회하는 것을 막는 데 이 방법이 아주 효과적인데 둘 다 색깔에 대한 감각이 좋은 편이라 대개 점수는 일치한다.

- 60점 이하라면 구매 불가.
- 70점이면 집에 가서 다시 고려. 그런데 집에 가서 다시 생각해 보면 대개 구매를 안 하게 된다. 즉, 충동구매를 억제하는 효과가 있다.
- 80점 이상이면 구매

두 사람 모두 80점 이상이어야 구매를 하는데 점수는 가성비(가격 대비 성능)를 고려해서 매긴다. 즉, 아무리 예뻐도 가격이 비싸면 점수가 낮아지는 것이다. 이것은 곧 그 비용을 지불했을 때의 만족도가 점수가 되는 것이지 그 옷의 디자인만이 고려대상이 되는 것은 아니라는 말이다.

흔한 빈자들의 공통점

많은 젊은이들이 방황한다. 방황의 시간이 길어질수록 그 상황을 탈출하기는 점점 더 요원해지는데 많은 사람들이 너무 늦은 나이가 되어서야 그것을 깨닫곤 한다. 어서 정신차려라. 방황은 20대를 넘겨선 안 된다. 30대가 되면 살아온 세월 때문에 바뀌기가 어렵고, 남 밑에서 초보로 일하기에는 너무 늙었다. 그대들은-경력이 쌓이지 않는 일이 아닌 이상-한 가지 일에 열정을 가지고 3년은 채워서 일해 봐야 한다. 한 가지 일에 3년 동안 열정적으로 일하면 그 일에 반 고수가 되어 있을 것이고 다음에 하는 일은 1년만 해도 쉽게 그 원리를 깨닫게 된다. 그럼 그것 중에서 자신의 천직을 찾아서 정착하면 된다.

공무원, 공기업, 대기업, 교사, 군인같이 안정적인 직업을 가진 사람들 중 일부는 자신이 다루는 돈의 크기를 자신의 능력이라고 착각을 하곤 한다. 새파란 20대 대기업 사원이 하청업체의 임원과 맞짱을 뜨기도 하고, 공사가 계약도 되지 않았는데 골프채를 사 달라는 대리 놈도 있었다. 착각하지 마라. 그것은 네가 속한 조직, 회사의 능력이지 너의 능력이 아니다. 그 자신감으로 회사를 나와서 자영업이라도 하는 순간, 을의 삶이 얼마나 치열한지 깨닫게 될 것이다.

많은 빈자들은 우유부단하고 확고한 의지가 없다. 흥청망청하는 친구가 돈 빌려 달라고 해도 거절 못 하고 빌려주곤 한다. 친구가 돈 빌려 달라고 할 땐 무조건 없다고 하라. 우정이 걱정된다고? 걱정 마라. 그것 때문에 헤어질 것이라면 둘 사이엔 애초부터 우정이 없었다.

빈자들은 폼을 잡는 데는 적극적인 반면 자신이 응당 해야 하는 것들에는 지극히 소극적이다. 또, 어떤 새로운 일이 주어졌을 때 빈자들은 '안 된다'고 하는 데 반해 부자들은 '어떻게 할 수 있을까?'를 고민한다.

나는 요리를 자주 해왔기에 제법 빠르게 음식을 만들어 낼 수 있지만 우리 부부, 장인어른 부부, 처제 커플 이렇게 대식구 요리를 하기 위해선 누군가의 도움이 필요하다. 오래전 어느 날 처제 남친에게 계란을 까서 흰자 노른자를 분리하라고 시켰더니 '안 해 봐서 못 한다'는 답이 돌아왔다. 어이가 없다. 이런 쌍~! 그럼 숫총각딱지는 어찌 뗐는데? 그리고 안 해본 결혼은 어떻게 할 건데? 모르면 물어보면 되는 것 아닌가? 실패해서 손실을 봐도 기껏해야 계란 한두 개 아닌가?

많은 빈자들이 가지고 있는 마인드 중에 이렇게 '안 해 봐서 못 하겠다'가 있다. 해 보라! 안 해 봤으니 해 봐야 하는 것이다. 그래야 남보다 앞설 수 있다. 그리고 그렇게 하지 않는 다른 사람들을 보거든 감사하게 생각해라. 네가 앞설 수 있도록 그들이 뒷걸음질 쳐 주니까!

문제에 대처하는 자세에 대해 한번 분류를 해 보자.

① 남이 시켜도 아예 안 하는 사람
② 남이 시키니까 안 해 봤다고 빼는 사람
③ 남이 시키니까 한번 해 보는 사람
④ 남이 시키기 전에 스스로 해 보는 사람
⑤ 안 해도 된다고 해도 기어코 한번 해 봐야 직성이 풀리는 사람

내 처제는 ①번, 처제 남자친구는 ②번이고, 내 아내는 ④번, 나는 ⑤번이다. 같은 조건이라고 가정할 때, 살아가면서 부딪치는 여러 가지 난관들을 어느 커플이 더 잘 해결해 나갈까? 겨우 계란 분리하는 것을 거부하는 그가 과연 미래에 성공할 수 있을까?

빚은 흐르는 강물과 같다

빚은 강물이고 우리는 그걸 헤엄쳐 거슬러 올라가는 수영선수와 같다. 수익형 부동산 운영처럼 6% 금리의 빚을 내 세입자로부터 10% 수익을 올리는 투자의 경우, 그것은 마치 시속 10km/h를 내는 모터보트를 타고 시속 6km/h로 흐르는 강물을 거슬러 올라가는 것과 같으니 계산상 아주 현명한 판단이다.

그러나 많은 사람들은 고가의 아파트 따위를 구매하느라 거액의 빚이 있으면서도 소비를 줄이지 않는데 이는 6km/h의 강물 위에서 겨우 6km/h 전후의 속도로 헤엄치는 것과 같고 이 때문에 강물을 거슬러 올라가는 데 엄청난 에너지를 소모하지만 빚은 줄지 않게 된다.

하지만 우리가 8km/h, 10km/h의 속도로 거슬러 올라갈 수 있다면 강물의 상대 속도는 빠르게 줄어들고 곧 0km/h의(빚을 다 갚는 Mortgage free) 잔잔한 호수를 만날 수 있다. 그럼 내가 내는 10km/h의 속도가 실제의 이동(자산의 증가) 속도가 되는 것이다.

예를 들어, 중도 상환이 가능한 2억의 빚이 있고 6%의 금리라면 매달 100만 원의 이자를 지출해야 한다. 500만 원의 소득을 올리는 사람이 400만 원을 소비하고 100만 원으로 빚을 갚으면 그는 영원히 제자리를 맴돌 뿐이다. 이때 나라면 100만 원을 소비하고 400만 원으로 빚을 갚겠다. 쉬운 이해를 위해서 변수는 없애고 최대한 단순하게 설명해 보자.

- **첫해:** 이자 100만 원을 제외하면, 원금 300만 원 × 12 = 3600만 원의 원금을 줄이게 된다.
- **2년 차:** 16400만 원 × 6% / 12개월 = 82만 원/월로 이자가 줄어 있을 것이고 이는 곧 이자 82만 원을 제하더라도 318만 원을 원금 갚는 데 투입할 수 있으므로 318 × 12 = 3816만 원의 원금을 줄이게 된다.
- **3년 차:** 원금 12584만 원 × 6% / 12개월 = 62만 9200원/월로 이자가 줄어들므로 337만 800 × 12 = 4044만 9600원의 원금을 줄이게 된다.
- **4년 차:** 원금 8539만 400원 × 6% / 12개월 = 42만 6952원/월의 이자, 즉 357만 3048 × 12 = 4287만 6576원의 원금을 줄이게 된다.
- **5년 차:** 4251만 3824원 × 6% / 12개월 = 21만 2569원/월의 이자, 즉, 378만 7431 × 12 = 4544만 9171원의 돈으로 5년 차가 끝나기 전에 모든 빚을 청산할 수 있다는 것이다.

딱 5년만 고생하면 그 이후에는 소득 500만 원을 다 쓰고도, 빚 걱정 없이 두 다리 편히 뻗고 잘 수 있다. 빚 = 타인의 현재의 돈 = 나의 미래의 돈이다. 미래의 내가 빚을 갚기 위해 소모할 에너지를 줄이기 위해서는 지금 최대한 빨리, 많이 갚아둬야 한다. 물론 빌린 돈 이상의 확실한 소득원이 있다면 빚을 갚을 필요가 없고 영원히 유지할 수도 있을 것이다. 그러나 최소한 가족의 생존을 보장해주는 우산 하나는 준비한 후에 그런 모험을 하는 것이 좋지 않을까?

빚뿐만 아니라 세금 또한 흐르는 강물과 같아서 열심히 헤엄치지 않으면 밀려나게 된다. 즉, 우리가 부자가 되려고 노력하지 않으면, 빚과

세금 때문에 제자리에 머무는 것이 아니라 점점 가난해진다는 말이다.

탐욕, 파산의 지름길

개인의 흥망성쇠뿐 아니라 기업의 흥망성쇠를 가만히 지켜보면 그들의 공통점은 절제하지 못하는 데 있다. 망하는 기업들은 대개 미래를 너무 낙관한 나머지 무리한 투자와 방만한 경영을 했기 때문인데 이는 개인이 망하는 이유와 똑같다.

일부 젊은 사람들은 사업을 일으켜 잠깐 흑자가 나면 곧장 좋은 차를 뽑고 과시하곤 하는데 그런 생활은 오래가지 못한다. 그들이 벌인 어떤 사업에서 큰 흑자가 났다면 눈치 빠른 경쟁사들이 그 블루오션으로 뛰어들게 되고 시장이 곧 레드오션으로 변하게 되는 것은 자명한 일이다. 그러니 흑자가 났을 땐 그 여유 자금을 미래를 위해 준비해 두어야 한다. 그렇지 않고 소비로 소진한다면 망하는 것은 순식간이며 그런 사람과 회사들은 주변에 흔하다.

폼을 안 잡으면 얻게 되는 것들

행복 = 소유/욕망

미국 경제학자 폴 새뮤얼슨은 '행복 = 소유/욕망'이라고 했다. 즉, 행복감을 높이기 위해서는 소유를 늘리거나 욕망을 줄여야 하는데 대중들은 소유를 늘리는 데에만 초점을 맞추기 때문에 금방 지쳐버린다. 특히 빈자들은 옷, 자동차, 주택 따위를 구매할 때 다른 사람들의 이목에 많은 신경을 쓴다. 즉, 다른 사람들에게 멋있게, 실제보다 부유하게 보이기 위해 소득 수준 이상의 고가 물품들을 구매하는 것이다. 예컨대 빈자들은 소나타를 살 능력밖에 없으면서도 소유욕, 과시욕을 충족하기 위해 BMW를 사는 것이다. 이에 반해 부자들은 BMW를 살 능력이 있음에도 소나타를 사고 만족하며 그들이 그런 내공이 있기에 더 부자가 된다.

《이웃집 백만장자》에서 "부는 소비하는 것이 아니라 축적하는 것이다."라고 했다. 이는 소비의 유혹을 견뎌내는 사람만이 부를 축적할 수 있다는 말이다. 부자처럼 보이는 것이 아닌, 알짜배기 부자가 되고자 한다면 그런 허영심이나 타인의 이목에 해탈해야 한다. 즉, 그런 계층적 소비 성향을 한두 단계 내려갈 필요가 있고 내려가는 계단이 많을수록 진짜 부자에 좀 더 빨리 도달할 수 있다.

주택가격 폭락, 실직 등 자신이 통제할 수 없는 환경 때문에 떠밀려서 계단을 내려간다면 이미 타이밍을 놓친 상황으로 다시 올라가는 시간이 훨씬 많이 걸린다. 계단은 자발적으로 내려가야 그 효과가 크다. 아직 여유가 있을 때 먼저 내려가라.

우산 만들기

현명한 사람들은 비가 오지 않더라도 집안에 우산을 미리 준비해 두고 자가용 트렁크에도 하나씩 넣어 둔다. 세상을 살다 보면 우리에게는 예기치 않았던 난관들이 닥치고 그 상황들을 버텨낼 준비를 해 둔 사람만이 최종 승자가 되어 살아남는다.

그럼 우산은 얼마나 커야 하고 몇 개나 준비해야 할까? 우산 하나를 부부가 같이 쓰고 아이를 안는다면 그것이 그 가족을 지켜 줄 가장 작은 우산이 될 것이다. 나는 현실적으로 10억이 가장 작은 하나의 우산이라고 본다. 순자산 10억은 미화 백만 불 정도이며 이 액수는 3~4억 원짜리 아파트 한 채를 제하면 6~7억의 여유 자산이 있다는 말이고, 그로부터 6%의 수익을 창출해 낸다면(쉬운 게 아니다.) 연간 3600~4200만 원의 수익이 발생한다. 안전하게 은행에 예금해 두고 세후 3%의 이자를 받는다고 해도 1800~2100만 원의 돈이고 이 돈이면 자가 주택을 보유하고 있고 대출이 전혀 없는 가정의 경우, 최소한의 의식주를 충분히 해결할 수 있다. 이 가족에게 비가 내린다고 해도(가장의 실직, 불의의 사고, 질병) 대부분의 빗물은 그들을 비켜갈 것이다. 이처럼 최소한 하나의 우산은 준비해 두고 벤츠를 사는 것이 현명하지 않을까?

나는 우산 하나를 준비했고 두 번째를 만들어 가고 있지만 벤츠를 사지는 않을 것이다. 벤츠 같은 고가의 자동차는 그 보유 기간만큼 순자산 액수를 줄이는 마이너스 자산이며 이는 곧 10각형 중 한 칸이 찢어진 우산을 준비하는 것과 같다. 한 칸이 찢어진 10각형 우산과 찢어지지 않은 9각형 우산 중 어느 것이 더 비에 옷을 덜 젖을까? 다시 말해 10억 자산가가 수천만 원짜리 벤츠의 구매비와 유지비로 향후 몇 년간 1억을 소비한 경우와 절제를 하는 9억 자산가 둘 중 몇 년 뒤 누가 더 많은 자산 증가를 이룰까? 내가 이웃집 백만장자에서 말하는 기준 내에서(자산의 1%) 차량 구매를 한다면 그 차량은 내 자산에 거의 영향을 미치지 않을 것이고 그래서 내 자산은 더욱 늘어날 것이다. 내가 두세 개의 우산을 준비한 후 벤츠를 산다면 그때 마침내 벤츠는 허세가 아니라 내 자산 수준에 맞춘 합리적인 소비가 될 것이다.

빈자와 부자의 돈 관리 차이점
이해하기 쉽게 얼렁뚱땅 그래프를 그려보았다. 60살에 은퇴하고 70

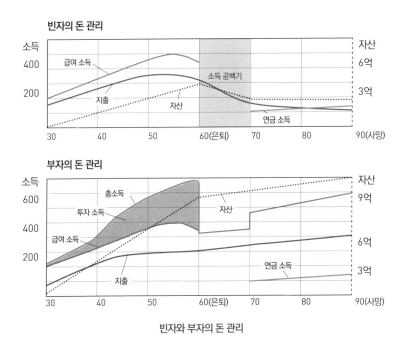

빈자의 돈 관리

소득
400
급여 소득
소득 공백기
자산
6억

200
지출
자산
3억
연금 소득

30 40 50 60(은퇴) 70 80 90(사망)

부자의 돈 관리

소득
600
총소득
투자 소득
자산
자산
9억

400
급여 소득
6억

200
지출
연금 소득
3억

30 40 50 60(은퇴) 70 80 90(사망)

빈자와 부자의 돈 관리

살에 연금을 받기 시작하는 것으로 가정해 보자. 위의 그래프에서 빈자는 급여 소득의 대부분을 지출(소비)하는 데 쓰고 그중 상당액은 남에게 과시하는 데 소모한다. 때문에 자산의 증가 속도는 아주 느리고 은퇴로 인한 소득 공백기가 왔을 때는 자산을 헐어 소비를 충당해야 하므로 그로 인해 급격한 자산의 감소를 경험하게 된다.

부자들은 근검절약하여 생긴 소득의 일부분을 투자하여 투자 소득을 얻고, 이 투자 소득은 절약하여 생긴 여유 자금과 합해져서 더욱 빠른 속도로 총소득액을 높이며, 이 총소득은 다시 급속한 자산의 증가를 가져온다. 이렇게 증가한 자산은 다시 더 많은 투자 소득을 만들어 준다. 이후 은퇴 시기가 되었을 때 급여 소득이 없어도 자산의 현금흐름이 소비를 충당할 수 있기에 자산의 감소 없이 생활 수준을 유지할 수 있게 된다. 이 정도의 안정적인 자산액은 지방의 경우 10억 전·후면 충분하고 15억 정도면 여유롭다고 할 수 있을 것이다.

최악을 대비한 투자

빈자들은 고수익을 얻을 기회가 생겼을 때 최상의 상황만 꿈꾸지만 부자들은 최악의 상황을 고려한다. 그리고 그렇게 실패하지 않기 때문에 결국 그들은 부자가 된다.

시가 12억짜리 어떤 수익형 부동산이 급매로 8억(보증금 2억 +대출 6억, 대출 금리 6%)에 나왔다. 사야 하는가? 편의상 각종 비용은 무시하고 계산을 해 보자. 매년 대출 이자로 3600만 원, 매달 300만 원이 들어가고 매달 월세로 320만 원이 들어오면 수익률은 얼마인가? 이 경우 수익률은 무한대이다. 20만 원 × 12개월/자기자본 ×100% = 240만/0 = 무한대.

예전에 어떤 부동산 재테크 책에서 위와 같은 식으로 계산해서 수익률 계산이 불가능할 정도로 좋은 물건이라고 했던 것을 보았다. 그래. 이론상으로는 맞다. 그러나 당신이 정말 땡전 한 푼 없다면 사지 않는 것이 좋다.

가정을 해보자. 위 건물이 상가이고 상가 세입자 두 사람 중 한 사람이 전세 기간이 끝나서 나가겠다고 한다. 그럼 당장 1억의 전세금을 마련해야 하고 내 돈 140만 원을 보태서 부족한 이자를 충당해야 한다. 당신은 버틸 수 있는가? 전세금 1억을 조달할 수 없다면 사채라도 빌려야 할 것이고 그 이자가 12%라고 하면 내가 부담할 돈은 매월 140만 +100만 = 240만 원이 되어 버린다. 버틸 수 있는가?

더 최악의 상황으로 세입자 두 사람 다 나간다고 한다. 그럼 매달 480만 원을 조달해야 한다. 당신은 얼마나 버틸 수 있는가?

위의 건물이 정말로 12억의 가치가 있다면 1~2년의 기간을 공실로 두더라도 결국에는 이익을 볼 것이다. 그러나 그 기간을 버틸 자금력이 없다면 그것은 당신을 파멸로 이끄는 쇠사슬일 뿐이다. 돈이 있어야 돈을 번다. 다른 분들은 어떻게 하는지 모르겠지만 건물 투자에 대해 나는 이런 기준을 세웠다. 당신이 아래의 경우를 만족한다면 나는 얼마든지 구매를 추천한다.

① 공실률 50%가 발생했을 때(장기간)

A. 환급해 줄 전세금 50%를 즉시 변통할 수 있을 것

B. 나머지 50%의 월세 수익이 대출이자 및 기타 모든 비용을 커버할 수 있을 것

② 공실률 100%가 발행했을 때(단기간)

A. 환급해 줄 전세금 100%를 즉시 변통할 수 있을 것

B. 급여 등 다른 소득으로 대출이자 및 모든 비용을 상당 기간 동안 충분히 커버할 수 있을 것

①번 경우를 가정해 보자.

A. 당장 1억을 변통할 수 있을 만큼 신용이 좋거나 다른 자금원이 있어야 하고, 없다면 사지 말아야 할 것이다.

B. 나머지 50%의 월세 수입은 160만 원이고 이 돈으로 커버할 수 있는 대출 이자의 원금은 약 2억 7000만 원이다. 즉, 애초 구매 시 전

세금 2억 + 자기 자본 3억 3천 +대출 2억 7천이 되어야 하고 현실적으로 각종 비용을 고려하면 자기 자본이 최소한 절반은 되어야 한다는 결론이 나온다. A+B. 다시 말해, 전세금 2억 + 자기 자본 4억 +1억의 조달 능력이 되지 않으면 사지 말아야 한다는 말이다.

②번의 경우는 정말 최악의 상황까지 고려한 것이다. 전세금 2억 + 자기 자본 4억 +2억의 조달 능력 + 급여에서 매달 300만 원을 조달하여 일정 기간을 버틸 수 있다면 질러 보는 것도 괜찮을 것이다. 그러나 그런 능력이 없다면 다시 생각해 보라.

돈은 왜 벌어야 하는가

이 글이 생존하는 방법, 돈 버는 방법, 성공하는 방법에 초점이 맞춰져 있다고 하더라도 그것이 내가 말하고 싶은 모든 것은 아니다. 자동차를 정비하는 이유가 앞으로 안전하게 잘 타기 위한 것이지 정비 자체가 목적이 아니듯 우리가 돈을 버는 것은 성취감과 함께 행복을 위한 조건(금전이 주는 우산)을 갖추기 위한 과정이지 그 자체가 목적은 아니다. 이는 가난해 본 사람, 제대로 고생해 본 사람만이 아는 감정이며 자수성가한 부자들이 느끼는 감정이기도 하다. 그리고 탐욕적인 졸부와 노력하는 부자를 혼동하지 마라.

가난한 사람들에게 불행이 한꺼번에 찾아오는 것처럼 보이는 이유는, 첫 번째 문제를 해결할 능력(돈)이 없어서 두 번째 문제가 온 시점에 첫 번째 문제가 아직 남아 있기 때문이다. 부자들에게도 같은 문제가 발생하지만 그들은 두 번째 문제가 발생하기 전에 첫 번째 문제를 해결해 버리기 때문에 두 번째 문제에 쉽게 대처할 수 있다. 생각해 보라. 우리가 문제라고 부르는 것들 대부분은 돈으로 해결 가능하다. 그래서 우리는 부자가 되어야 한다.

에피소드 1

예전에 장모님이 건강하게 자란 내 딸아이를 데리고 병원에 가서 옆 사람과 대화 중 그간 있었던 일을 이야기하자 그 사람이 그랬다.

"당신들은 돈이 있으니 애를 살릴 수 있었지만 우리는 가난해서 첫째 애를 그냥 죽게 내버려 뒀습니다. 이 아이는 그 뒤 얻은 자식입니다."

조산으로 출생한 내 딸이 인큐베이터에 들어갔을 때 7만 위안(당시 환율로 1400만 원)이 넘게 들었는데 그 돈은 2008년 당시 보통의 중국인들에게는 너무나 큰돈이고 그래서 대개의 경우 그냥 죽게 내버려 둔다.

자신의 배 속에 몇 개월간 꿈틀거리는 생명을 품고 있던 어머니가 갓 낳은 아이를 몇 푼 돈이 없어 병원의 차가운 스테인리스 테이블 위에서 그냥 죽게 내버려 둬야만 한다면 그 심정이 어떨 것 같나? 우리는 그깟 손바닥만 한 종이에 '한국은행권', '중국인민은행'이라고 적어 놓은 그림 한 장을 얻기 위해 악착같이 사는 게 아니다. 그 종이 그림이 주는 가족의 생명권을 얻기 위해 노력하는 것이다.

〈민희에게〉

널 처음 봤을 때
그 꿈틀거리는 작은 몸을 처음 봤을 때
아빠 눈물을 멈출 수가 없었어.
비록 작지만 아직 생명이 붙어 있는 너를

떠나보낼 수는 없었단다.

민희야!

아빠가 마련할 수 있는 모든 기회를 네게 줄 테니

너도 너 자신에게 기회를 주지 않겠니?

너를 본 것이 이제 겨우 몇 시간이지만 널 정말 사랑해.

반드시 살아 줘.

2008년 10월 19일 21시 30분

난징으로 가는 앰뷸런스 안에서

아빠가.

열정적으로 살아서 손해 볼 것은 없다

어떤 사람이 25살부터 20년을 개처럼 일해서 45살에 경제적 자유를 얻었다고 한다면 '그 나이에 무엇을 즐길 수 있나?'라고 생각하겠지만 45살은 즐기기에 아직 충분히 젊은 나이이며 15살 전후의 그의 자녀들도 함께 유복한 생활을 즐길 수 있다. 그리고 자녀들이 부족함 없이 성장하는 것을 보는 것으로도 우리는 충분히 대리 만족을 느낄 수 있다. 가난한 사람의 자식들은 우리의 자녀들을 보며 "쟤들은 부모 덕에 호의호식하네."라고 말하게 되겠지. 내가 어렸을 적 부잣집 아이들을 보고 가졌던 그 생각처럼.

만약 20대 남자인 당신이 성적 욕구까지 컨트롤해서 결혼하지 않고 40대 초반에 성공한다면 미모의 20대 여자를 부인으로 맞을 수도 있다. 당신이 손해 본 것은 무엇인가?

선택의 문제

즐기고 사는 것도 나는 충분히 경험해 봤고 그 경험에서 말하자면, 즐기는 것에 삶의 초점을 맞추면 젊은 시절 잠깐은 즐거울지 모르지만 나이 먹으면 아주 초라해진다는 것이다. 젊어서 Cool하게 살다간 늙어서 Cold한 노후가 기다릴 것이다.

현재를 즐기며 사느냐? 악착같이 사느냐? 이것은 선택의 문제이고 누구든지 스스로의 선택을 존중받아야 한다.

그렇게 우리와 반대의 생각을 가진 사람들도 존중받아야 받아야 하듯 우리 역시 그렇게 존중받아야 한다.

한비야 씨처럼 자유로운 영혼을 가진 사람들의 삶도 존중받아야 하고 우리 같은 사람들도 존중받아야 한다. 나 또한 한비야 씨 같은 자유로운 영혼을 가졌지만 그 자유의 시간이 길지 않음을 잘 알고 있기에 약간의 방향 전환을 한 것이고 그리 머지않은 미래에(아직 여행을 다닐 만큼 충분히 젊은 나이에) 충분한 자산을 얻고 나면 만들어 놓은 시스템에서 나오는 수익으로 자유롭게 세상을 여행 다니게 될 것이다. 그리고 그렇게 다니는 국가의 수가 젊었을 때부터 여행다니는 보통의 사람들이 갈 수 있는 국가의 수보다 훨씬 많을 것이다. 또한 내 자식들도 그 혜택을 충분히 보게 될 것이다. 그리고 나와 자식들이 그렇게 여행을 다님에도 불구하고(엄청난 소비를 해도) 자산은 계속 늘어나게 될 것이다.

우리는 '열정적으로 사는 것'을 그것에 반대하는 사람들에게 강요하고 싶은 생각이 없다. 사실 모든 사람이 열심히 일하는 것을 원치 않는다. 그렇게 된다면 우리 같은 인간들이 너무 많아지고 결국 경쟁 때문에 우리만 힘들어지게 되기 때문이다. 우리는 우리의 노하우를 전하는 재능기부(지식의 품앗이)를 하고 있는데 사실 정말 바보 같은 짓이다. 미래의 우리 경쟁자들을 키우고 있으니까.

훗날 좀 더 인간답게 살기 위해 필요한 돈을 벌기 위한 초기의 단계만을 이야기하는 우리의 글들이 어떤 이들에게는 '돈이 전부'인 것처럼 보이겠지만 그 글 뒤에는 행복하게 사는 가족의 모습이 있다. 우리는 그것을 선택하였고 대개의 다른 사람들은(대중들) 반대로 현재의 행복을 선택한다.

부자는 불행한 돈벌레가 아니다

부자들이 돈만 집착하고 인간적인 삶을 살지 않는다고 생각한다면 이는 왜곡된 시각이다. 한 번도 부자가 되어 보지 않은 사람이 어떤 기준으로 그들의 삶을 평가할 수 있지? 최소한 스스로 부자가 되어 양쪽(빈자, 부자)을 경험해 본 후 부자에 대해 평가해야 그것이 좀 더 공정하지 않을까?

부자는 절대 불행한 돈벌레가 아니다. 이것은 마치 유람선을 한 번도 타 보지 않은 시골 사람이 유람선에 오르는 사람들을 보고 '저렇게 많은 사람이 물고기를 잡으러 배에 올라가는 것인가?'라는 어이없는 생각을 하는 것처럼 그 세계를 전혀 경험해 보지 않은 사람이 내리는 오류일 뿐이다. 유람선에 오른 사람들이 즐겁게 여행을 즐기듯 부자들의 삶은 충분히 인간적이고 행복하다.

10억 부자의 3요소

백만장자(10억 부자)의 3대 요소는 [평균 이상의 소득], [근검절약], [계획과 투자]이며 천만장자(100억 부자)는 위 3가지에 [운]이 따라야 한다.

① 평균 이상의 소득

평균 이상의 돈을 벌어야 한다. 결혼한 가정에서 대개 남편이 이 역할을 맡는다. 최소 매월 순소득 300 이상을 벌면 평균 이상의 소득을 올린다고 본다. 20 ~ 35세까지의 직장인이라면 자기계발을 하는 것이 재테크에 한눈파는 것보다 훨씬 성공확률이 높다. 이때 가장 중요한 요소는 인내심이다. 그런데 40대가 된 독신 남성의 순자산은 얼마나 될까? 한 2~3억 정도? 남자의 3대 유혹인 자동차, 여자, 술 등에 돈을 탕진하는 것이 큰돈을 모으지 못하는 이유다. 즉, 소득만의 한계는 여기까지이다.

② 근검절약

결혼한 가정에서 대개 부인이 이 역할을 맡는다. 가장 중요한 요소는 절제이다. 적당한 시기에 결혼한 가정이라면 40대가 되면 5억 정도는 모을 수 있다고 본다. 여기에는 부부관계가 아주 중요하다. 특히 각자 돈 관리를 하면 반드시 씀씀이가 헤퍼지며 금전과 관련해서 반드시 부부가 합의하여 집행해야 한다. 또한 부부간의 성관계 만족도도 아주 중요하다. 이 부분에 만족하지 못한다면 외도를 하거나 쇼핑 등으로 대리만족을 얻게 된다. 평균 이상의 소득 + 근검절약의 한계는 여기까지이다.

③ 계획과 투자

평균 이상의 소득 + 근검절약으로 모은 돈을 은행에 쌓아 두어서는 10억 부자가 될 수 없다. 현명한 투자로 자산의 가치를 높여야 한다. 가장 중요한 요소는 계획이다. 욕심내지 않고 계획하여 장기간을 기다리는 내공이 있다면 10억을 달성하는 것은 어렵지 않을 것이다.

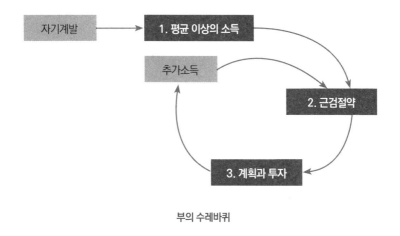

부의 수레바퀴

이것을 그림으로 만들면 위와 같다. ①평균 이상의 소득 ②근검절약 ③계획과 투자 이후 발생하는 추가소득은 스스로 회전하는 시스템에서 창출되는 소득이다. 즉, 내가 노동을 하지 않아도 자동으로 나오는 소득이란 말이다. 이 소득 역시 소비하지 않고 아껴서 투자한다면 여러 개의 수레바퀴를 가지게 될 것이다. 각각의 수레바퀴는 가장이 소득 활동을 할 수 없을 때 가족을 보호해 주는 우산과 같다.

미래에 풍족한 삶을 위한 여정 중에서 발생하는 여러 난관에 대비하기 위해서는 열정을 가지고 살아야 한다. 또한 튼튼한 우산을 준비하기 전까지는 스스로 바닥으로 내려가는 절제를 할 필요가 있다. 지금 자발적으로 바닥으로 내려간 당신은 미래에 편하게 살게 될 것이고, 그렇지 않은 다른 경쟁자들은 반대로 늙어서 바닥으로 내려가게 될 것이다. 그래서 젊어서 화려하게 살았지만 늙어서 폐지를 줍는 당신 친구가 더 이상 부러움의 대상이 되지는 않게 될 것이다. 그리고 우리는 이 것을 인생이라 부른다.

부는 제로섬 게임이다

부의 기원

인간 vs 인간

2004년 나는 서아프리카 가나에서 자원봉사를 하고 있었다. 그들에 비해서 피부가 하얀 나를 그들은 '오부로니(백인)'라고 불렀다. 이것은 마치 우리가 외국 사람만 보면 국적에 상관없이 '미국 사람'이라고 부르곤 하던 것과 비슷하다. 초등학교 이상의 교육만 받아도 영어를 구사하는 그곳에서 교육을 받지 못한 사람들은 각 지역의 토착어를 사용하는데 내가 있던 곳의 토착어는 Twi(쯔)였다. 이 나라의 공식 언어는 영어이고 인접 국가인 토고는 프랑스어이다. 잠시 생각해 보자. 흑인들의 땅 아프리카에서, 그들은 왜 그들의 토착어를 공식어로 쓰지 않으며 서양의 언어를 사용하는 것일까?

몇 달 후 나는 동아프리카 탄자니아에 가게 되었다. 남쪽의 탄자니아는 세렝게티를 품고 있고, 북쪽에 위치한 케냐는 마사이마라를 품고 있는데 이 두 거대한 국립공원에는 국경을 나누는 철조망이 없어서 수많은 동물들이 건기와 우기에 맞춰 수만 년 동안 두 지역을 오고 가기를 반복해 왔다. 마사이족은 마사이어를 사용하며 탄자니아와 케냐에 널리 퍼져 살고 있는데 두 나라의 공식 언어는 영어와 스와힐리어이다.

마사이족은 야생동물들처럼 수만 년을 자유롭게 이동하여 왔고 아직도 같은 언어를 사용하는데 왜 국경이 생겼으며 다른 공식 언어와 국가 명을 가지게 된 걸까?

아프리카는 원래 현재와 같은 국가라는 개념이 희박했고 부족 단위로 생활하는 경우가 대부분이었다. 그러던 것이 그곳을 침략한 유럽 열강들의 이해관계에 따라 영토를 나누고 여러 번의 전쟁 끝에 그어진 국경에 따라 현대의 국가 개념이 생겨난 것이다. 쉽게 말해

"이 땅은 영국 너희가 먹고, 이 땅은 프랑스 내가 먹을게. OK?"

이렇게 된 것이며 백인들이 그렇게 나누는 데 원주민들의 동의가 있었던 것은 아니다. 즉 현재의 아프리카 국가들은 아무런 역사적 정통성도, 민족적 단일성도 없이 제삼자인 백인들에 의해서 나누어졌을 뿐이며 이로 인해 '르완다 대학살' 같은 사건들이 발생하기도 하였다(영화 〈호텔 르완다〉를 보기 바란다.).

이런 침략의 결과는 아프리카인의 시각으로는 처절할 정도로 비참한데 대표적인 것이 노예이고 황금, 다이아몬드, 석유 등의 각종 자원들이 유럽 열강들에 의해 약탈당하였다. 아프리카인들이 겪었던 고통의 크기만큼 혜택을 본 부류들―북중미의 대농장주, 유럽 열강의 무역상들―에게는 엄청난 부를 획득하는 기회가 되었다. 유럽 열강의 탐욕은 그 후 인도와 중국에도 손을 뻗어 두 거대한 국가를 파멸로 몰아넣었다(지금에 와서 유럽이나 미국이 중국의 인권을 논하는 것은 참으로 역설적이다.).

그렇게 아프리카, 인도, 중국 등지의 부는 유럽으로 흘러들어 갔고 그 결과 유럽 열강은 우리가 알고 있듯이 부유한 국가들이 되었다. 즉 유럽 국가들이 부유하게 된 것은 그들의 노력에 더해 타인의 것을 강탈하였기 때문이며 그들이 강탈한 만큼 타인이 가난하게 되는 것은 당연

한 명제이고 실제로 그렇다. 아니라면 최소한 유럽이 빼앗아간 지하자원은 땅속에 그대로 매장되어 있을 것이며 그것은 아프리카인들의 자산이 되어야 마땅하다. 그런데 유럽인들이 아프리카인들의 자산을 강탈해간 법적 근거는 무엇인가?

인간 VS 동물

한국의 어느 마을. 오소리 한 마리가 조상 대대로 다니던 산길 중간에 김씨 성을 가진 사람이 어느 날 울타리를 치고 자기 땅이라고 하였는데 그의 손에는 그것을 증명하는 등기필증이 있다. 그는 그 땅을 다른 마을에 사는 박씨로부터 산 것이고 그래서 박씨는 더 이상 그 땅에 들어올 수 없다. 그런데 두 사람의 거래를 그곳에서 대대로 수만 년을 살아온 오소리는 동의한 적이 없다. 김씨는 오소리에게 등기소에서 발급받은 서류이므로 법적으로 내 것이라고 우겼지만 그 법은 오소리의 세계에서는 아무런 의미가 없다. 인간들은 그들의 법을 인간이 아닌 그것으로 피해를 보는 다른 생명에게 동의를 받은 적이 없다. 인간의 법은 대체 무슨 근거가 있는가? 유럽인들이 아프리카인들의 자산을 근거 없이 강탈해간 것과 무엇이 다른가?

인간 VS 화성인

어느 날 이 마을에 우주선이 착륙했고 거기서 내린 화성인이 말했다. "이 지역은 지금부터 우리가 사용할 것이다. 지구인은 이곳을 떠나라."

놀란 김씨는 등기소에서 발급받은 등기필증을 내밀었다. 외계인은, "지구 전체는 원래 우리가 100만 년 전에 금성인으로부터 구매계약을 한 것이다. 우리는 그냥 방치하고 있었을 뿐이며 지금부터 사용을 시작하려고 한다.”라고 말하고 읽을 수 없는 언어로 적힌 문서를 보여주었다. 같은 시간 미국에도 화성인이 나타났고 같은 말을 하였다. 놀란 미국인 농장주가 연락하여 급히 달려온 FBI 요원이 화성인에게 외쳤다.

“이곳은 이 농장주가 수십 년 동안 합법적으로 살고 있는 곳이다. 화성인은 이곳을 떠나라.”

화성인이 물었다.

“본래 이곳엔 원주민들이 살고 있었고 유럽인들이 이곳을 침략하여 세운 나라가 미국이다. 미국이 원주민들의 땅을 빼앗은 법적 근거는 무엇인가? 당신이 말한 대로 합법한가?”

미국법, 국제법의 조항을 읊으려는 FBI요원에게 화성인이 말했다.

“이곳의 원주민들은 우리의 후손이며 우리의 법적 근거는 미국의 헌법보다 100만 년 전에 만들어진 우주 헌법이다.”

우리의 소유권이 오소리의 통행권보다 앞선다는 근거가 우리의 지적 수준이 높아서라면 IQ가 1000쯤 되는 화성인이라면 우리 역시 화성인에게 땅을 넘겨줘야 한다는 말인가? 오소리가 인정한 적이 없는 등기필증이 법적 근거라면 지구인이 인정한 적이 없는 100만 년 된 화성인의 서류 또한 충분한 근거가 되지 않을까?

부의 법적 근거

우리가 법이라고 부르는 것은 사실 인간들끼리(좀 더 정확히는 힘을 가진 인간들끼리) “그렇게 하기로 하자!”라는 선언에 불과하고 인간의 시각을 벗어나면 아무런 근거가 없다. 또한 우리가 자산이라고 부르는 것,

특히 부동산의 권리는 인간 스스로가 공중에 대고 선언한 것일 뿐이다. 미국은 유럽의 백인들이 원주민들이 대대로 살던 땅을 침략한 후 우리 땅이라고 선언해서(물론 맨하탄은 헐값이지만 거래라는 형식을 쓰긴 했다.) 얻은 땅이며, 서부 개척시대는 먼저 가서 말뚝 박고 농사지으면 자기 땅이 되던 시기였다. 즉 아무런 근거가 없단 말이다.

영악한 인간들은 자신들의 자산을 영원히 보호할 수 있는 체계를 고안해서 법이라 명명했는데 그것은 더 이상—수만 년 전의 인간들처럼—돌도끼를 들지 않아도 자신의 자산을 안전하게 보호할 수 있게 해 주었다. 이 약속은 점점 더 견고하고 치밀해져서 실수만 하지 않는다면 부를 영원히 상속하도록 해준다.

부는 창조되지 않고 이동할 뿐이다

우리는 원자재를 이용해 상품을 만들면 부가가치가 창출 또는 증가되었다고 표현하는데 인간의 시각을 제거하고 보면 가치가 창출되거나 증가한 것이 아니라 엔트로피(무질서)만 증가했을 뿐이다. 잘 생각해 보라. 우리가 말하는 상품의 가치증대란 오직 인간의 기준일 뿐이다. 땅에서 파낸 황금은 부가가치가 발생한 것이 아니라 은행 지하창고로 위치 이동을 했을 뿐이고, 석회석이 시멘트로 된 것은 물성의 변화일 뿐 근본은 전혀 변한 것이 없다.

부의 이동

원초적 이동 단계(1차 산업, Need적 산업)

이처럼 부는 창조되지 않고 이동할 따름인데 그것의 이동 경로를 몇 단계로 나눠 보자. 첫 번째를 원초적 이동 단계라 칭해 보자. 형상을 가진 물질인 이 시점의 부는 자연계 → 인간계로의 이동이 이루어지는데, 농업, 임업, 수산업, 광업 등이 이에 해당하며, 인간은 자연계에서 부를 강탈하고 엔트로피를 자연계에 방출한다. 이 과정에서 인간은 부가 늘어났다고 주장하지만 그것은 오만한 인간의 시각일 뿐이다. 황무지를 개간하여 옥토를 만든 것. 즉, 인간에게 필요 없는 잡초 대신 곡식이 자란다는 이유만으로 그 땅이 비싸야 한다는 것 또한 인간의 시각일 뿐이다.

인간은 땅속의 금을 캐서 은행의 지하창고로 옮기고 나서 부가 늘었다고 말하지만 지구 전체 금의 양은 변하지 않았고 단지 자연계의 금이 인간계로 옮겨졌을 뿐이다. 그리고 자연은 인간에게 금을 캐도 좋다는 허락을 하지도 않았다. 인간들은 국경을 가르고 분쟁을 하지만 자연은 이 또한 허락한 적이 없다. 내가 가진 땅이 내 것이라는 등기증은 같은 인간이 발행한 것일 뿐 그 땅에서 사는 크고 작은 동물들, 수억 마리의 세균들, 잡초들은 동의하지 않은 것이다. 인간이 주장하는 소유권이라는 것은 과연 정당한 것인가?

어쨌거나 그렇게 자연계에서 인간계로 이동된 부는 대부분 인간의 기본 욕구인 의식주 같은 Need적인 필요성을 해소하는 데 사용되고 환경파괴도 크지 않다.

가공 변형의 단계(2차 산업, Need & Want 혼합 산업)

부는 그렇게 1단계에서 자연계에서 인간계로 이동을 한다. 그런데 인간은 대개 그것들을 그대로 사용하지 않고 가공 변형의 단계를 거친다. 쌀 → 떡, 참치 → 캔, 철광석 → 철판, 석유 → 플라스틱 등으로 가역/비가역적 변형을 거치는 단계라고 말할 수 있고 제조업, 음식점 등이 이에 해당한다. 음식점은 산업 분류 시에 서비스업으로 구분되지만 식자재를 음식으로 조리하기까지의 과정은 2차 산업에 더 가깝고, 그것을 서빙하는 부분은 3차 산업이라 할 수 있을 것이다. 이것은 자동차 제조를 2차 산업에, 그것의 판매는 3차 산업으로 분류하는 것과 같은 이치이다.

이 단계에서 물질은 여러 가지 변형이 일어나고 Need적 요구와 Want적 요구에 맞춰 인간이 사용하기 편하거나 보기 좋은 외형으로 변하게 된다. 구매하고자 하는 욕구의 크기만큼 부가가치가 높아지며 이 과정에서 필연적으로 많은 환경파괴를 유발하기 때문에 자연계는 인간계의 늘어난 부를 초과하는 손실을 입게 된다.

즐기는 단계(3차 산업, Want적 산업)

인간은 물질로써 Need와 Want적 욕구를 해결하고도 시간과 돈이 남으면 뇌를 즐겁게 해줄 서비스적인 Want를 찾게 된다. 영화, 게임, 종교 등이 이에 해당하며, 물리적인 생산 활동 없이 인간을 행복하게 해주는 서비스를 제공하는 산업이라고 할 수 있다. 국민들의 기초적인 의식주를 해결한 대부분의 국가들에서 1~2차 단계에 생산되는 상품의 수요는 성장을 멈추게 되므로, 더 새로운 것을 원하는 그들의 욕구는 도파민 생성을 촉진하는 상품을 원하게 되는데 그것이 바로 서비스 산업이다.

인간이 하는 모든 행위는 뇌의 도파민 분비가 목적이다. 즉 최종적으로는 쾌락을 목적으로 한다는 말이다. 특히 이 단계에서는 필요해서가 아닌 원해서 구매하는 것이기 때문에 여유 있는 사람들은 상대적으로 비싼 값을 지불할 용의를 가진다. 고부가가치 산업이 되는 것이다. 이 단계에서는 자연계로부터 가져오는 것이 거의 없고 인간의 창의력이 그 역할을 대신하게 되므로 환경파괴도 적고 1~2단계보다 훨씬 미래지향적이라고 할 수 있다.

교환의 단계(금융 산업 및 재테크)

1~2단계는 대개 재화라는 물질이, 3단계는 서비스라는 용역이 이동하는 매개물이고 그 반대 방향으로 화폐가 지불수단으로 이동하게 된다. 그리고 그 단계를 넘으면 화폐 자체를 교환하는 거래가 이루어진다.

과거의 부는 전쟁이라는 폭력에 의해 이동했지만 현대에 와서는 지식에 의해 이동하게 되었다. 이웃 부족을 침범해 사냥감을 약탈하던 원시시대, 이웃 나라의 국경을 침범해 그들의 군대를 도륙하고 땅, 귀중품, 여자를 전리품으로 가져가던 야만의 시대가 지나고, 현대의 인간들은 굳이 그렇게 피를 흘리지 않고도 상대의 부를 쉽게 강탈할 방법을 찾아내게 되는데 그것이 바로 금융 산업이다.

원시시대에는 강건한 육체가 상대의 부를 강탈할 수 있는 보증수표였고, 부족이나, 국가가 생겨난 후에는 강한 군사력이 이를 대체했으며, 현재는 금융지식이라는 정보가 이를 대신한다. 지식과 정보를 적절히 활용할 수 있는 두뇌가 경쟁자들의 부를 강탈할 최고의 무기가 된 것이다.

부를 어떻게 획득할 것인가?

경제학자들은 과거 지향적이고 부자들은 미래 지향적이다

우리는 경제학자들의 저서들을 보고 경제를 공부한다. 경제학자들은 과거의 경제 현상에 대해 연구하고 그것을 이론과 책으로 만들어 발표한다. A라는 상수가 B라는 변수를 만나 C라는 경제 현상이 발생하였다는 그들의 의견은 분명 옳은 것이고 생존을 위해서 모두가 공부를 해둬야 함이 분명하다. 그런데 아직 한 번도 접해 보지 못한 D라는 변수가 나타났을 때 그로 인해 발생할 E라는 결론은 누가 정확하게 알아낼 수 있을까? 도저히 예측 불가능한 새로운 변수에 대한 예측은 이론에 능통한 경제학자들이 아니라 실전에 강한 부자들이 더 잘하지 않을까?

경제학자들은 화려한 이론을 앞세우지만 경제적 사건에 대해 후행적이고, 부자는 이론을 창조하지는 못하지만 그것의 가치를 더 정확히 파악하는 통찰력이 있으며 경제적 사건에 대해 선행적이다. 그렇다면 경제학자들의 저서들을 기본 베이스로 하고 선구적인 부자들을—비록 그들의 언어는 투박하더라도—따르는 것이 현명한 것 아닐까? 부는 경제적 지식에 대한 사회적 점수이다. 단 그것은 실전적이며 반드시 실천해야만 얻을 수 있다.

잉여의 탄생

부에 대한 시각을 인간계로 국한해서 살펴본다면, 부는 꾸준히 창출됐고 우리가 믿고 있는 대로 우상향 곡선은 영원할 것이다. 인간의 부가 지속적으로 늘어나는 것은 인구와 개인 소비의 증가에 의한 절대 수

요의 증가가 1차적 원인이다. 또한 기본적인 의식주가 충족된 이후에
는 좀 더 질 높은 제품을 찾게 되고 그것은 각각의 제품을 부가가치가
높게 제조하도록 유도하고 구매력이 있는 사람들의 소비로 2차적으로
증가하게 된다.

예를 들어, 10명이 사는 고립된 섬에서 인구가 2배로 늘면 소비해야
하는 쌀의 양도 2배가 될 것이고, 거기다 개개인이 2배로 먹어 치우면
결국 그만큼 더 생산함으로써 부는 4배로 늘어나게 된다. 그렇게 기본
적인 식량이 해결되었다면 떡을 만들고 술을 빚어 부가가치를 높일 것
이다. 그런 수요는 쌀을 생산하는 농민을 자극하고 기술 발달로 향상
된 생산성에 힘입어 필요량을 넘는 잉여분을 가지게 된다.

부는 제로-섬 게임이다

어떤 고립된 섬에 A, B, C 세 사람이 살고 있다.

A는 옷을 생산하고, 현재 자산 100원을 가지고 있다.

B는 베 짜는 기계나 농기구를 제조하며, 현재 자산 100원을 가지고
    있다.

C는 쌀농사를 짓고, 현재 자산 100원을 가지고 있다.

세 사람은 해마다 각각 40원어치의 잉여품을 만들어 다른 한 사람에
게 제공해 오고 있었다. 아래 그림의 구매 방향은 해마다 반대로 된다
고(동일한 물건을 2년마다 구매한다고) 가정해 보자. 그러던 어느 해, C는
A가 생산한 새 옷을 사 입는 대신에 헌 옷을 한 해 더 입기로 하였다.
그럼, 1년 후가 되면 아래 오른쪽 그림처럼 C는 평균을 넘어서는 자산
을 축적하게 될 것이다.

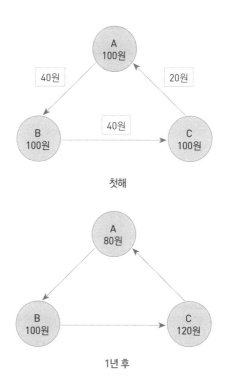

첫해

1년 후

즉, 첫해: A=100, B=100, C=100이었던 것이, 1년 후: A=80, B=100, C=120이 되고, C가 다음 해에 B로부터 농기구를 절반만 구매한다면, 2년 후: A=80, B=80, C=140이 될 것이다.

C가 같은 반복을 하면
4년 후: A=60, B=60, C=180이 되고
6년 후: A=40, B=40, C=220이 되고
8년 후: A=20, B=20, C=260이 되고
10년 후: A=0, B=0, C=300이 될 것이다.

그렇게 C는 10년 만에 섬에 있는 모든 부를 소유하게 된다. 그러나 현실은 부의 절대값 자체가 늘어나기 때문에(경제가 성장하기 때문에) 그렇게 빠른 속도로 부의 집중이 일어나지는 않는다. 경제 성장률이 물가 상승률을 크게 웃도는 국가의 경우 설사 C에게 부가 집중되는 현상이 있다고 해도 A, B의 자산 또한 충분하게 증가하기 때문에(파이 자체가 커지기 때문에) 빈부 격차의 문제가 잘 드러나지 않는다. 그러나 선진국의 경우 더 이상 파이를 키우는 것이 한계에 도달하게 되었고 나의 부가 증가한다는 이야기는 곧 누군가 그만큼의 부를 잃어야 한다는 이야기가 된다.

"우리 성공의 80%는 우리 노력의 20%에서 비롯된다."

이탈리아의 경제학자 빌프레도 파레토가 1897년에 처음 언급한 이 논리는 '최소 노력의 원칙'으로도 알려져 있고 20%가 80%의 부를 가지고 있다고 변형되어 쓰이기도 하는데 사실 그 비율이 더 이상 맞지 않고 있다. 미국의 경우 상위 10%가 90%의 부를 가지고 있고 한국 역시 이 숫자에 근접하고 있다. 고소득층의 자산과 소득은 늘어나고 저소득층의 자산이나 소득은 오히려 줄어들고 있는 통계가 이를 증명한다. 즉, 한국을 포함한 일정 수준 이상의 국가에서는 모든 사람의 부가 늘어나는(파이가 커지는) 일은 더 이상 일어나지 않을 것이라는 소리다.

에너지 보존의 법칙(Law of conservation of energy)이 있다.

'에너지는 발생하거나 소멸하는 일 없이 열, 전기, 자기, 빛, 역학적 에너지 등 서로 형태만 바뀌고 총량은 일정하다.'

부라는 것도 에너지와 같아서 어떤 고립된 특정지역이 외부로부터 교환과정 없이 급격하게 그 양이 늘어나는 것을 기대할 수는 없다. 과거 한국민이 급속도로 부를 늘리게 된 것은 한국 내부의 부가 스스로 증가한 것이 아니라 외부에서 부를 받아들였기 때문이다. 즉, 한국 내 A ↔ B 지역의 재화와 용역의 교환으로 서로의 부를 증대시키는 것은 미미할 뿐이고 가장 확실한 방법은 외부로부터의 유입이라고 할 수 있다.

그런 관점에서 보면 특정 지역의 부동산 재개발로 인해 외부로부터 그 지역에 부가 몰려들어 해당 지역민들의 부가 늘어날 수는 있으나 그런 재개발이 동시다발적으로 전개된다면 외부 동력은 분산되어 부의 증대로 이어질 수 없게 된다.

자본에는 국경이 없고 돈에는 휴머니즘이 없다

경매 따위로 주택을 구매하여 기존에 살고 있던 선량한 세입자를 쫓아내는 것은 분명 가슴 아픈 일이지만 그들을 쫓아내지 못한다면 대신 당신이 거지가 되어 거리로 나가야 한다. 그래서 세상은 도덕심의 상처를 씻도록 법이라는 면죄부를 줬고 그걸 영악하게 이용하는 사람만이 모든 것을 차지하게 진화되었다. 차마 그런 일을 할 용기가 없다면 도덕적으로 선량하게, 그러나 가난하고 평범하게 살아야 한다. 이것은 마치 전쟁과 같아서 내가 총을 쏘아서 15살짜리 어린 적군을 죽이지 않으면 내가 죽게 되는 것과 같다.

에피소드 1

2007년 내가 중국에서 일할 때 한국의 어머니로부터 연락이 왔다. "동네 단독주택 한 채가 경매에 넘어갔고 집주인이 그걸 나더러 팔아 달라고 부탁하는데 우리가 사자."는 것이었다. 그 주택 주인의 아들(이하 A)이 주택을 담보로 은행에서 돈을 빌려 카 오디오 사업을 하다 말아먹어서 경매에 넘어간 상태라고 했다. 나는 어머니 말씀을 토대로 그 주택의 예상 도면을 그려보았다. 그리고 지적도를 확인하고 대법원 경매 사이트에서 해당 물건을 검색하였다.

- 감정가 : 1억 2100만 : 유찰
- 2차 : 9680 : 유찰

2차 유찰 후, 3차를 2주일 남겨둔 시점의 집주인은 목이 타들어 갔다. 경매에 넘어간 상태라도 대출 이자는 계속 청구되기 때문이다.

"어머니. 집주인이 얼마를 요구합니까?"

"8,500을 달라고 하는데 뒷집에서 8,000을 주겠다고 했다고 하네."

"어머니, 그럼 8,200을 부르세요. 그리고 안 된다고 하면 8,500까지 부르고 더 이상 부르지 마세요."

결국 집주인은 우리가 제시한 8,200에 합의했고 나는 어머니께 지시하여 집주인(채무자) 및 은행(채권자)과 협의하여 경매를 취하하고 주택을 인수하였다. 내가 인수한 후 뒷집에서는 "우리는 8,500을 줄 수 있었다."라고 하였다. 내가 속으로 말했다. '그럼 애초에 그렇게 제시하던가!' 그런데 매매가 끝난 후 나타난 A가 내 어머니 앞에 무릎을 꿇고 집을 공짜로 돌려 달라고 애원하였다.

"어머니 한 번만 살려 주이소."

아니 이제 와서 어쩌란 말인가? 내가 피땀 흘려 번 돈을 적선하란 것인가? 남의 어머니한테 무릎 꿇을 용기가 있는데 왜 사업을 말아먹었는가? 그가 집을 잃고 가난하게 된 것은 《부의 기원》의 구절을 인용하면 "당신이 가난하다면 당신은 우둔하거나 게으르거나 아니면 이 둘

다."에서 '둘 다'에 해당하기 때문이다.

그는 나의 재산권 행사를 방해하기 위해서 집 안에 쓰레기를 잔뜩 쌓아 놓고 몇 달을 버티는 등 별별 미친 짓을 다 했지만 밥에 재를 뿌린다고 그 밥이 도로 자기 것이 되지 못함을 그는 몰랐다. 그는 이사 비용을 요구하기도 하였는데 남의 재산권 행사를 방해한 것도 가당찮을뿐더러 정상적인 매매에 웬 이사비용?

내 자산 증가에 획기적 기여를 한 이런 기회들은 우연히 오는 것 같지만 이런 기회들이 왔을 때 내가 준비되어 있지 않았다면 잡지 못하였을 것이다. 기회는 준비된 자들에게 더 많이 온다. 당신이 부자가 되기 위해서는 누군가 그만큼의 부를 잃어야 한다는 명제가 있고 이는 곧 전쟁터에서 전투를 하는 것과 같다. 만약 당신이 정의나 휴머니즘에 빠진다면 패하는 것은 물론이고 그 결과로 모든 것을 잃게 된다. 당신 것을 남에게 뺏기지 마라.

이 에피소드에 사족을 달자면, 게으름과 함께 그가 사업에 실패했던 또 하나의 원인은 사업 자금이 본인이 벌어서 마련한 것이 아니라 부모의 재산을 증여받았기 때문이다. 만약 그가 10년 동안 근검절약하여 스스로 사업자금을 모았다면 절대 망하지 않았을 것이다. 《이웃집 백만장자》에 그 이유가 정확히 나와 있으니 읽어 보라.

노조 활동을 하는 사람들은 착취하는 자본가들의 자본을 고루 분배한다는 명분을 내세우기도 하지만 정작 옆에서 일하는 비정규직, 그보다 더 못한 파견직의 비참한 현실은 외면한다는 것을 나는 파견직원으로 5년을 근무하는 동안 뼈저리게 깨달았다. 대기업 노조가 파업하여 납품이 막히면 하청업체 근로자들은 수당이 깎이며, 살인적인 납품가

인하 요구가 들어오면 급여 인상은 딴나라 이야기가 돼 버린다. 결국 사람들은 자신의 경제적 이익을 위해서 정치, 법률, 도덕 따위의 수단을 이용할 뿐이며, 같은 색 군복을 입었다는 것이 서로가 아군임을 의미하지도 않는다.

제로섬 게임이라고 불리는 도박

재테크 게임을 할 때는 A, B 외에 그 게임을 주선하거나(부동산업자, 증권사), 자금을 대거나(은행), 제도를 만든(정부) 제삼자가 개입한다. A, B는 게임을 할 때마다 그 자금의 일부를 그들에게 거래비용으로 지불하게 되고 그 결과 게임이 진행될수록 A, B에게 돌아가는 부의 절대 액수는 줄어들게 된다. 게임에 패한 B가 떠난 자리는 새로운 멤버인 C가 자신의-노동 소득의-잉여분을 들고 도박장에 뛰어드는데 역시 아주 높은 확률로 패하게 된다.

실전 능력이 상위권에 속하지 않는다면 게임에 참여하지 않는 것이 현명한 일임에도 새로운 멤버는 끊임없이 도박판에 유입되는데 그 이유는 바로 탐욕 때문이다. 게임에 참여하는 모든 이는 자신이 제일 똑똑하다는 착각을 하지만 대개 상위 몇 퍼센트의 고수가 나머지로부터 그들이 가진 일부 또는 전부의 부를 취하게 된다. 당신은 게임판의 상위에 속할 만큼 똑똑한가?

우리가 재테크라고 부르는 게임은 이런 식이다. 한 농촌 마을에 겨울 농한기가 되어 할 일이 없어지자 힘든 노동의 결과로 가을에 추수한 쌀가마니를 놓고 농민들이 도박을 한다. 어떤 이는 따고 어떤 이는 잃는데 따거나 잃은 양의 합은 결국 0이 되므로 그것은 제로섬 게임처럼 보이지만 실상은 도박장을 제공한 집주인에게 사용료를(거래비용) 지불해야 하므로 도박에 참여한 사람들은 결국 마이너스-섬 게임을 하는 것이다. 많은 수의 농민들이 마이너스-섬 게임을 인지하고 있음에도 불구하고 도박에 참여하는 것은 노력하지 않고 쉽게 남의 부를 얻고자 하는 탐욕 때문이다. 위에서 도박 대신에 주식 단타, 과도한 레버리지를 최대한 이용한 부동산 매입, 복권 등 투기적 재테크를 넣고 농민들 대신 우리 자신을 넣어도 너무 자연스럽지 않은가?

> "재테크란 좀 과장하여 생각하면 인간이 자신의 역량을 총동원하여 벌어들인 자산을 두고 서로 쟁취하기 위해 싸우는 마지막 전쟁터다. 1차 전선인 노동에 의한 부가가치 창출에도 실패한 사람이 그것을 다투는 2차 전쟁에서 승리하기란 거의 불가능에 가까운 일이다."
>
> —박경철, 《시골의사의 부자경제학》

결국 우리가 재테크라고 부르는 게임은 각자가 노동으로 벌어들인 소득을 놓고 벌이는 두뇌 전쟁이다. 그런데 문제는 그 전쟁에 참여한 모든 사람이 상대가 자신보다 어리석다고 굳게 믿고 있다는 데 있다. 즉, 내가 산 이 주식/부동산을—더 이상 오를 가능성이 없기에—팔려고 할 때 기꺼이 그것을 사 주는 바보가 있다고 믿는 것이다. 당신은 게임에 참여한 사람들이 당신보다 바보임을 확신하는가?

당신이 현명한 농민이라면 그들이 도박을 즐길 때 비닐하우스를 설치해서 농한기 소득을 올리는 것이 훨씬 성공 가능성이 크다는 것을 깨달아야 한다. 다른 농민들이—겨울에 일하지 않음으로써—노동에 의한 부가가치 창출에 실패하고 그것을 만회하기 위해서 서로의 것을 탐하며 시간과 자산을 낭비할 때 당신은 다른 사람들보다 확실한 비교우

위에 있는 비닐하우스를 운영함으로써 경쟁 없이 부를 늘릴 수 있으며, 그것이 거래비용의 손실이 필연적인 도박(재테크)으로부터 당신 가정을 보호하고, 더불어 추가소득으로 파이 자체를 키우는 가장 확실한 길이다.

인간은 경제 활동을 하면서 서로 돕기도 하고, 서로의 것을 빼앗기도 한다. 모두가 스스로 농기구를 만들고, 농사짓고, 옷감을 짜고, 집을 짓는다면 그 효율성이 떨어져 생산량이 적을 수밖에 없다. 석유의 발견과 산업혁명을 거쳐 누군가는 석유를 생산하고, 누군가는 내연기관을 장착한 트랙터를 만들고, 누군가는 그 트랙터로 경작지를 늘리고 농사를 지어 생산량을 획기적으로 늘리고 결국 모두의 분배량을 늘린다. 그렇게 부는 늘어나고 잉여(라고 착각하는 것들)를 가지고 소위 재테크라 불리는 도박을 한다.

게임을 할수록 손해 보는 마이너스−섬 게임이 되는 것에는 도박, 복권, 보험 등이 있다. 이것들은 매개물의 가치가 전혀 증가하지 않은 상태에서 지불해야 하는 거래비용 때문에 무조건 마이너스−섬 게임이 될 수밖에 없다. 그래서 나는 애초에 마이너스에서 시작하는 이런 것들을 전혀 거들떠보지 않는다. 반면 주식, 부동산 같은 것들은 거래하는 순간에는 제로섬이지만 장기적으로는 무조건 우상향하는 플러스−섬 게임이며 거래비용 손실을 줄이기 위해 되도록 장기적으로 가지고 가려고 노력한다.

게임을 잘하기 위해 주위 사람들에게 조언을 구할 때 경계해야 할 것 중 하나는 사람들은 자신이 관심을 갖는 분야에 관심 있는 사람을 똑똑하다고 보는 경향이 있다는 점이다. 중국에서 이미 여러 건의 부동산 투자로 성공을 거둔 우리 조언을 무시하고 도심의 부동산에 대해 아무런 경험이 없는 시골 어르신들의 "조금 있으면 도로 떨어진다."라는 말을 철석같이 믿어 매입을 미루다가 2배로 올라 버린 집값을 보고 허탈해하는 사람들을 볼 때 한심하기까지 하다. 시골 어르신들이 아무리 관심을 가지고 있는 것처럼 보인다 하더라도 실제로 투자하고 성공한 것이 아닌 이상 그들의 말은 무시하고 실제로 성공한 사람의 말을 중용하는 것이 훨씬 현명한 선택임을 알았어야 했다. 삶의 지혜는 나이에 비례하는 것이 아니라 실전 경험에 비례한다.

기회도 제로섬 게임이다

조 지라드의 《누구에게나 최고의 하루가 있다》에 이런 대목이 있다.

"'어떻게 하면 다른 사람보다 앞서서 행동할 수 있을까?' 이런 생각이 들자 그는 아주 간단하면서도, 다른 사람들이 가르쳐주지 않은 확실한 아이디어를 생각해냈다. A부터 알파벳 순서로 정리된 사람들의 명단에서 A가 아니라 N으로 시작하는 사람들 페이지부터 전화통화를 시도하는 것이다. 그 결과 그는 다른 판매원에게 아직 전화를 받지 않은 사람들과 통화할 수 있었고 많은 약속을 잡을 수 있었다. 그는 결국 많은 보험을 판매했다."

세일즈 대상 고객 명단을 받아든 다른 세일즈맨들이 A~M까지의 고객을 두고 경쟁하고 있을 때 그는 N 이후부터 공략하는 전략을 사용하였고 이것은 한정된 기회의 절반을 그가 독식했다는 말이며, 곧 다른 세일즈맨들이 그만큼의 기회를 잃었다는 이야기가 된다. 그는 판매한 보험의 수만큼 많은 수당을 받았다. 즉 부란 결국 그것을 얻을 기회를 남보다 먼저 쟁취하는 기회의 게임인 것이다.

주식 단타 투자를 해서 성공할 확률은 1~2%밖에 되지 않고, 부동산은 경우 그보다는 훨씬 높은 확률이겠지만 동원해야 하는 자금의 규모가 크고 각종 징벌적 세금을 포함한 거래비용이 커서 투자금액에 비해 큰 이익을 보기는 쉽지 않다. 회사를 설립하거나 부동산 개발을 하여 상기의 투자자들을 모아서 더 크게 벌 수도 있겠으나 그 기대만큼 실패하기도 쉽다. 그런 게임의 승자는 승자가 될 수밖에 없는 조건들이 있었기에 승자가 된 것이며 그 조건들은 대개 치열함을 공통으로 포함한다. 주식이든, 부동산이든, 채권이든, 임대업이든, 직장생활에서 승리하여 고위 임원이 된 사람이든 공통된다. 그것이 승자가 된 사람들이 가져야 할 프라이드이고 그 치열함의 보상이 승자의 미소이며 자본주의의 근간이다. 그런 게임의 승자는 어떤 사람들일까?

인간은 본능적으로 탐욕적이고 그 탐욕이 자본주의라는 체제와 만나 선순환하면 사회는 급격히 발전하지만 그 체제에 적절한 통제가 이루어지지 않는다면−신자유주의 같은−극단적인 자본주의로 발전하고 그 결과 빈부 격차는 최악의 상황으로 치닫게 된다.

그런 격차의 상위를 차지하고 있는 사람들은 대개 보통 사람들의 상상을 넘어서는 치열함을 가지고 있다. 치열함이란 보편적인 수준을 초월함을 의미한다. 대중이 수용하기 어려울 정도로 치열할 수 있다면 경쟁 없이 과실을 따 먹게 되는 것이므로 결국 부자가 되는 것이다. 서면 앉고 싶고, 앉으면 눕고 싶고, 누우면 자고 싶다는 말처럼 대중은 본능적으로 게을러지려는 경향이 있다. 그런 욕구를 이겨내고 치열하게 살며 새로이 상품을 개발한 사람이나 기업들이 환호를 받으며 높은 주가 상승률을 기록하는 것은 이전에는 그런 상품 또는 기업들이 존재하지 않았기 때문일 것이고 그것은 대중의 수준을 초월하는 그런 사람 또는 그런 시스템이 있었기 때문이다.

　문제는 이러한 시도는 언제나 리스크를 안고 있다는 데 있고 개인에 있어서도 마찬가지다. 근검절약으로 종잣돈을 모아 투자재원으로 쓰는 교과서적인 재테크 방법조차도 그로 인한 손실이 있다. 이를테면, 해진 옷을 입은 자신이 다른 사람들에게 어떻게 보일 것인지 따위의 염려 때문에 아무런 변화 없이 또 하루를 보내는 것이다. 기업들은 새로운 시도로 잃게 될 손실을 두려워한 나머지 현실에 안주하게 되고 그것은 도태를 의미한다. 그렇다면 안주하는 기업들은 현재 어느 위치에 있는 것일까? 블루오션이 레드오션으로 진행하는 과정은 아래와 같다.

　　신제품 개발 → 고가의 가격 형성 → 시장의 성장 → 경쟁사의 등장 →
　　경쟁으로 인한 가격 하락 → 시장의 대중화 → 이윤 감소 → 출혈 경쟁

　대개 고가로 팔리는 제품을 보고 후발 주자로 사업에 뛰어들 경우 초기에는 시장의 성장기를 맞아 많은 이익을 얻게 된다. 그러나 그러한 시장은 곧이어 더 많은 경쟁자를 유혹하게 되고 가격은 곧 하락하게 된다. 기업들은(정확히는 그 구성원들은) 성장하는 시기에 새로운 것을 개발하고 도전했다가 실패하는 것이 두려운 보신주의에 빠져 안주하려는 경향이 강하다.

　도전을 두려워하지 마라. 당신의 경쟁자들이 게임이나 인터넷 서핑으로 시간을 낭비하며 뒷걸음질 치고 있는 만큼 약간의 노력만으로 쉽게 앞서갈 수 있다. 결심을 실행하는 가장 좋은 시점은 지금이다.

모든 재테크는 남들이 나보다 어리석다는 믿음에서 시작된다

대부분의 사람들이 패배하는 이 게임에서 탐욕이 클수록 잃는 것도 많아지고 최악의 경우 자살로 생을 마감하기도 한다. 투자 실패의 가장 큰 원인은 쉽게 먹으려고 한 탐욕과 내가 남보다 똑똑하다는 착각에서 비롯된다.

결국은 제로섬 게임인 자산시장에서 내가(A) 산 가격보다 더 비싸게 사 줄 바보(B)가 있다고 믿기 때문이다. 그러나 대개 그 바보가 당신이 될 가능성이 많고 심지어 A, B 둘 다가 되기도 한다. 모든 거래에는 언제나 거래 비용이 들고 그 비용은 당신이 손해를 보았더라도 지불해야 하므로 결국 돈을 버는 사람(C)은 증권사(+증권 판매인), 보험사(+보험 판매인), 복덕방, 은행, 정부 등이다. 역으로 말하면 C들의 감언이설에 속아 마이너스-섬 게임을 하는 것에 지나지 않는다. 지난 수년간 소위 주식 전문가라는 사람들이 언론에 밝힌 것들 중 팔라고 한 적은 단 1번이고 나머지 수백 번은 사라고 했다는 신문기사가 난 적이 있다. 그들은 주식이 오를 때는 '앞으로 더 오를 테니 사라'고 하고, 주식이 내릴 때는 '앞으로 오를 일밖에 없으니 사라'고 한다. 당신은 당신보다 멍청한 그 누군가가 필요한 것이며, 증권사는 수수료 수익만 있으면 되니 누가 돈을 따든 관심이 없다. 그들은 변동이 잦은(거래가 많은) 장세가 유지되기만 하면 되는 것이다.

그렇다면 주식 투자는 나쁜 것일까? 아니다. 통계에 의하면 주식 투자의 수익률이 부동산 등 비교 대상보다 더 높았고 우량주를 사서 장기 보유하면 높은 확률로 자산을 늘릴 수 있겠지만 대중은 언제나 과도한 욕심을 내고 대개 그것은 손실로 이어진다. 누군가는 그들의 돈을 따게 되고 되며 그렇게 바보들의 주머니에서 똑똑한 자들의 주머니로 돈이 옮겨가게 되고 그렇게 부자가 된 고수들은 대중들에게 주식으로 돈 버는 법(다른 주식하는 사람들의 돈을 따는 법)을 강의하며 강의료도 받고 시장에 새로운 바보들을 공급한다.

그런 마이너스-섬 게임에도 불구하고 평균 자산이 증가하는 이유는 각자가 본업에서 벌어들이는 노동 소득 때문이다. 결국 재테크 시장의 공급 근원은 노동 소득일 수밖에 없다. 물론 똑똑한 소수는 나머지의 희생으로 자신들의 자산을 늘린다. 당신이 똑똑한 소수에 속한다면 노동으로 벌어들이는 것보다 훨씬 쉽게 자산을 늘릴 수 있을 것이다. 그러기 위해서는 당신에게 돈을 잃어 줄 바보들이 많을수록 무조건 좋을 것 같지만 이는 게임의 종류에 따라 달라지기도 한다. 예를 들어 주식은 참여자가 많을수록 당신에게 유리하고 경매는 참여자가 적을수록 당신에게 유리하다. 주식은 멍청한 참여자가 많아 거래가격을 지속적으로 올려 주면 이미 선매수한 당신에게 유리하고, 경매의 경우 멍청한 참여자가 많으면 낙찰가를 올려서 수익률 자체를 떨어뜨려 매력적인 물건이 없어지므로 참여자가 적을수록 유리하다.

대리인 비용(Agent Cost)

투자에 있어서 나는 대리인 비용이 최소인 것을 선택하려고 노력한다. 대리인 비용(Agent Cost)이란 가령 회장 또는 주주를 대신해 회사를 경영하는 CEO를 임명했을 경우 CEO는 회사의 입장이 아닌 자신에게 가장 이로운 방향으로 회사를 경영할 것이라는 논리이다. 대통령(국민), CEO(주주), 펀드매니저(투자자) 등 괄호 안의 누군가를 대신해 일하는 사람들은 그 도덕성이 투철하지 않다면-그들을 임명한 사람이 아닌-자신의 이익을 위해 일할 것이 당연하다.

외국에 있는 공장같이 한국 본사와 물리적인 거리가 있는 경우 대리인 비용 때문에 회사가 망하기도 하는데 나는 그런 경우를 많이 봐 왔다. 축구라는 개인의 취미활동을 업무보다 더 중시하던 사람도 있었고, 술과 현지처가 업무보다 더 중요한 사람도 있었으며, 그런 사람들을 중용한 CEO와 그런 CEO를 채용한 무능한 경영진도 있었다. 저렴한 숙소를 구하지 않고 몇 년을 5성급 호텔에서 생활한 어떤 CEO는 업체로부터 리베이트를 오랫동안 받았으며 회사 돈으로 일주일에 3번씩 골프를 치기도 하였다. 물론 그가 즐기던 골프는 손님을 위한 접대가 아니고 개인의 재미를 위해서였다. 경영진은 그가 만든 분식회계 장부를 그대로 믿을 만큼 통찰이 없었다. 어떤 공장은 직원들이 숙소에 매춘부를 부르기도 하였는데 그런 기업들의 공통점은 결국 망하거나 엄청난 손실을 안게 되었다는 것이다. 그렇다면 어떻게 그런 나쁜 대리인들을 피할 수 있을까?

나는 누군가 내게 무엇을 권한다면 그 사람의 의도부터 파악하려 노력한다. 도대체 가족도 아닌 그가 왜 나를 위해 무언가를 하려 할까? 내가 그에게 지불해야 하는 대리인 비용은 단순히 수수료일까? 아니면 내 자산 자체일까? 수수료라면 과도하지 않을까? 수많은 경험 끝에 아무도 믿지 않게 된 나는 펀드나 보험같이 대리인 비용이 발생할 가능성이 높은 것은 피하고 직접 투자하는 것을 선호한다. 증권사 매니저, FP 등 당신에게 투자를 권하는 사람이 있다면 그 사람의 포트폴리오와 자산을 보라. 그의 말이 맞다면 그는 이미 수십억 자산을 모은 자산가여야 한다. 나는 미래에 그렇게 될 것이라는 그들의 검증되지 않은 말은 믿지 않으며 나보다 자산이 적은 사람들의 말 또한 믿지 않는다.

여러 가지 대리인들

인간 – 성직자(대리인) – 신

주식 투자자 – 펀드판매사(대리인) – 주식 투자자

보험금 수급자 – 보험사(대리인) – 보험료 납입자

네트워크 마케팅

네트워크 마케팅이라고 고상하게 말하는 다단계를 생각해 보자. 이 방식은 외부 구매자가 없거나 소수이고 게임에 참여한 사람들 스스로 제품을 구매하고 소진한다. 외부 판매가 거의 없으므로 외부에서 자금이 들어오는 구조가 아니기 때문에 시스템 내의 증가하는 부는 0이며 합숙까지 하는 다단계 조직의 경우 스스로 먹고 쓰는 비용 때문에 결국 마이너스 수익률이 된다.

이런 합숙 조직은 게임에 참여한 사람들 각자가 저축한 돈을 가지고 들어가서 반드시 잃고 나온다는 점에서 도박과 다른 것이 전혀 없다. 그나마 도박은 외부 경제활동으로 벌어들인 소득을 도박장에서 소진하는 새로운 바보가 나타나기만 한다면 시스템 자체는 영원히 계속될 수 있지만, 다단계는 가지고 간 돈을 합숙소 방세와 라면값에 소진하고 나면 사용가치가 없어진 것을 눈치 챈 사기꾼들로부터 버려지고 말 것이고 그 조직조차도 피해자가 늘어나면 결국 야반도주하여 사라지게 된다.

통계에 의하면 다단계 집단은 연 수입 5000만 원 이상으로 먹고살 정도의 수준이 되는 사람이 1%밖에 안 된다고 하며 그나마도 조직이 야반도주하기 전에만 가능한 수입이다. 애초에 그런 것에 참여하는 것 자체가 99%의 확률로 바보가 되는 것이므로 그런 제안을 받으면 멀리하는 것이 상책이다. 26년 전, 회사 잘 다니고 있던 나를 3배의 급여를 받을 수 있는 일자리가 있다며 사기를 쳐서 다단계 업체에 반 감금되게 만들었던 놈이 아무 효과도 없는 망할 자석요를 팔아서 얼마나 큰 부자가 되었을지 정말 궁금하다. 자석요 그딴 것 믿지 마라.

한 방을 노리면 한 방에 망한다. 천천히 공략하라

예전에 K1-MAX 경기에 일본의 마사토와 전 WBA 수퍼페더급 챔피언 최용수가 나왔다. 비록 최용수가 복싱에서 은퇴하였다고 해도 복싱룰로 한다면 분명히 이길 것이지만 영리한 마사토는 줄곧 로우킥으로 공격했다. 한 방을 노리던 최용수는 마사토의 완벽한 가드를 뚫지 못했고 누적된 로우킥 때문에 하체가 무너져 결국 패배했다.

로우킥이란 격투기에서 발로 상대를 공격할 때 그 부위가 허리 아래일 경우를 말하는데 대개 발등이나 정강이로 상대의 허벅지 바깥쪽을 차는 것이다. 이 공격의 특징은 한두 대 맞아서는 절대 쓰러지지 않지만 그 피로와 고통이 급격히 누적되어 결국 다리를 절룩거리게 되어 공격 불능 상태에 빠지는 것이다.

부에 있어서도 한 방에 대박을 노리는 사람도 있고 천천히 늘려 가는 사람도 있지만—마사토처럼—천천히 늘려 가는 사람이 승률이 높은 것은 당연하다. 물론 큰 건 하나를 성공해서 큰 부를 이룬 사람들도 적지 않겠지만 당신이 그런 탁월한 능력과 운이 없는 사람이라면 천천히 공략하는 것이 현명하며 또한 행복감도 크다는 것을 알아야 한다.

우리 부부는 근검절약으로 아낀 돈으로 매달 수백만 원의 대출을 갚고 그렇게 증가한 순자산을 보며 서로를 격려하고 포용하곤 했다. 그리고 증가하는 안전감만큼 행복이 늘어남을 실감해 왔다. 나는 안전하지만 천천히 증가하는 방식을 선택해서 이 행복감을 좀 더 오랜 기간 즐기는 것이 좋다. 그래서 조금씩 자산이 늘어나는 것이 벼락출세하여 목표의식을 상실하는 것보다 더 낫다고 본다.

새뮤얼슨은 '행복=소유/욕망'이라고 말했다. 100억을 목표로 한다면 욕망의 크기가 너무 커서 행복감이 떨어질 수밖에 없지만 그 크기를 줄인다면 행복이 그리 멀리 있지는 않게 된다. 천만 원부터 시작하고 1억을 만들어 축하 저녁을 함께하는 부부는 앞으로도 행복할 수밖에 없다. 어쩌면 '행복=보상/노력'일지도 모를 일이다.

계단을 하나씩 꾸준히 오르는 것이 넘어져 가며 두 개씩 오르는 것보다 낫다

100억을 벌 수 있는 확률 10%의 경우와 10억을 벌 수 있는 100%의 경우 중 어느 것을 선택하겠는가? 복권, 도박, 주식 단타 매매하는 사람들의 심리는 '10명이 모여서 하는 게임에서 나만 100이 적힌 구슬을 집을 것'이라는 희망이 전제되어 있기 때문이다.

'30살 30억' 류의 책에서 나는 단 한 번도 저자가 순자산을 공개한 것을 본 적이 없다. 그들이 30억 자산이 있는 것도 확실치 않으며, 맞다고 하더라도 그것이 순자산이 아니라 총자산(자본+부채)이라면 그것이 그리 대단한 것이 아닐 수도 있다.

어떤 사람이 경매로 시가 5000만 원짜리 아파트를 각 4000만 원에 20채를 낙찰받았는데 자기 자본은 각 500만 원씩이 투입되었다면 그의 총자산은 10억이지만 자기 자본은 겨우 1억일 뿐이다. 경매로 그 정도 숫자의 아파트를 사는 것은 물론 대단한 일이지만 중요한 것은 그 결과 얼마나 벌었는가 아닐까? 이후 가격이 매수가격 이하로 떨어지거나 세를 주며 유지하는 동안에 수선비용이 과다할 수도 있고 매각 시 세금으로 상당액을 뜯기게 된다면 외화내빈(外華內貧)이지 않은가? 돈은 내 손에 쥐어야 돈이지 호가는 아무 의미가 없다.

다른 사람들이 획득한 숫자에 현혹되지 말고 천천히, 그러나 넘어지지 않는 방법이 훨씬 높은 승률과 행복감을 가져다줄 것이다.

작은 부자와 큰 부자의 차이

"작은 부자는 자신이 하기 싫은 일을 하지 않아도 되는 자유를 얻은 사람이고 큰 부자는 하고 싶은 일을 할 수 있는 자유를 얻은 사람이다." 라고 할 수 있다. 부유함의 정도를 극빈층-서민층-중산층-중상층-부유층 이렇게 5단계로 분류했을 때, 중산층은 자신의 업무에서 베테랑이 되면 쉽게 해결될 것이다.

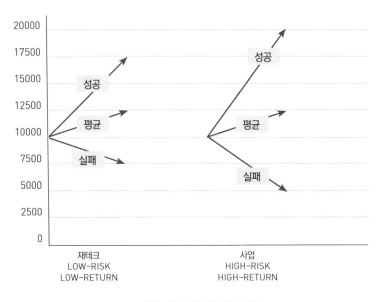

재테크와 사업의 메커니즘 비교

그러나 그보다 조금 더 많은 것을 원한다면 소규모 자영업을 하거나 재테크를 하는 것이 현실적이다. 1억의 자본금이 있는 사람이 재테크에 성공하면 7500만 원을 더 벌고 실패하면 2500만 원을 잃는다고 할 때 기댓값의 평균은 +2500만 원/회가 된다.

계산식: (+7,500 + -2500)/2회=2500만/회

상대적으로 버는 것이 적지만 리스크도 적다.

큰 부는 부자가 디자인한 시스템에서 대중의 노동력으로 탄생한다. 만약 큰 부자가 되고자 한다면 사업을 하는 것이 확률이 높다. 다른 방법에 비해 대박을 칠 가능성이 크지만 한편으로 더 큰 확률로 쪽박을 차게 될 수도 있다. 1억의 자본금이 있는 사람이 사업에 투자하여 성공하면 1억을 더 벌고 실패하면 5000만 원을 잃는다고 할 때 기댓값의 평균은 +2500만 원/회 이다.

계산식: (+1억 + -5000)/2회=2500만 원/회

이 게임을 무한대로 돌릴 수만 있다면 그는 큰 부자가 될 수 있겠지만 단 두 번의 실패로 거지가 될 수도 있다. 그렇게 사업에 성공하여 큰 부를 이룬 분들의 노력을 존경하지만 내가 추구하는 것은 리스크 없이 우리 가족 행복의 양을 최대로 하는 것이고 그래서 나는 사업을 해서 큰 부를 얻는 것을 목표로 하지는 않는다.

도대체 부자는 왜 그리 적은가?

세상의 거래들은 대부분 불공정하다. 그리고 그것이 자본주의의 본질이다. 어떤 이가 소유한 자산을 적절한 가격 이하 또는 이상에 매도하여 그 차액이 다른 사람에게 이전되어 둘 중 한 사람의 부가 늘어나는 것 그래서 부의 불공평이 생기는 것이고 그것이 자본주의이다. 그

리고 그 불공평의 한쪽 끝에 부자가 있다. 우리는 어떻게 해야 그렇게 될 수 있을까?

행복에 대해 문답을 해보자.
 Q. 우리는 왜 사는가?
 A. 행복하기 위해
 Q. 어떻게 해야 행복한가?
 A. 오늘보다 나은 내일이 보장될 때
 Q. 행복의 양을 최대로 하는 방법은?
 A. 매일 매일 발전할 때
 Q. 어떻게 발전할 수 있나?
 A. 감당할 수 있는 한도 내에서 새로운 도전

인간이 사는 이유는 행복 추구이고 오늘보다 나은 내일이 있을 것이라는 믿음을 전제로 새로운 도전을 함으로써 얻을 수 있다. 도전의 결과물이자 행복의 중요한 요소 중 하나가 바로 자산의 크기이다. 나는 순 자산 10억 원 수준의 작은 부자가 되는 방법을 ①평균 이상의 소득, ②근검절약, ③계획과 투자 3단계로 제시하였다. 내가 제시한 3요소에 경우의 수를 넣어 보자.

① 평균 이상의 소득
 1A. 평균 이상을 벌 확률 50%
 1B. 평균 이하를 벌 확률 50%

② 근검절약

2A. 부부 모두가 평균 이상의 절약 정신을 가질 경우 25%

2B. 남편만이 평균 이상의 절약 정신을 가질 경우 25%

2C. 부인만이 평균 이상의 절약 정신을 가질 경우 25%

2D. 부부 모두가 평균 이하의 절약 정신을 가질 경우 25%

③ 계획과 투자

3A. 이익을 볼 확률 50%

3B. 손해를 볼 확률 50%

1A. 평균 이상의 소득을 올리는 부부가, 2A. 부부 모두 평균 이상의 절약 정신을 가지고, 3A. 투자를 하여 약간이라도 이익을 보는 경우의 수는

$$50\% \times 25\% \times 50\% = 6.25\%$$

나는 100명 중 위의 조건을 만족하는 6.25%의 부부가 40대가 되었다면 순자산 10억을 넘어서는(요즘 대중들의 자산을 고려한다면 15억 정도가 합당하겠다.) 부자가 될 수 있다고 보는데 아마 실제로 저 범위에서 크게 벗어나지 않을 것이라 본다. 쉬운 것 같은 3단계를 모두 만족하는 경우가 6.25%밖에 되지 않기 때문에 작은 부자가 되는 것도 그토록 어려운 것이다.

세금 없이 상속하는 법

이장에서는 예전에 중국에서 나왔던 코미디 같은 절세법을 소개해

보고자 한다. 잠시 웃어 보자. 예전에 중국은 2번째 주택은 대출도 어렵고 금리도 높아서 부부가 서류상 이혼한 후 각각 주택을 구매하는 바람에 이혼율이 급격히 올라간 적이 있다. 이때 부모가 자녀에게 세금을 피해 주택을 증여하는 기막힌 방법이라고 나온 것이 아래와 같다.

아빠+엄마, 딸+사위의 조합에서,
- 아빠가 엄마에게 주택을 증여한다.
- 아빠와 엄마가 서류상 이혼한다.
- 딸과 사위도 서류상 이혼한다.
- 엄마와 사위가 서류상 결혼한다.
- 엄마가 사위에게 주택을 증여한다.
- 엄마와 사위가 이혼한다.
- 딸과 사위가 재혼한다.

내가 위의 방법을 보고 어이가 없어서 혀를 내둘렀는데 정말 세상에는 별별 사람이 다 있는 것 같다. 나름 치열하게 살아온 나지만 정말이지 저렇게까지 해야 하나?

대출이 있을 때의 삶의 자세

대출을 일으킬 때는 최악을 대비하라
최악을 대비한다는 것은 실패는 통제 범위 안에 두고, 성공은 운의 몫으로 남겨둔다는 의미다. 사실 실패와 성공은 누구에게나 끊임없이 다가오지만 단지 이미 실패했다는 이유로 성공의 기회를 잡지 못하는 경우가 너무도 많다. 그러므로 애초에 실패하지 않는 것이 좋으며 부동산 대출 따위를 결정할 때에도 실패하지 않는 방법을 택하는 것이 유리하다.

대출이자 계산 프로그램에 2억 대출+10년 상환+금리 3% 조건을 넣으면 매달 1,931,215원을 갚아야 하고 총대출이자는 31,745,787원이된다. 조건을 30년으로 바꾸면 매달 843,208원을 갚아야 하고 총대출이자는 103,554,904원이 된다. 이 경우 사람들은 대개 10년짜리가 유리하다고 생각하지만 나는 언제나 기간이 가장 긴 것을 선택한다.

갚아야 하는 이자가 세배나 되지만 그것은 손실이 아니다. 조달 금리가 3%라고 하더라도 부동산의 가격이 그것보다 더 상승하기만 한다면 더 이익이 된다. 당신이 현재 500만 원의 급여를 받고 있다면 매달 193만 원의 원리금이 문제가 없다고 생각하겠지만 만약 다니던 회사가 파산하여 급여 300만 원짜리 직장으로 옮겨야 한다면 아주 큰 문제가 발생하게 될 것이다. 하지만 30년짜리는 원리금이 103만 원밖에 안 되므로 같은 상황에서도 훨씬 쉬운 생활이 가능하고 다시 500만 원의 소득을 올릴 때까지 버틸 수 있는 여유를 제공해 줄 것이다. 그러다 여윳돈이 생기면 일부 중도 상환을 해서 원금 자체를 줄이거나 10년 만에 모두 갚아 버려도 된다. 그러나 10년짜리는 그런 옵션을 선택할 수 없다. 또한 30년짜리는 매달 90만 원의 여유가 더 있으므로 이것으로 다른 투자를 할 수도 있다. 조달 금리인 3% 이상의 투자 수익을 올릴 수 있는 능력이 있다면 얼마간의 이자 때문에 기회비용을 날리는 것은 큰 낭비일 것이다.

나는 하나의 대출이 통제 가능한 수준에 들어오기 전에 다른 대출을 일으키는 것을 크게 선호하지 않는다. 부동산업자나 은행은 기존 대출을 남겨두고 새로운 대출을 일으키는 것이 수익률 측면에서 유리할 수 있다고 말하기도 하지만 그들이 그렇게 말하는 것은 자신들의 수수료 수익 때문임을 나는 잘 안다. 만약 운영하던 건물의 공실률이 높아져도 담보가 있는 그들은 손해 보지 않겠지만 나는 파산할 수도 있는 것 아닌가? 그러므로 성공(높은 수익률)보다 실패(높은 공실률)를 통제 범위 안에 두는 것이 현명한 것이다. 성공이라는 운은 오면 좋고 안 와도 그만이지만 실패는 곧 끝장이다. 상가 3개를 동시에 늘렸다가 실패한 이에게 나는 이렇게 조언을 해 주었다.

　부자를 구분하는 기준은 지금 가진 것을 지키려 하는가?입니다. 즉, 더 많은 것을 얻기보다는 잃지 않는 데 초점을 맞추기 때문에 속도가 느려도 실패 없이 꾸준히 발전하는 거지요. 그것이 부자들이 수익률이 얼마 되지도 않는 부동산을 끼고 있는 이유이기도 하고요.
　빚으로 상가 3개를 매입하지 않고, 1개는 빚 없이, 1개는 빚 50% 정도로 욕심 없이 가져갔다면 어땠을까 싶네요. 소득은 33%가 줄어들었겠지만 리스크는 66%가 줄었을 겁니다. 그 결과 과도한 투기를 한 다른 사람의 상가를 헐값에 매입할 기회가 왔을지도 모르죠.
　저한테 여러 가지 투자 기회가 생기는데, 결정을 할 때 제일 중요하게 생각하는 것이 바로 리스크입니다. 쉽게 버는 돈은 반드시 함정이 있기 마련이고, 그 함정에 빠졌을 때 가정 경제가 감당할 수 있는가를 엑셀을 이용해 계산해 봅니다.
　직장이 문을 닫았을 경우에도 대출을 갚을 방법이 있는가? 부동산 가격이 폭락해서 은행의 압박이 들어오지는 않을까? 종부세, 종소세를 감당할 수 있을까? 등등 여러 가지 경우의 수를 가정해서 프로그램을 돌려봅니다. 잃지 않는 게임을 하는 거죠. 미련한 자는 게임을 시작한 다음에 이길 방법을 궁리하지만, 현명한 자는 미리 이겨 놓고 게임을 하죠.

대출과 저축을 같이 가져가지 마라

갚아야 할 대출을 가지고 있는 사람이 또 한편으로는 저축을 하는 경우를 종종 볼 수 있다. 그들은 자신의 경제 상황을 장황하게 늘어놓고 어떻게 해야 할지 다른 사람들에게 조언을 구하곤 하는데 어라? 이거 초등학교 산수 아냐?

은행의 전통적인 수익은 예대마진을 통한 차익을 꼽을 수 있다. A가 은행에 100만 원을 맡기고 만 원을 예금이자로 받고, 은행은 B에게 100만 원을 빌려주고 2만 원을 대출이자로 받는다면 은행은 중간에서 만원의 이익을(예대마진)을 얻을 수 있다. 부는 제로섬 게임이고 B가 잃은 2만 원은 각각 A와 은행의 수익이 되어 제로섬에 수렴한다. 만약 당신이 매달 100만 원을 대출 원리금으로 갚고 있는 상태에서 또 저축을 하고 있다면 저축을 중단하고 그 돈으로 대출을 갚는 것이 당연하게도(!) 유리하다. 물론 정확하게 계획된 자금 지출 계획이 있는 경우는 예외로 한다.

부자들은 빚을 갚지 않는다

자산 = 자본 + 부채이고 부채로 얻는 이익이 그 조달비용(이자)보다 크다면 그런 상태를 영원히 유지하는 것이 유리하다. 나 역시 상환 기간을 최대한 길게 잡은 대출을 중도상환하며 빚을 모두 갚아 왔지만 가족의 안전을 확보한 이후에는 빚을 이용해 더 큰 부를 얻고 있다. 그렇게 초기에 구매한 부동산 몇 개의 빚은 모두 최대한 빨리 갚았다. 그도 그럴 것이 내가 속한 조직의 관리가 엉망이라 머지않아 파산을 예상했기에 빨리 갚아 버렸고, 어느 정도 자산이 쌓여 조직이 파산하더라도 가족이 굶어 죽지 않을 것이라는 확신이 선 후에는 여유 자금을 남아 있는 주택 담보 대출을 갚기보다는 주식이나 사업투자에 사용하였고 그것은 주택 담보 대출 금리보다 훨씬 더 높은 수익을 얻도록 해 주었다. 부자는 남의 돈을 빌려 돈을 벌고 가난한 사람들은 저축하여 부자의 자본을 조달한다.

투자와 투기의 차이는 무엇인가?

대중의 시각

한국의 부동산 관련 뉴스에는 다주택 투기꾼들을 벌해야 한다는 댓글이 많다. 무주택자들의 상실감을 이해하지 못하는 바도 아니고 공리주의 시각에서 다주택자들을 벌하고 무주택자들에게 혜택을 주는 것이 필요하다는 것도 수용하지만 다주택자는 모두 투기꾼이라는 등식은 억지스러움이 많다고 생각한다. 도대체 다주택자들이 왜 투기꾼이라는 말인가? 투자하는 단위가 큰 것이 투기라면 호텔 사장들은 다 투기꾼이며(다주택 임대업자와 호텔업자가 무슨 차이가 있지?) 주식 갑부인 워런 버핏도 투기꾼이란 말인가? 홍콩의 부동산 갑부 리자청이 중국의 부동산을 매각하고 영국의 부동산으로 갈아탈 때 중국 대중들은 먹튀라며 신랄하게 그를 성토하였다. 기자와의 인터뷰에서 그가 말했다. "나는 투자가이다. 내 판단에 더 이상 투자 가치가 없다면 그것을 팔고 다른 곳으로 가는 것이 지극히 정상적이지 않은가? 도대체 무엇이 문제인가?"

다주택자 A는 3억짜리 아파트 3채를 가지고 있고 현금 동원력 10억이 있다. 그가 새로 발견한 아파트 한 채는 2억에 거래되는데 3년 후에 3억이 될 것으로 기대된다. 그 아파트를 매입한 A는 투기를 한 것인가? 단순히 그가 가진 것이 많아서?

무주택자 B는 월 100만 원을 버는데 2억짜리 새 아파트 한 채를 매입하고자 한다. 대부분의 자금을 은행 대출로 조달한 그는 3년 거치 기간 동안 매월 60만 원의 이자를 내고 버티다가 3억에 팔아서 시세 차익을 남기고자 한다. B가 하는 것은 투자인가? 그가 가진 것이 적어서?

투자와 투기의 차이

나는 내가 행하는 경제활동이 투자인지? 아님 투기인지? 항상 궁금하였고 지난 몇 년간 곰곰이 고민하던 그것에 대해 이제 나름의 기준을 정하게 되었다. 내가 얻은 2가지 결론은 이렇다.

① 인풋 대비 아웃풋이 더 큰가?

② 실패 시 받을 타격은 가족이 감내할 수 있는 수준인가?

① 인풋 대비 아웃풋이 더 큰가?

어떤 게임에 100이라는 자금을 투입하는데 49%의 확률로 200이 되고 51%의 확률로 0이 된다면 그것은 해서는 안 되는 게임이다. 이 게임을 무한대로 돌리면 자산은 결국 0에 수렴할 테니 말이다. 우리 주변에 어떤 것들이 그러한가?

- 모든 종류의 복권이 이에 해당한다. 매회 발행하는 로또를 한 사람이 모두 매수한다면 원금보다 더 많은 당첨금을 받을 수 있을까? 물론 아니다. 내가 수십 년 전 실제 계산을 해 봤던 주택복권의 경우 당시 500원짜리 3장을 사면 그중 한 장이 걸리고 그 기댓값은 투자금의 절반인 750원이었다. 1회마다 투자금이 절반이 되므로 아무리 자산이 많은 사람이라도 그의 자산은 결국 0에 수렴할 것이다. 여기에 세금은 계산에 넣지도 않았다. 도대체 복권을 왜 사지?

- 대부분의 보험이 이에 해당한다. 가입자 모두의 보험료는 언제나 사고를 당한 사람들이 수령하는 보험금보다 많다.

- 모든 피라미드, 다단계 판매 방식. 그들은 고상하게 네트워크 마케팅이라고 포장하지만 결국 사람 장사이다. 잘 생각해 보라. 당신이 데리고 온 친구 2명이 쓸모도 없는 자석요를 사서 당신의 수당을 만들어 주고 그들도 각 2명의 친구를 데리고 와서 또 그렇게 수당을 받는다고 하자. 이 경우 수익은 애초에 생산 활동으로 번 것도 아니고 네트워크 외부의 불특정 다수에게서 온 것도 아니며 그저 시스템 내부의 돈이 서로에게 옮겨 간 것일 뿐이다. 101명의 멤버가 있고 1명이 1억을 벌었다면 나머지 100명이 100만 원씩을 기부해야 가능하다. 100명이(당신이 창업자가 아니라면 첫 번째 1명이 되지는 못할 것이므로 운이 아주 좋아야 100명 안에 들어갈 것이다.) 1억을 벌고자 한다면 이제 10,000명이 각각 100만 원씩을 기부해야 한다. 겨우 1억 원 소득자 100명이 탄생하기 위해 10,000명이 아무것도 하지 않고, 숙박비를 제외하고도 100만 원을 기부해야 하는 것이다. 그리고 폐쇄된 기숙 생활을 하는 조직의 경우 자금의 외부 조달이 되지도 않으므로 그나마 얼마 가지 못하고 자금은 바닥나게 될 것이다. 나는 그런 1%짜리 헛꿈을 꾸는 사람들을 이해할 수 없다.

그럼 성공 확률이 높은 것은 어떻게 찾아낼 수 있을까? 아마도 그것은 투자 대상에 대한 이해의 크기에 비례할 것이다. 예컨대 자신의 직업에 성실히 종사하는 사람이라면 그것의 흐름에 대해 다른 사람들보다 높은 이해가 있을 것이고 그것의 발전이 보인다면 그 업종의 주식을 사거나 독립해서 사장이 될 수도 있을 것이다.

나는 내 직업과 관련된 투자 건이 있고 그것의 성공확률이 50% 이상이라고 판단되면 적극적으로 투자 기회를 찾는다. 내가 다른 사람 3배의 일을 해왔다면 아마도 업계 평균의 사람들보다는 이해도가 높지 않을까?

② 실패 시 받을 타격은 가족이 감내할 수 있는 수준인가?

다주택자 A가 2억에 매입한 아파트가 3년 후에 1억으로 떨어졌다면 A의 손실은 1억 원의 시세 차손과 2억 원에 대한 3년간의 기회비용(금리) 정도일 것이다. 그리고 그 아파트가 다시 3년 후에 3억으로 오른다면 그는 모든 손실을 회복하고 이익을 남길 수 있을 것이다. 자금의 여유가 있고 자신의 투자에 대한 확신만 있다면 그는 얼마든지 기다릴 수 있고 결국 투자에 성공하게 될 것이다.

무주택자 B가 2억에 매입한 아파트가 3년 후에 1억으로 떨어졌다면 B의 문제는 손실의 크기가 아니라 당장의 생존이다. 스스로 조달한 원금은 이미 마이너스일 것이고 아파트는 경매에 넘어갈 것이다. 무주택자가 1채의 아파트를 매입한다고 하더라도 그것이 자신이 감당할 수 있는 한계를 넘어간다면 그것이 곧 투기이다.

부동산을 예를 들었지만 대상이 주식이라도 마찬가지다. 알지 못하는 종목을 스스로 파악하지 않고 소위 전문가들의 조언에 혹해서 돈을 넣었다면 투기일 가능성이 높다. 전문가라는 사람은 그 좋은 종목을 왜 당신에게 알려 줄까? 그가 정말 전문가라면 스스로 투자에 성공했음을 증명해야 하고 그가 정말 수십억 원 이상을 벌었다면 전업 투자자가 될 일이지 왜 돈 받고 정보를 팔아서 먹고사는 거지?

둘의 구분

위의 방식에 따라서 투자와 투기를 구분하고자 할 때 주의할 것이 있다. 그것은 참여자의 역할이다. 도박장을 향해 걸어가는 사람들 모두가 도박을 하는 것은 아니라는 말이다. 게임에 참가하지 않고 하우스를 운영하거나 딜러로 일하는 사람들은 도박을 하는 것이 아니라 각각 사업과 업무를 하는 것이고 그들은 '게임 참여자의' 돈을 벌게 된다.

그렇다면 게임에 참여하는 사람들은 모두 도박을 하는 것인가? 그렇지는 않다. 승률이 60%인 전업 도박사가 있다면 그는 그저 일하는 것이고 시간이 지날수록 그의 자산은 늘어날 것이다. 단, 그가 한 번에 너무 많은 자산을 투입하지 않는다면 말이다. 그가 자산 100%를 단 한 번의 게임에 투입한다면 도박을 하는 것이겠지만 1%를 가지고 게임을 한다면 아주 높은 확률로 그의 자산은 불어나게 될 것이다.

우리가 사업이라고 부르는 것도 경우에 따라서는 불확실한 도박이 될 수도 있다. 준비를 아주 철저히 해서 손실을 볼 확률이 줄어든다면 그것은 투자라고 부를 수 있겠지만 요리라고는 해본 적도 없는 사람이 식당을 개업한다면 그것은 도박이 아닐까?

도박은 사업, 부동산, 주식, 가상화폐 등 업종이 그것을 구분 짓는 것이 아니다. 주식의 경우 우량주를 장기간 묻어 두거나, 모멘텀투자의 성공확률이 절반을 넘는 사람이 종목을 분산해서 투자하거나, 가상화폐가 저렴할 때 자산의 극히 일부로 선매수했거나, 재정거래를 할 수 있는 경우 등은 설사 업종이 도박에 가깝다고 하더라도 참가자는 도박하는 것이 아닐 것이다.

투자의 특징

대표적인 투자 방식인 주식과 부동산의 경우 게임의 내부 판돈이 외부 조달에 의해 점점 불어나는 특징이 있다. 이 외부 조달이란 것은—그것을 선점한 당신의 부를 늘려 줄—후발 주자가 노동을 통해 벌어들인 소득을 의미한다. 쉽게 말해 당신이 싼값에 사 둔 부동산이나 주식을 뒤에 매수하는 사람의 월급이 그것의 값어치를 올리는 것이다. 당신의 부는 대중의 노동소득이 채워 준다.

대개 대중은 본업을 벗어나지 않은 상태로 소득활동을 하고, 안전하게 주택 한 채를 사서, 저축을 하면서 살아가는 것이 성공 확률이 가장 높을 것이지만 과도한 욕심으로 아웃풋이 작고, 리스크가 큰 게임에 소중한 노동소득을 밀어 넣곤 하며, 그런 그들의 투기는(판돈을 제공하는 행위는) 철저히 분석하고 때를 기다려온 자본가들에게 투자의 기회를 제공한다.

투기의 특징

가상화폐, 네트워크 마케팅, 보험 등 투기성 게임의 경우 게임 목적물의 가치가 증가하는 경향이 있다.

주식과 부동산의 경우 증서를 소유한 내가 주인이고 부는 증서 안에 존재한다. 그러나 투기의 경우 부는 대개 나의 서클(증서) 외부에서 회전한다. 보험을 예를 들어 설명하면, 내가 운이 좋지 않아 병에 걸려야 내가 투입한 보험료 이상의 부가 내가 가진 서클(통장) 안에 들어오게 되는 것이다. 즉, 내가 병에 걸리기 전까지 내가 낸 보험료는 내 수중에 있지 않고 보험회사의 계좌에서 머물게 된다. 내가 제공한 부는 내 서클을 살찌우는 것이 아니라 보험 또는 보험회사라는 외부 목적물을 살찌우는 데 사용된다. 그리고 그것은 내가 컨트롤 할 수 있는 것이 아니다. 내가 컨트롤하지 못하는 것은 투자가 되기 어렵다.

나의 투자 원칙

투자

결론적으로 나는 지금껏 투자를 하고자 노력했고 결과는 긍정적이었다. 나는 처제에게 소개해 준 아파트의 가격이 저렴하다고 판단을 했고(인풋 대비 아웃풋이 많다고 판단을 했고) 실제 그 아파트는 6개월 만에 50% 이상 올라서 처제의 자산이 많이 늘었지만 내가 직접 투자하지는 않았다. 다니던 회사의 재정 상황이 위험해 리스크가 너무 컸기 때문인데 그것은 역시나 현실이 되었다(회사가 망했다.). 결국에는 나도 조직을 떠나야 했기에 소득이 급격히 줄었으며 이미 대출을 가지고 있는 상황이라 새로운 대출을 가진다는 것은 투기임이 분명했다. 아무리 좋은 기회라고 하더라도 리스크가 크다면 그것은 투기이고 얻는 것보다 더 큰 것을 잃는 게임은 하지 않는 것이 옳다. 그것이 부동산이든 주식이든 기회는 언젠가 다시 온다.

나는 현재 한국에서 직장생활을 하는 기회를 이용해서 지역에 대한 이해가 높은 고향에 아파트 1채를 매입하려는 시나리오를 만들었다. 그것이 투자인지 검증하고 확신하게 된다면 게임을 시작하게 될 것이다(현시점 매입 완료).

투기

내가, "거주하고 있는 오피스텔을 처분하고 내 처제가 매입한 단지의 아파트를 매입하라."라고 조언을 해 주었던 부하직원은 "저는 재테크에는 관심이 없어요." 하고 당시 내 조언을 무시하더니 오피스텔은 자녀의 학교 배정이 되지 않는다는 치명적인 이유로 너무 올라서 상투에 다다른 시점이 되어서야 아파트를 매입하겠다고 상담을 해 왔다. "이젠 너무 늦었으니 기다리라."라고 조언을 했는데 "지금이 아니면 영원히 사지 못할 것 같다."라며 기어코 계약서에 사인을 했다. 조직의 재정이 위태하여 2016년 12월 31일부로 스스로 사직을 하고 새 직장을 구했던 그는 새로운 조직의 문화를 견디지 못하고 몇 개월 동안 5~6번 이직을 하다가 공황장애가 왔고 골방에 틀어박혀 폐인처럼 생활하였다. 아직 대출이 남아 있는 오피스텔에 새로운 대출까지 합해서 160만 위안(2.7억)쯤 되는 금액을, 그것도 거치기간 없이 원리금을 동시에 갚아야 하는 중국의 방식을 실업자가 견디기는 쉽지 않을 것 같다. 그는 투기를 한 것이다.

베르누이 효용이론

30억을 가진 자산가 2명이 전 재산을 걸고 도박을 해서 이긴 사람이 모든 것을 가져가는 제로섬 게임을 한다고 가정해 보자. 중대형 아파트에 살며 벤츠 E클래스 정도를 굴리고, 임대 수익만 연 1억이 넘는 그들이 0 또는 60억을 선택하는 게임을 하는 것은 바보 같은 짓이 분명하다.

베르누이의 효용이론에 의하면 패자가 잃은 금화는 승자가 얻은 금화보다 더 큰 효용을 지니기 때문에 승자의 기쁨보다 패자의 고통이 더 크다고 하였다. 금전적 제로섬 게임이, 현실에서는 효용이라는 가치를 부여할 때 패자의 게임이 될 수밖에 없고 둘의 가장 올바른 선택은 그런 게임을 애초에 하지 않는 것이다.

인풋보다 아웃풋이 크지도 않고, 게임의 실패 시 받는 타격이 견딜 수 없을 만큼 가혹하다면 게임을 하지 않고 기다리는 것이 최고의 투자이다. 나는 투자를 하고자 한다.

행복의 총량과 자산의 관계

이 장은 몇 년 전에 작성한 글로서 현시점에서 자산은 더 늘어났다.

'돈을 얼마나 벌어야 하는가?'라는 누군가의 물음에 나는 새뮤얼슨이 말한 '행복=소유/욕구' 공식에서 답을 얻었다. 내 삶의 목적은 우리 가족의 최대 행복 추구이며 이를 위해서 소유를 늘리거나 욕구를 줄여야 한다고 생각하며 우리는 가장 이상적인 타협점인 작은 부자가 되고자 한다. 행복의 총량을 최대(=Greatest Happiness)로 하기 위해서는 돈, 건강, 교육, 부부관계 등 여러 요소가 조화를 이뤄야 하겠지만 계량하기 힘든 다른 요소는 일단 열외하고 돈에 대해서만 논해 보자.

일단 가난을 벗어난 이후의 재정 상태를 3단계로 분류해 보자.

1. 중산층
2. 작은 부자
3. 큰 부자

1. 중산층

중산층의 기준이 중위 소득의 50%~150%이므로 대부분의 사람들은 인생 대부분을 중산층으로 살아가고 은퇴 즈음엔 3~5억 정도의 순자산을 가지게 될 것인데 그 자산으론 노후가 고달파질 것이다. 왕성한 경제활동과 소비를 하는 시기엔 행복하겠지만 노년엔 부족한 돈 때문에 행복도가 급격히 떨어져서 인생 전체 행복의 양이 최대(Maximum)가 되지는 못하게 된다. 그래서 우리는 부자가 되려고 노력하지만 역설적이게도 그 돈을 벌기 위해 가족이 희생해야 하므로 목적에 반하는 길을 가게 된다.

2. 작은 부자 Vs 큰 부자

작은 부자와 큰 부자의 차이가 무엇일까? 작은 부자는 내가 하기 싫은 일을 하지 않아도 될 자유를 얻은 사람이고, 큰 부자는 내가 하고 싶은 일을 할 수 있는 자유를 얻은 사람이다.

어떤 이가 작은 부자의 레벨에 이르렀다면 하기 싫은 일을 하지 않아도 먹고 사는 걱정을 안 해도 될 것이다. 예를 들어, 손님 차의 엔진오일을 교체하는 것이 정말 하기 싫은 정비공이 그 일을 때려치워도 먹고 살 만큼의 현금흐름이 있다면 그는 작은 부자일 것이다. 그가 다른 일을 하든 또는 놀든 그는 재정적 걱정을 하지 않을 것이다. 현실적으로 15억 ~ 30억 정도로 잡자.

큰 부자는 자신이 원하는 것은 무엇이든 할 수 있는 레벨이다. 위의 정비공이 스스로 정비를 하는 것은 싫지만 정비공장을 운영하는 사장이 되길 원한다면 그는 자산의 일부를 털어 정비공장을 차릴 수 있을 것이고 실패해도 그 손실은 자산에 큰 영향을 미치지 않을 것이다. 현실적으로 100억 이상이 여기에 해당할 것이다.

3. 최대 행복 지점(Greatest Happiness Point)

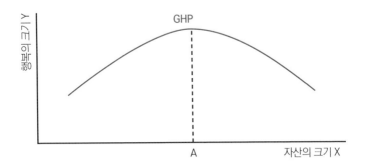

위 그림에서 X축은 자산의 크기이고 Y축은 행복의 크기인데, 행복의 크기는 어느 시점까지는 자산의 크기에 비례하지만 A점을 지나면 반비례하게 된다. 행복의 총량은 포물선 아래의 면적이며, A점을 최대 행복 지점(Greatest Happiness Point)라고 정의해 보자. 이 GHP가 바로 각자의 부의 그릇이며 절제가 부족한 사람은 자신의 GHP를 넘기면 목표를 상실해 버리고 타락하게 된다. 예를 들어 어린 나이에 스타가 된 사람들이나 일부 재벌 3세 같은 경우 돈을 더 버는 것은 아무런 동기 부여를 해 주지 못하므로 다른 자극적인 것을 찾기도 하는데 그중 하나가 마약이고, 나이가 먹어서 목표를 상실한 경우엔 섹스에 탐닉하여 조강지처를 버리고 어린 여자를 찾기도 한다.

이 GHP는 각자의 그릇에 따라 달라지는데─돈이 많아도 자기 절제를 잘하는─워렌버핏 같은 사람은 아마 무한대의 값(=그의 그릇)이 나올 것이고, 고작 몇억짜리 로또에 당첨되었음에도 흥청망청 소비하다 곧 알거지가 된 사람의 경우엔 아마도 몇천만 원이 그 사람의 GHP값(=그의 그릇)이 될 것이다.

나는 현시점에서 제 GHP값을 15억으로 잡았다(2019년 현재 이미 돌파하였다.). 이 값을 높이 잡으면 내가 투잡을 뛰는 등 가족의 과도한 희생을 요구하게 되므로 비교적 낮은 값을 정한 것이다. 현재 10억을 넘겼으므로 GHP는 몇 년 안에 도달하게 될 것이며 그 정도면 은퇴 후 소일거리로 푼돈을 벌어 와도 중산층의 생활을 유지할 수 있을 것이다.

나는 당직을 서는 화요일을 제외하면 5시에 퇴근해서 곧장 귀가한다(대신 5시에 퇴근하기 위해 업무시간엔 열정적으로 일한다.). 그렇게 매일 저녁에 딸아이의 숙제를 봐주는 것이 그렇게 좋을 수가 없다. 토요일 격주 휴무이므로 월 6일을 쉬는데 역시 100% 가족과 함께 한다. 특히 내가 아내와 떨어지는 경우는 극히 드물어서 어딜 가든 같이 다닌다. 아! 나는 이미 GHP구간에 들어섰는지도 모르겠다. 어쩌면 내 GHP는 10억~15억 구간이 수평일 수도 있겠다.

아무튼–근검절약 외엔–다른 희생 없이 15억을 돌파한다면 그 시점의 내 GHP는 20억이 되어 있을 것이다. 위에서 언급했듯, 목표가 없으면 타락하기 쉽기 때문에 새로운 GHP를 설정하고 도전하는 것이 행복의 총량을 가장 크게 가져가는 방법이 될 것이다. 물론 우리 가족은 인테리어 중인 새 아파트에 이사 가면 지금 같은 초절약을 하지 않을 것이기 때문에 물리적인 삶의 질도 많이 높아지게 될 것이다(더 이상 희생할 필요도 없게 된다.).

결론적으로 나는 자산의 축적 속도와 가족의 희생의 크기 사이에서 최적점을 찾았고 그 길을 가고 있다고 생각한다. 당신도 당신의 GHP

값을 정하고 그 값에 따라 삶의 방향을 새로 설계해 보면 어떨까? 그 방향이 당신 가족이 가야 할 길이 아닐까?

사족: 중산층 이하의 사람들과 부자는 돈에 대한 시각이 다르다. 화폐의 3대 기능은 아래와 같다.

1) 지불 수단의 기능(=교환의 매개 수단)
2) 가치 척도의 기능
3) 가치 저장의 기능

위 3가지 중에서 중산층 이하는 1)지불 수단의 기능, 즉 교환의 기능에 초점을 맞추기 때문에 소비가 왕성하다. 그런데 부자는 3)가치 저장의 기능을 더 중시하여 돈이 생기면 지불 수단으로(=소비) 사용하는 것이 아니라 저장하려는 본능을 보인다. 어찌 보면 DNA가 다르다고 할 수도 있는 것이다. 그런데 오로지 저장만 하려한다면 참 무모한 삶을 살고 있는 것이라고 할 수 있다. 가족의 안전을 보장할 우산이 충분한데도 지불 수단의 기능을 사용하지 않는다면 도대체 저장은 왜 하는 것일까? 내가 작은 부자를 목표로 삼고 있는 이유가 여기에 있다. 모두들 행복하시길 빌며…….

에필로그

톨스토이는 "행복한 가정은 엇비슷하고 불행한 가정은 이유가 다 제
각각이다."라고 말하였다. 이 말은 내가 《10억 부자의 공통점》과 《이웃
집 백만장자》를 비교 분석하고 그들의 공통점이 무엇인가를 연구해 내
며 절실하게 깨달은 것이었다. 즉 행복한 가정은 모든 것이 부족하지
않게 적당히 갖추어진 가정이라는 것이다.

연구의 결과 나는 10억 부자의 3요소로 평균 이상의 소득, 근검절
약, 계획과 투자를 제시하기도 했다. 연구 중에 발견한 재미있는 것은
부부의 금실이 좋으면 사치하지 않아도 행복하다는 대목이다. 금실이
좋은 그들은 소비로 욕구불만을 해소할 필요가 없어 근검절약했기 때
문에 부자가 되고, 부자가 된 후에 각종 사고 따위로 갑자기 큰돈이 필
요할 때 그것을 해결할 자산이 있어 행복에 영향을 미치지 않는다는
것이다.

부부가 행복하기 위해서는 육체적 교감, 정신적 교감, 경제적 안정,

성실한 자녀, 건강 등의 요소가 필요하고 어느 하나라도 없으면 행복할 수 없다. 경제적 능력 즉 돈은 행복하기 위해 반드시 있어야 하는 필요조건이다.

혹자는 행복을 돈으로 살 수는 없다고 말하기도 하지만, 그것은 풍요로운 자들이 그렇지 않은 사람들을 세뇌하기 위함인 것일지도 모른다. 자본주의 사회에서 대부분은 돈으로 살 수 있고 행복을 구성하는 요소 대부분도 여기에 포함된다.

조산으로 딸아이를 낳았을 때 중국의 의사는 1.15kg 핏덩이를 바라보며 그냥 죽게 내버려 두라는 식으로 말하였고, 그 지역의 모든 종합병원에는 조산아를 위한 인큐베이터가 없어 3시간 거리의 타 지역 병원에 앰뷸런스를 요청했는데 타 병원의 의사는 이곳의 의사에게 이렇게 물었다.

"아빠가 뭐 하는 사람인데? 돈 좀 있는 것 같아?"

강력한 1자녀 정책을 펼치던 그때의 중국에서 장애인으로 자랄 가능성이 큰 조산아를 살려서 기르는 경우는 아주 드물었고, 설사 그것을 감내할 수 있다고 하더라도 당시 몇 년 치 소득을 1~2달 인큐베이터 비용으로 낼 수 있는 중국인도 드물었다. 치료가 끝나도 돈을 내지 않고 도주하는 경우가 많았기 때문에 치료비는 반드시 선불이며 부모의 경제력은 곧 신생아의 생명과도 같았다. 이쪽 의사가 답했다.

"외국인이고 돈 좀 있을 것 같은데?"

돈을 준비하겠다는 나의 약속 따위는 아무 소용이 없었다. 그들은 내가 2,000위안(당시 환율로 40만 원)을 이쪽 의사 손에 쥐여 주고, 치료를 시작할 보증금 20,000위안(400만 원)을 준비했음을 확인한 후에야 앰뷸런스를 출발시켰다. 의사이자 중국 3대 아동병원의 부원장이 다른 의

사 1명, 간호사 2명, 운전기사 1명을 거느리고 벤츠 앰뷸런스를 끌고 딸아이를 구하러 왔다. 한 개에 5,000위안(100만 원=당시 중국인들 2달 치 월급)짜리 폐 수축을 방지하는 주사를(이 도시에는 있지도 않아서 앰뷸런스에 싣고 왔다) 맞고 나서야 딸아이는 난징 아동 병원으로 출발할 수 있었다. 돈이 생명이요 행복인 순간이었다. 내가 그 정도의 비용을 감내할 소득이 있는 외국인이 아니었다면 사랑하는 딸아이는 지금 내 옆에 없을 것이다.

그때의 깨달음을 시작으로 나는 40살이 다 되어 얻은-그래서 함께 할 시간이 평균보다 10년은 짧은-딸아이를 위해 '아빠가 딸에게 전하는 삶의 지혜'를 써 왔고 이 글 또한 언젠가 여러분들이 접할 수 있다면 좋겠다.

로버트 브라우닝은 "행복한 가정은 미리 누리는 천국이다."라고 하였다. 헤어짐의 아픔을 겪었던 내게, 아내는 오늘의 행복한 가정을 있게 한 지혜로운 천사와 같은 존재이다. 예쁜 여자 만나면 3년 행복하고, 요리 잘하는 여자 만나면 30년 행복하고, 지혜로운 여자를 만나면 3대가 행복하다고 하였던가? 나는 자존감 높고 정숙하며 지혜로운 아내를 만나 행복을 만끽하고 있으며 우리가 만든 행복 울타리 속에 사는 딸아이와 미래의 내 손자 손녀들도 그러할 것이다. 6월의 어느 날, 감사와 존경의 마음을 담아 아내에게 영어로 문자를 보냈다.

Thank you for becoming my wife. You made me a man, a husband and a father. I was nothing before I met you. You complete me. I will let you be happy every single day for the rest of our lives. Love you.

내 아내가 되어 주어서 고마워요. 당신은 나를 남자로, 남편으로 그리고 아빠로 만들어 주었어요. 당신을 만나기 전 나는 아무것도 아니었죠. 당신은 나를 완성시켜 주었어요. 남은 우리의 삶 동안 매일 매일 당신을 행복하게 해줄 거예요. 사랑해요.

존경하는 아내에게 다시 한번 감사의 말을 전한다. 그리고 사람들이 내 경험으로부터 배움을 얻어 좀 더 행복해질 수 있다면 바랄 게 없겠다.

마지막으로 응원의 시를 남긴다.

〈하늘을 보라〉

하늘을 보라.
흰 구름이 있어 하늘이 더 푸르지 않는가?

구름을 탓할 필요는 없다.
너에게 그늘을 드리우는 저 구름이 없었다면
넌 하늘이 저토록 푸르름을 깨닫지도 못했을 것을.